北方农村能源实用技术

刘金昌　主编

北方联合出版传媒（集团）股份有限公司

辽宁科学技术出版社

图书在版编目（CIP）数据

北方农村能源实用技术／刘金昌主编. —沈阳：辽宁
科学技术出版社，2024.6
ISBN 978-7-5591-2725-9

Ⅰ.①北…　Ⅱ.①刘…　Ⅲ.①农村能源—研究—北
方地区　Ⅳ.①F323.214

中国版本图书馆CIP数据核字（2022）第151897号

出版发行：辽宁科学技术出版社
　　　　　（地址：沈阳市和平区十一纬路25号　邮编：110003）
印　刷　者：辽宁鼎籍数码科技有限公司
经　销　者：各地新华书店
幅面尺寸：185 mm × 260 mm
印　　张：17.25
字　　数：420千字
出版时间：2024年6月第1版
印刷时间：2024年6月第1次印刷
责任编辑：郑　红
封面设计：刘　彬
责任校对：栗　勇

书　　　号：ISBN 978-7-5591-2725-9
定　　　价：120.00元

联系电话：024-23284526
邮购热线：024-23284502
http://www.lnkj.com.cn

编委会

主　　编：刘金昌

副 主 编：赵爱雪、周振生、栾云松、郝东田、秦永辉

参编人员：刘金昌、赵爱雪、周振生、栾云松、郝东田、
　　　　　秦永辉、林剑锋、刘中秋、丁　宁、杨　宇、
　　　　　马博海、赵凤菊、王禹茜，张铭芷、兰希平、
　　　　　王艺陶、赵　博、刘金金、吴晓楠、刘志宇、
　　　　　刘晶晶、高　原、许朝文、崔向冬、韩振华、
　　　　　陈　柏、张子琦、明　旸、李　进、薛长雷、
　　　　　郎家庆、何莉莉

统　　稿：秦永辉

前　言

目前，全球大力发展清洁能源，尤其是可再生能源已成为能源革命和应对气候变化的普遍共识、战略方向和一致的优先行动，这是降低能源消费总量，实现碳中和的重要支撑。在我国北方农村采用清洁能源技术，能够有效降低碳排放量，是实现农村生活用能碳中和的关键。我省作为农业大省，农村生产生活用能问题关系到农民的切身利益。为了让农民更好地了解、学习、使用农村能源实用技术，我们组织人员编写了这本科普读物，旨在普及农村能源技术，促进事业发展，造福千家万户。本书涵盖了目前辽宁省发展的主流农村能源实用技术，内容丰富，通俗易懂，针对性强，适合广大农民群众增长知识，提高安全使用技能，也可供从事农村能源工作的管理和技术人员参考。

本书北方地区村镇秸秆打捆直燃集中供暖技术由杨宇编写，大中型沼气工程技术由林剑锋编写，节能炊事采暖炉灶技术由刘中秋编写，新式节能炕技术由林剑锋、韩振华编写，生物质成型燃料应用技术由丁宁编写，分布式光伏发电技术由秦永辉编写，太阳能集热技术由马博海编写，全书由秦永辉统稿。

由于编者水平有限、时间仓促，书中难免有不妥之处，敬请广大读者批评指正。

编者

2023 年 10 月

目 录

5 生物质成型燃料应用技术 ················ 141

7　太阳能集热技术　　219

1 北方地区村镇秸秆打捆直燃集中供热技术

1.1 背景

环境就是民生，青山就是美丽，蓝天也是幸福，绿水青山就是金山银山。党的十九大报告指出，要推进绿色发展，构建市场导向的绿色技术创新体系，壮大节能环保产业、清洁生产产业、清洁能源产业。这就要求我们必须坚定不移走绿色低碳循环发展之路，从源头抓起，采取扎扎实实的举措，引导社会形成绿色发展方式和生活方式。

能源与社会的发展息息相关，随着社会的快速发展，能源需求越来越大。化石能源的大量开采与使用，使能源紧缺的问题日益严重。同时，化石能源燃烧时释放的大量二氧化碳所带来的温室效应也严重破坏着地球的生态环境。因此，利用清洁可再生能源替代化石能源已逐渐成为全球能源发展的趋势。我国作为一个农业大国，每年秸秆产量大。据统计，2017 年我国秸秆可收集量为 83681.1 万 t，"五化"利用量为 70020.8 万 t，综合利用率为 83.67%，未进行利用的部分田间焚烧或废弃，焚烧秸秆所引发的强雾霾已成为北方地区乃至全国亟待解决的社会性问题。将废弃的秸秆进行清洁化能源转化，对缓解我国能源、环境等问题具有积极的作用。目前，秸秆资源能源化的转化技术主要有 3 种：直燃技术、液化技术和汽化技术。汽化与液化技术工艺较复杂、经济效益较差，在推广上具有一定局限性，目前仍处于技术完善阶段。直燃技术分固化成型技术和打捆直燃技术，前者虽然生产过程简单、易存储运输，但存在成型机的压缩设备能耗大、关键部件使用寿命短等问题。秸秆打捆直燃技术是以打捆秸秆为原料，秸秆捆无须经过任何处理直接进入专用锅炉内进行半汽化燃烧的技术，具有生产成本低、设备结构简单、清洁环保等特点，已逐渐成为北方地区清洁取暖的主要技术之一。

辽宁省是农业大省，农作物秸秆资源丰富，综合利用各类秸秆资源是繁荣农村经济和增加农民收入的必然选择。多年以来，秸秆综合利用以符合循环经济减量化、再使用和再循环为原则，以实现低消耗、低排放和高效率为目标，农作物秸秆年均可收集资源量约为 2850 万 t，秸秆综合利用量约为 2430 万 t，综合利用率达到 85%，其中：肥料化利用量 490 万 t，占比 17%；饲料化利用量 814 万 t，占比 29%；燃料化利用量 980 万 t，占比 34%；基料化利用量 34 万 t，占比 1%；原料化利用量 112 万 t，占比 4%。除燃料化利用，其他方式均趋于饱和，剩余 15% 大约 428 万 t 如何有效利用也是秸秆综合利用的难点。

我国北方地区农村冬季以烧煤取暖为主，造成大气污染严重。特别是 2016 年 12 月 21 日，习近平同志在中央财经领导小组第十四次会议上强调，推进北方地区冬季清洁取暖等 6 个问题，都是大事，关系广大人民群众生活，是重大的民生工程、民心工程。要求推进北方地区冬季清洁取暖，按照企业为主、政府推动、居民可承受的方针，尽可能利用清洁能源，加快提高清洁供暖比重。习近平同志的讲话精神为该项工作提供了难得的发展机遇，更应该加快推进。2017 年 12 月 5 日，国家发改委等十部委共同发布了《北方地区冬季清洁取暖规划（2017—2021 年）》，指出到 2021 年北方地区清洁取暖率要达到 70%，替代散烧煤 1.5 亿 t，力争用 5 年左右时间，基本实现雾霾严重化城市地区的散煤供暖清洁化。2017 年 12 月 6 日，国家发改委、国家能源局又印发了《关于促进生物质能供热发展的指导意见》，强调要加大政策支持力度，加快生物质能供热在区域民用供暖和中小型工业园区供热中的应用，构建分布式绿色低碳清洁环保供热体系，在消费侧直接替代化石能源供热，有效治理雾霾，应对气候变化，促进生态文明建设。2017 年，我省出台了《辽宁省人民政府办公厅关于印发辽宁省推进清洁取暖三年滚动计划（2018—2020 年）的通知》，对农村冬季清洁取暖提出了更具体的要求。2018 年，农业部下发的《关于大力实施乡村振兴战略 加快推进农业转型升级的意见》也提到要加快推进农业废弃物资源化利用，推广秸秆打捆直燃集中供热技术，为提高秸秆综合利用率提供了有力抓手。2019 年 7 月，国家能源局发布《关于解决"煤改气""煤改电"等清洁供暖推进过程中有关问题的通知》，明确提出要拓展多种清洁供暖方式，在农村地区，重点发展生物质能供暖，同时解决大量农林废弃物直接燃烧引起的环境问题，为今后农村清洁取暖方式的应用指明了方向。

针对秸秆综合利用"最后一公里"的问题，秸秆打捆直燃集中供热技术具有消耗秸秆量大、建设运行成本低、容易推广、与秸秆收获期时间完全相符等特点，并且是农村地区采暖唯一与燃煤成本相近的清洁能源技术，是就地就近消灭剩余秸秆的最佳选择。

通过该技术的推广，既能节省供暖成本，降低秸秆收集、存储和运输的费用，增加农民收入，改善人居环境，减轻焚烧秸秆造成的大气污染，又能优化用能结构，提高秸秆综合利用率，促进节能减排，一举多得。

1.2 技术概述

1.2.1 技术路线

1.2.2 技术特点

秸秆打捆直燃集中供热技术是将农作物秸秆直接打捆用作燃料供给专用新型锅炉燃烧。根据燃料及供热面积的不同，采用逆流燃烧理论二次燃烧技术（连续式进料型）或半汽化逆向燃烧技术（续批式进料型）或分体半汽化多回程换热二次燃烧技术，解决了秸秆传统燃烧效率低的问题；采用旋风＋袋式组合除尘方式或旋风＋湿法静电除尘方式，使得烟气和粉尘降解到达标排放。通过几年的试点示范，建立区域性秸秆循环利用收储运体系，探索出多种秸秆打捆直燃集中供热运行模式，可为乡镇政府、学校、医院、敬老院、乡镇社区、村镇楼房等提供集中供暖，还可广泛用于粮食烘干、种植养殖、造纸、高温杀菌、饮料、烟草、饲料、油脂、轮胎、乳品等行业。

秸秆捆在燃烧过程中主要可分为 4 个阶段。第一阶段为燃料干燥阶段，秸秆捆表面和内部的水分蒸发会吸收燃烧过程中释放的热量，燃烧进程减缓；第二阶段为挥发分析出和焦炭形成阶段，干燥后的秸秆捆在高温条件下发生热解反应析出挥发分气体，主要成分为一氧化碳、氢气、碳氢化物、二氧化碳；第三阶段为挥发分燃烧阶段，该阶段反应较为剧烈并且放出大量的热，温度的进一步升高还会对挥发分的燃烧起促进作用。第四阶段为焦炭的燃烧和燃尽阶段，该过程灰分将逐渐增加。上述 4 个阶段在反应过程中受炉内温度及环境影响，会有交叉、重叠甚至颠倒的现象。其中，第三阶段中挥发分燃烧所放出的热量占整个燃烧过程热量的 67% 以上，该阶段成为提高秸秆打捆直燃设备热效率设计的重点研究方向。秸秆打捆直燃技术对原料的适应性强，可以燃烧含水量在 25% 以下的秸秆捆。并且部分设备对秸秆捆形状、大小尺寸均无限制。据计算，以 1t 锅炉为例，Ⅱ类燃煤锅炉每小时燃料成本为 126.75 元，固化燃料锅炉为 189.75 元，而秸秆打捆直燃锅炉为 64.8 元，经济效益相对较好。同时，秸秆捆烧为"零"碳排放，具有较好的环保效益。

1.2.3 秸秆打捆直燃技术影响因素

1.2.3.1 过量空气系数

秸秆捆的燃烧通常采用分级配风技术，即对不同的燃料采用不同的配风量。一次配风秸秆捆燃烧系数通常在 1.5~2.0，可通过配风量来改变，过高秸秆捆热解汽化析出的可燃气较少，排放烟气中氮氧化物含量增加；含氧量过低秸秆捆、挥发分中的可燃气不能充分燃烧。为保证较高的燃烧效率及较低的排放性能，需合理配置一次配风量和二次配风量比例，第一燃烧室的过量空气系数控制在 0.8 左右。

1.2.3.2 炉膛温度

秸秆捆燃烧过程中灰分大、灰熔点较低，过高的炉膛温度会造成较为严重的颗粒物排放、锅炉结渣等问题，温度过低时炉内可燃气体燃烧不充分，造成较大的热损失。间歇式秸秆打捆直燃锅炉可以利用配风进行温度控制，包括直接配风和烟气循环。而连续式秸秆打捆直燃锅炉还可通过改变进料速度进行控制。直接配风是指调节通入炉膛内的空气，减少供氧量从而控制燃烧速率。烟气循环是将排放的烟气与空气进行混合后进行炉膛配风，烟气中未完全氧化的一氧化碳能再次进行氧化，但需合理控制两者之间的比例。

1.2.3.3 炉膛内气体流速

炉膛内气体流速由配风量、配风角度、炉膛结构所影响，由于秸秆打捆直燃技术采用分级燃烧原理，挥发分与空气的充分混合、燃烧决定着打捆直燃设备的性能。可在燃烧室内增加挡流板，延长可燃气体在高温区的停留时间，或改变配风喷嘴的射入角度，在炉膛内形成旋流。间歇式打捆直燃锅炉结构紧凑、封闭性好，能在满负荷下运行，炉内燃料与空气之间的混合更充分，故排放性能、热效率较高；而连续式进料锅炉结构较大，燃烧性能、排放性能较低。

1.2.4 国内外秸秆打捆直燃技术研究状况

1.2.4.1 国外秸秆打捆直燃技术

国外秸秆打捆直燃技术发展较早，主要集中在德国、英国、北欧部分国家、塞尔维亚等国家的科研机构和企业，在秸秆打捆直燃特性、配风燃烧技术、锅炉结构设计等方面都有其各自的特点及优势。

1. 间歇式打捆直燃技术

丹麦于 20 世纪 70 年代开始对整捆秸秆进行燃烧利用。随着 90 年代末补贴政策的施行，对秸秆打捆直燃技术的研究也越来越多，使得各类高性能的秸秆打捆直燃锅炉迅速发展起来。丹麦在打捆直燃理论研究及打捆直燃设备的设计上经验丰富，设计的锅炉均采用分级配风原理。如图 1-1 所示，上端的一级配风口供给秸秆捆燃烧促进挥发析出，侧方的二级配风口使挥发气体充分燃烧。根据排放烟气的温度及含氧量，所设置的高精度、自动化的反馈配风控制系统保证秸秆捆燃烧始终处于最佳燃烧状态，减少各类污染物的产生。同时配备高效的除尘设备，保证颗粒物的排放达标。

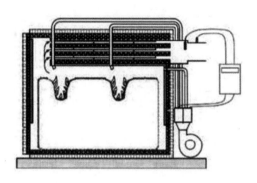

图 1-1　Alcon 秸秆打捆直燃锅炉结构

　　波兰的克拉科夫 AGH 科技大学与 MetalERG 公司对炉内温度场的分布以及配风流场进行了相应的研究，指出烟气热损失和不完全燃烧热损失是秸秆打捆直燃技术的主要热损失。针对秸秆捆的燃烧环境与挥发分燃烧环境的不同，对燃烧室结构进行改进。该锅炉设计 2 个左右相对隔离的燃烧室，能分别对秸秆捆的燃烧过程、挥发分气体的燃烧过程进行控制。用实验与数值分析相结合的方法对炉膛内流场进行分析，对配风喷嘴采用一定的弯角处理，独特的喷嘴形状能在燃烧室内产生气流扰动，使一氧化碳的氧化过程更加充分，锅炉热效率较高，可达 84%。

2. 连续式打捆直燃技术

　　塞尔维亚贝尔格莱德大学设计的 2 台连续式秸秆打捆直燃试验锅炉如图 1-2 所示。主要对"Cigar"燃烧系统、秸秆打捆特性分析、分级配风、烟尘减排等技术领域开展了深入研究，指出连续式打捆直燃锅炉相对于间歇锅炉具有燃烧过程更稳定、炉膛温度波动较小、气体排放压力小等优势。其中 1 台采用倾斜式的进料装置，保证秸秆在重力作用下自行进料，无须设置进料推杆。炉膛内有较长的烟气通道，以促进挥发分气体和空气的充分混合，提高燃烧效率。高温的炉壁能对配风进行预热，减小冷空气对炉膛的影响。另外还通过离心风机将排放的部分烟气通过与空气混合后用于配风，能有效减少排放烟气中未完全氧化的可燃气体。

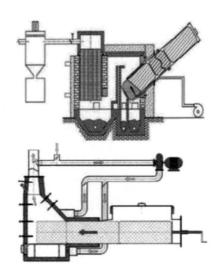

图 1-2 连续式打捆直燃试验锅炉

1.2.4.2 国内秸秆打捆直燃技术研究现状

我国对秸秆打捆直燃技术的研究起步较晚，秸秆打捆直燃理论有待完善。随着近年来各项政策的推行，国内一些企业在北方地区也有规模化打捆直燃工程，但是秸秆打捆直燃技术仍然存在燃烧不充分、热效率较低、氮氧化物排放过高等问题。河南农业大学自主设计的一款实验台，可以模拟生物质秸秆打捆燃料在燃烧设备中整捆燃烧的实际燃烧过程，在对秸秆打捆进行燃烧特性和影响因素的分析研究基础上，设计的链条炉排连续式秸秆打捆直燃锅炉如图 1-3 所示，利用链条炉排及台阶式的输送结构实现连续捆烧，炉排的往复运动作用使秸秆捆变得疏松，增大了空气与燃料的接触面积，同时能及时将灰渣与燃料进行分离。结合数值模拟分析对炉拱拱形进行研究，优化了炉内流场，后端采用旋风除尘器加布袋除尘器的组合除尘方式。

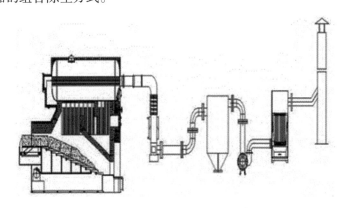

图 1-3 链条炉排连续式秸秆打捆直燃锅炉

中国农业科学院农业环境与可持续发展研究所针对序批式秸秆打捆直燃锅炉燃烧不充分、燃烧后烟气净化工艺烦琐以及自动化程度较低等问题，设计了单捆秸秆分级燃烧系统，如图1-4所示。二次燃烧室上设置的交叉挡板延长烟气停留时间。组合式烟气净化除尘装置包括集静电除尘、旋风除尘和循环喷淋的一体化除尘装置和污水净化回用装置，设计的智能控制系统包括人机交互系统、炉膛压力控制系统、炉膛温度控制系统等，实现整个燃烧状态的实时监测和控制。

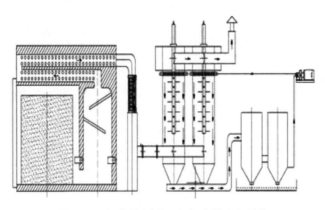

图1-4 智能控制秸秆打捆直燃设备结构

国内一些企业也研发了预热连续式秸秆打捆直燃锅炉。该锅炉采用三次配风：主燃烧区的均布一次风、上部燃烧的二次风以及防止烟气溢出的三次风。合理的配风有效保证了锅炉内的燃料能进行充分燃烧，并且降低炉膛内温度，防止温度过高而引起锅炉结焦。针对秸秆捆高含水率影响燃烧性能的问题，对进料装置提出改进，利用炉膛内燃烧产生的高温烟气对秸秆捆进行预热干燥处理。设计的空心阶梯凸起装置对秸秆捆进行破碎，暴露燃料内部，增加空气与燃料的接触，提高秸秆捆在炉膛内的燃烧性能。

1.2.4.3 国内外秸秆打捆直燃技术对比分析

国内外典型秸秆打捆直燃锅炉如表1-1所示。综合来看，间歇式秸秆打捆直燃锅炉在氮氧化物污染物排放上具有较大的优势，但排放烟气中一氧化碳含量较高，原因主要在于炉内停留时间太短，空气与一氧化碳混合不充分，一氧化碳在炉膛内不能完全燃烧；连续式进料锅炉结构较大，进料过程中炉门频繁开启，大量冷空气进入炉膛内，造成燃烧过程中炉膛内温度波动大，燃烧不稳定。相比间歇式秸秆打捆直燃技术，燃料的分级燃烧效果较差，排放的烟气中氮氧化物含量较高、保温性能较差、热效率较低，但自动化程度高。

表 1-1　国内外秸秆打捆直燃锅炉对比分析

型号	功率 (kW)	CO 排放量 (mg/m³)	NOₓ 排放量 (mg/m³)	热效率 (%)	技术特点
1220 BA	125	65	—	83.3	根据排放烟气的温度及含氧量，反复调节配风量
BB254/2	176	2210	40.4	68	可调速风机及可改变角度的挡板
CBS2	75	188	175	70 ~ 75	3 个燃烧室布置，配风预热结构，烟气再循环，倾斜自动进料
CBS3	50	56	312		
链条阶梯秸秆打捆直燃锅炉	700	292	115		链条炉排阶梯式连续进料系统，仿真分析优化拱形
预热干燥秸秆打捆直燃锅炉	7000	—	197	70 ~ 80	防烟气回流配风，秸秆在进料过程进行干燥预热，破捆增加与空气接触面

1.3　技术内容

1.3.1　秸秆打捆直燃锅炉供热技术

1.3.1.1　燃烧方式及换热特点

根据燃烧方式的不同，秸秆打捆直燃集中供热技术可分为 3 种方式：逆流燃烧理论二次燃烧方式（连续式进料型）、半汽化逆向燃烧方式（续批式进料型）和分体半汽化多回程换热二次燃烧方式。

1. 逆流燃烧理论二次燃烧方式（连续式进料型）

（1）工作原理。设备正常运行时，将打捆后的秸秆放置于一次燃烧炉腔中，炉腔内配备多点均布式的一次风，控制过量空气系数以保证打捆秸秆的半汽化燃烧，燃烧过程中打捆秸秆依次经历水分蒸发、挥发分的析出及焦炭形成等阶段；燃烧产生的挥发分与热烟气进入第二燃烧炉腔，通过第二燃烧炉腔的切向配风管结构，对烟气中的挥发分进行二次旋流燃烧，同时第二燃烧炉腔上设置的交叉挡板可以延长烟气停留时间，促进烟气中可燃气体燃尽。

燃烧过程中产生的热量经过炉腔的辐射换热和热烟气的对流换热后，传递给循环水用于供暖，换热后的热烟气进入烟气净化除尘系统，产生的灰渣经过炉排输送至排渣口排出。烟气进入净化除尘系统后，经历旋风除尘、静电除尘和喷淋除尘的组合除尘工艺，将烟气中的灰尘颗粒集中到循环水中，在经历循环水箱的过滤除尘后，清洁的循环水经循环泵被输送至除尘器，循环使用，保证捆烧烟气的达标排放。

（2）主要技术参数。设计锅炉功率230kW，燃料消耗量为60kg/h，试制的锅炉外形尺寸长3026mm，宽2178mm，高2407mm；锅炉可装填小方捆和大圆捆，小方捆外形尺寸为700mm×450mm×350mm，一次可装填24捆；大圆捆外形尺寸为ϕ1200mm×1300mm，一次可以装填1捆。

（3）关键部件设计。多级燃烧室配风系统设计：根据秸秆打捆直燃锅炉结构设计及秸秆燃烧特性，分析秸秆打捆直燃的燃烧原理如图1-5所示，将秸秆捆烧分为秸秆半汽化一次燃烧和挥发分二次燃烧2个燃烧过程。其中，结合秸秆汽化反应条件，控制一次燃烧室温度为600~800℃，过量空气系数控制为0.8~1.0，使秸秆中的半纤维素、纤维素和木质素等发生热分解反应，生成挥发性气体，气体中主要的可燃成分为一氧化碳、甲烷、氢气，二次燃烧室配备二次风对可燃气体进行二次燃烧，生物质中挥发分燃烧产生的热量约占生物质总热量的70%，因此直燃过程中挥发分的充分燃烧控制决定了锅炉的燃烧效率。

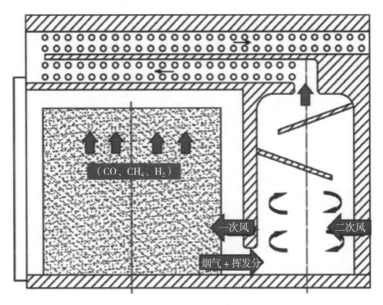

图1-5　秸秆打捆直燃原理图

（4）燃烧特点。采取间歇性燃烧、持续供暖的方式，填料1次可燃用3~4h，根据气温日进料3~4次，平稳等速燃烧，所产生的95℃热水在开放式供暖系统或通过热交换器的封闭式供暖系统状态下运行。根据设定排烟温度由控制系统进行自动控制，可二次汽化燃烧。由于在相对短的时间内所产生的热量并不能被采暖器完全吸收，因而就要通过锅炉房中的循环系统的集热水箱将锅炉中秸秆燃烧所产生的热水储存起来，然后再送入循环系统中的采暖系统，其热效率达80%。

（5）上料方式：机械上料装置（电动叉车）。秸秆直燃高效锅炉系统原理流程如图1-6所示，秸秆直燃锅炉外形如图1-7所示。

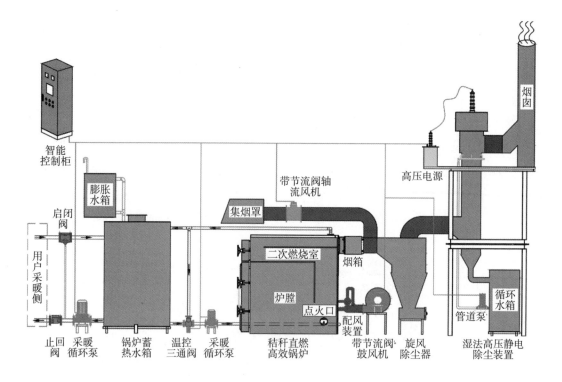

图 1-6　工艺流程

图 1-7　秸秆直燃锅炉外形

（6）适用特点。人力成本较少，但供暖面积有局限性，适合供暖面积 1 万 m^2 以下；燃料多元化，燃用林业三剩物、农业三剩物、可拾性垃圾均可；此燃烧装置对秸秆物料的水分要求不严格，正常的自然环境中产生的秸秆都可以使用，秸秆含水率 30% 以下均可充分燃烧。

2. **半汽化逆向燃烧方式（续批式进料型）**

（1）燃烧特点。高温裂解汽化逆向燃烧，锅炉燃烧装置内部配有烘干预热装置，燃料通过干馏、高温裂解汽化充分燃烧。高温火焰通过喷火口进入设备换热装置，产生的热能进入导热火管将热量传递给供热介质水。换热系统采用多次折返火管式换热，此换热方式灰烬颗粒充分降落炉内，经清灰口清除，使烟气处理压力减轻，提高换热效率。锅炉内部有烘干预热装置可以保证燃料在含水率 35% 以下不影响正常供暖燃烧。锅炉采用剪切式破焦方式，同时焦油可在炉内动态燃烧，焦油含量低，排渣方便稳定。

（2）上料方式。有专用纵向上料机将燃料运至锅炉进料口位置，再由推料机将燃料推送至锅炉内部进行燃烧。锅炉外形如图 1-8 所示。

图 1-8　秸秆直燃锅炉外形

（3）适用特点。较费人力、电力，但燃烧装置对秸秆燃料的含水量及含土量要求不高，正常的自然环境中产生的秸秆都可以使用，秸秆含水率 30% 以下均可充分燃烧。燃料通过高温炉强辐射、烘干再进行燃烧，显著降低了秸秆燃料的综合成本，适合供暖面积 1 万 m^2 以上。

3. 分体半汽化多回程换热二次燃烧方式

（1）燃烧特点。锅炉采用分体设计，燃烧炉进行半汽化燃烧，产生可燃气体进入多回程换热炉内进行二次燃烧，燃秸秆如燃气。炉体内设置旋转绞龙，旋转绞龙上设有配风孔，通过旋转有利于秸秆捆充分燃烧，燃烧效率可高达 85% 以上。换热部分采用烟气三折程换热方式，烟气经过"S"形通道自下而上流出，也可以将浮沉和悬浮颗粒降至换热隔档之上，减少烟尘的排放量。装配了全自动温控—给风—进料—水循环控制器。该控制器可按照用户对水温的要求进行控制调节，从而达到锅炉温控燃烧—温控水循环的完全自动化操作过程。

根据秸秆燃料含氢量高、含氧量高、挥发分高、燃点低、灰分低等特性，通过对锅炉炉膛的两体设计和增加供氧喷火装备，在应用不同燃料、不同天气条件、不同工作方案、不同配风方式等条件下试用，来找出生物质锅炉应用中的最佳利用率、节能率和环保效果。通过数据分析，总结各种条件下的最佳使用效果。其环保指标能够达到并优于行业标准《小型锅炉和常压热水锅炉技术条件》（JB/T 7985—2002）的要求：热效率 ≥ 70%，烟尘排放浓度 ≤ 80mg/m³，二氧化硫 ≤ 50mg/m³，氮氧化物 ≤ 150mg/m³，林格曼黑度 ≤ 1 级。

（2）技术特点。数控部分：根据用户的需求设计自动供风和送料的微电脑控制系统，此系统可以根据用户用能的大小对火力进行控制调节，也可以根据用户要求按照温度、时间等条件对燃烧进行调控，方便用户的使用。

清灰部分：根据秸秆燃料灰分较少（一般在7%以内）但轻质灰较多的特点，设计的清灰室要较燃煤清灰室小40%，但为保证轻质灰尘能够降落在炉体内，在换热部分设计了3个折程的热烟气通道，轻质灰尘可以在流通过程中降在内部的2个横板上，并且每个横板一端均设置清灰门，便于清灰。

换热部分：秸秆打捆直燃锅炉的主要用途是提供热能，用于采暖、洗浴、加温等方面，所以在本项目研究过程中充分考虑最大限度利用热能。一方面设计3个折程的热交换面，之间排布足够多的热交换管和热交换板，最大可能将燃料产生的热能交换出去，达到充分利用，实测排烟温度为218℃；另一方面，初级燃烧炉膛也采用水夹层设计，并接入主管路，避免热能浪费，实测总体热效率为86.2%。

上料方式：通过绞龙自动给料系统，实现连续供料—燃烧—加热过程。

（3）自动控制生物质水暖锅炉总体结构。如图1-9所示，本锅炉包括换热体（1）和燃烧体（2）两大部分，两部分之间通过换热体的进火口（11）与燃烧体的喷火口（12）接合而成。换热体部分主要包括烟口（3）、水管接（4）、水套层（5）、换热管（6）、换热隔板（7）、上清灰门（8）、观火清灰口（9）、火膛（10）和进火口（11）；燃烧体部分主要包括喷火口（12）、灰膛（13）、清灰门（14）、炉膛门（15）、送风系统（16）、燃烧膛（17）、进料系统（18）、储料斗（19）和控制器（20）。

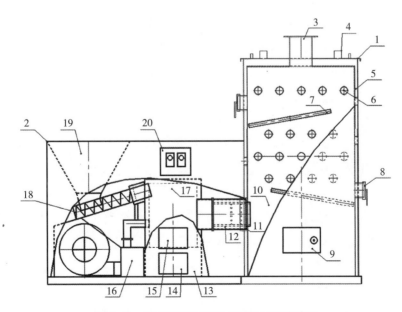

图1-9　自动控制生物质水暖锅炉结构简图

（4）工作原理。本锅炉工作时，向储料斗（19）内加入生物质成型燃料，燃料通过进料系统（18）螺旋推动落入燃烧膛（17）内。打开炉膛门（15），用火源点燃燃烧膛（17）内的燃料，同时启动送风系统（16）前的风机，燃料开始燃烧。通过控制器（20）可以开闭电源，也可以调控送风大小和送料的速度。送风系统共分为四路：第一路风通过燃烧膛（17）中部送入，向燃烧膛中部补充氧气，并推动火苗前行；第二路风通过灰膛（13）的炉箅子向上送风，帮助燃料燃烧汽化，同时也可补充氧气；第三路风通过燃烧膛边的风道先预热，再进入喷火口（12），带动火苗向前喷出，并增加火势；第四路风进入送料绞龙燃烧膛（17）端，从绞龙燃烧膛（17）口送出，既可以防止返火，又可以吹动原料前行，防止堆积碎料。通过四路风的协同配合，生物质燃料在燃烧膛（17）内初步燃烧汽化，汽化的一氧化碳、甲烷、氢气等可燃气体在喷火口（12）集聚，集中完全汽化燃烧，并喷出清洁、高热量的火焰，进入换热体（1）的火膛（10）内。此火焰产生的热量用于供给换热体（1）热能。换热体（1）内热烟气经过3个折程，烟气温度逐渐下降，带有余温的烟气从换热体（1）顶部烟口（3）的烟囱处排出。换热体（1）内的换热管（6）、换热隔板（7）和换热体（1）四周的水套层（5）均可吸收烟气的热量，转换成热能，加热的水体从水管接（4）连接的水循环系统带向需要热水的空间。燃料燃尽后产生的炉灰大部分沉降至灰膛（13），可以从清灰门（14）清理。

清理：少量轻质灰渣落入换热体（1）火膛（10）的下部，可从观火清灰口（9）清理出灰；还有更轻质的漂浮草木灰沉降于换热隔板之上，应定期从两个上清灰门（8）处清理积灰。

（5）主要特点。使用方便：设有储料仓，通过绞龙自动给料系统，实现连续供料—燃烧—加热过程。点燃1次可连续较长时间使用，无须多次点燃，大大减轻了司炉工的劳动强度。

技术先进：引进先进的生物质燃烧器技术，由多点配风，可使用各种成分的生物质成型燃料，具有燃烧充分、火力强劲、升温快速的优势。

自动调节：装配了全自动温控—给风—进料—水循环控制器。该控制器可按照用户对水温的要求进行控制调节，从而达到锅炉温控燃烧—温控水循环的完全自动化操作过程。

环保节能：本锅炉结构设计合理，可自动降尘，减少粉尘排放，且使用环保燃料，炉内燃烧充分，燃烧效率可高达90%以上，是理想的环保节能减排产品。

（6）主要技术创新点。

①汽化清洁燃烧技术的应用：

本锅炉采用先在汽化炉膛产气，再通过喷火口使汽化气体喷火燃烧，最后进入火膛旋转充分燃烧的方式产生热能。一般生物质燃料的挥发分都在70%以上，同时秸秆燃料具有炭活性高、硫含量低（0.1% ~ 1.5%）、氮含量低（0.5% ~ 3%）、灰分低（1% ~ 3.0%）等特性。根据秸秆燃料的这一特性，本生物质锅炉设计出一个秸秆燃料初级燃烧汽化的炉膛，在此炉膛前上方设计一个喷火口，喷火口深入火膛中。在初级燃烧炉膛内燃料初步燃烧，同时秸秆燃料中的可汽化成分经过高温加热产生大量一氧化碳、甲烷和氢气等可燃气体。随着初级燃烧的不断进行，可燃气体浓度逐渐增加，并集聚在此炉膛内。当可燃气体通过喷火口富集并遇到明火时就可以产生汽化燃烧。喷火口为中空设计，内含向外喷出空气的气孔，可以对汽化燃烧进行再次助燃，形成向外喷射的火苗，喷入火膛中。火膛上部为倾斜隔板设计，四面采用流线型的耐火材料封涂，喷出的长火苗正好打在倾斜隔板下面，在气流的带动下，顺着火膛流线型内壁形成旋转燃烧的效果，进一步将未燃尽的尾气点燃，最终达到清洁燃烧效果。

同时旋转气流的燃烧过程也起到初步降尘的作用，较重的灰尘将下落至火膛底部，可以方便从炉体下面的清灰门清灰。燃烧部分设计样式见图 1–10。

②四路配风喷火燃烧的独特设计：

为保证锅炉补充足够的氧气并达到助燃的良好效果，本锅炉燃烧部分采用底、中、上、前四路配风设计。四路配风中，中路风通过燃烧膛中部送入，向燃烧膛上部补充氧气，并推动火苗前行；底路风通过灰膛的炉算子向上送风，帮助燃料燃烧汽化；前路风通过燃烧膛边的风道预热前行，再进入喷火口带动火苗向前喷出，并增加火势；上路风进入送料绞龙燃烧膛端，从绞龙燃烧膛口送出，既可以防止返火，又可以吹动原料前行，防止堆积碎料。通过四路风的协同配合，达到秸秆燃料从初步燃烧到汽化喷火供热的清洁燃烧过程。同时火力大小可以通过改变鼓风量和进料量进行调控。减小鼓风量、减小进料量燃烧火力下降；增加鼓风量、增加进料量燃烧火力增强。汽化喷火燃烧效果见图 1–11。

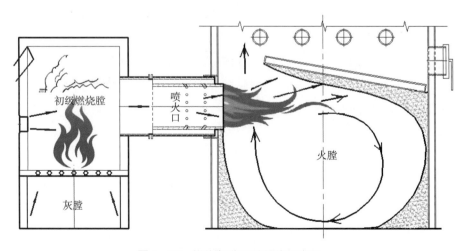

图 1–10　燃烧部分设计结构示意图

图 1-11 汽化喷火燃烧效果图

③自动控制燃烧系统设计：

本秸秆直燃锅炉采用微电脑控制技术，通过对鼓风系统的调节和对进料系统的调节来控制燃烧的效果，并通过对加热体温度的控制达到对整体需求温度的控制。其内部采用独立双电源，光电耦合隔离控制，因此具有更强的抗干扰能力，可靠性极高。

温控燃烧：控制器外设置温控触头一个，粘贴于锅炉回水位置，检测锅炉回水温度，通过设定回水温度即可控制锅炉燃烧过程。按要求步骤设定好待控温度，当实测回水温度低于设定温度时，进料给风系统启动，锅炉正常燃烧运行；当实测回水温度达到或高于设定温度时，进料给风系统关闭，锅炉暂停燃烧运行。

温控热水循环：面板屏幕上显示温度可视为炉体温度，通过设定炉体温度即可控制管路水泵循环过程。当实测炉体温度达到或高于设定温度时，循环泵启动，水循环正常运行；当实测炉体温度低于设定温度时，循环泵关闭，锅炉水循环停止。控制系统面板样式如图 1-12 所示。

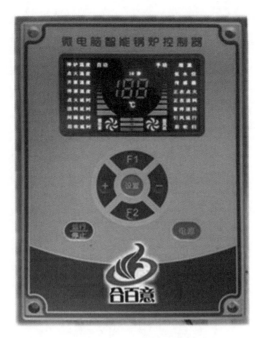

图1-12 控制面板样式

④三折程换热降尘系统设计：

本锅炉换热部分采用烟气三折程换热方式，整体为立式结构，包括底部火膛换热部分、中间换热部分和上层换热部分。

折程之间由上下相向的隔档分隔。热烟气由底部火口部位产生，从下而上经过"S"形流动，最终由顶部烟囱排出。同时烟气经过通道自下而上流出也可以将浮尘和悬浮颗粒降至换热隔档之上，减少烟尘的排放量。整体上四周设计水套层进行全方位换热。换热部分采用流线型的烟气流通方案，整体呈"S"形设计，可以保证全程没有死角，能够较为均匀地接受热量。

底层换热：为主要换热空间，此空间燃烧温度可以达到 800~1000℃，主要换热面为前、后、左、右、上的平面，产生热量的 20%~30% 由此换出。其内部全部涂上 50mm 以上的耐火泥层，同时泥层为流线圆弧形状，对外密封。在此腔可以保持火苗的均匀喷射燃烧，并在加入的空气流带动下形成旋转燃烧。耐火泥一面可以良好蓄热以供热传导用，另外可以保护锅炉铁板层经久耐用。

中层换热：为重要的换热空间，此空间烟气温度可以达到 500~800℃，主要换热面为中间管束、前、后、左、右、上、下的平面，产生热量的 30%~40% 由此换出。在此空间内大量排布换热管束，管束采取错位、分层、均匀、平行排布方式，在热烟气流通过程中可阻挡烟气的通过，从而进行热交换过程。

上层换热：为次要换热空间，热烟气进入此空间前已经经两折程交换，烟气温度已经降至 $300 \sim 500℃$，主要换热面为中间管束、前、后、左、右、上、下的平面，产生热量的 $20\% \sim 30\%$ 由此换出。三折程换热降尘系统样式参见图1-13，秸秆直燃锅炉外形见图1-14。

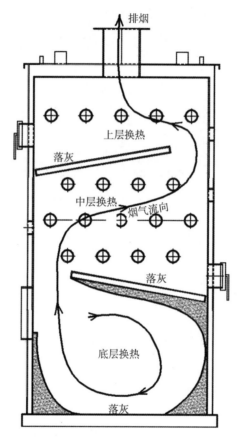

图1-13　换热部分三折程样式

适用特点：主要应用在 $500 \sim 10000m^2$ 的房屋取暖、浴池供应热水等行业。

图 1-14　秸秆直燃锅炉外形

1.3.1.2　远程监测系统试点

选取朝阳县试点，在朝阳县能源办设立监控中心，对各个锅炉房设备实时监控（互联网 TCP 协议）。监控软件特点：①实时查看各个机房各个设备状态、各个温度数值；②根据设定时间存储机房设备温度数值，并以每天日期为文件名存储一天 24h 内数据；③可以授权 3 个以上手机 App 通过手机移动数据查看监控中心内实时数据（图 1-15）。

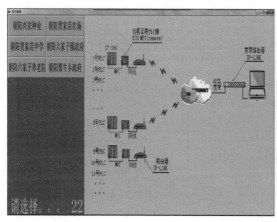
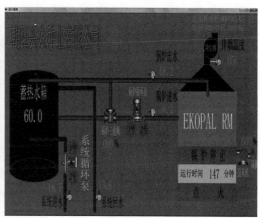

图 1-15　远程监控系统

1.3.2　秸秆打捆直燃锅炉排放技术

燃烧秸秆捆所产生的污染物主要有 2 类，如图 1-16 所示。一是未完全燃烧时所产生的有毒气体；二是秸秆中含有较多的氮、钾、氯等元素，燃烧形成的氮氧化物和颗粒物。未完全燃烧时的污染物主要以一氧化碳、多环芳烃、挥发性有机化合物为主，来源于挥发分中的可燃气体。可燃气体的充分燃烧主要受燃烧温度、滞留时间、气体混合程度等因素影响较大，其中燃烧温度（约850℃）、滞留时间（0.5s）较易控制，主要改进措施以保证挥发分气体与空气之间的混合为主。氮氧化物分为热力型、快速型和燃料型3种形式。热力型、快速型氮氧化物由空气中含有的氮在高温条件下反应形成，燃料型氮氧化物由秸秆中含有的氮经过氧化形成。秸秆打捆直燃锅炉中炉膛温度相对较低，故热力型、快速型氮氧化物较少，主要以燃料型氮氧化物为主。燃料型氮氧化物由中间产物氰化氢、氮氢化物氧化形成。氮氧化物的控制方法分为源头控制和后端控制，源头控制包括燃料分级和空气分级，后端控制包括使用各类除氮装置如SCR、SNCR。秸秆含有较多钾、氯、钙、钠等元素，燃烧易形成颗粒物。燃烧产生的颗粒物主要在锅炉降温过程中经过形核、凝聚、冷凝形成。燃烧过程中若提供充足的氧气，则秸秆中的钾会转化为氧化钾，氧化钾具有比钾盐更低的脱挥发分温度，会形成较多的飞灰。同时，氧化钾会显著降低灰熔点而引起锅炉结渣问题。烟尘经专用除尘设备除尘后排放浓度也远低于国家标准。秸秆燃烧产生的灰分富含钾元素，为土壤提供外源钾养分，有利于作物生长。

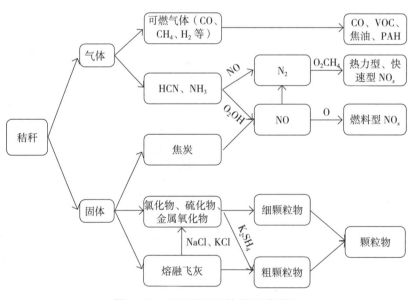

图1-16　秸秆捆烧污染物形成过程

1.3.2.1　除尘设备

由于高温烟气的温度较高，需要使用特种专用除尘设备，目前，应用最广的除尘器主要有旋风除尘器、水膜除尘器、袋式除尘器和静电除尘器等类型。随着环境问题的日益加重，国家对烟气中的颗粒污染物排放要求也越来越严格。根据烟气除尘的需要及锅炉燃烧方式的不同，不同锅炉匹配不同种类的除尘器，单一的除尘器已渐渐无法满足除尘要求。因此，多级除尘器和复合式除尘器应运而生。多级除尘器和复合式除尘器采用高效烟气除尘机组，除尘率达到环保要求，使颗粒物充分降解到达标排放，烟气排放完全达标，运行稳定，不受风量波动影响，是现代科学与实践经验完美结合的产物，也是解决冬季供暖容易致使雾霾产生的理想除尘设备。

1. 旋风 + 袋式组合除尘方式

这种除尘方式使含尘气流做旋转运动，借助离心力将尘粒从气流中分离并捕集于器壁，再借助重力作用使尘粒落入灰斗。再通过滤袋表面上形成的粉尘层来净化气体，组合除尘效率达到 99%。

针对秸秆燃烧尾气粉尘中含有炭黑等黏滞性成分，易造成粘袋，因此设置了喷粉系统，安放在旋风分离器与袋式除尘器之间的烟道上；粉尘微细，且会夹带未充分燃烧的细小杆状物或碳化物，易产生二次燃烧。在袋式除尘器前设置旋风分离器，作为燃烧沉降室，旋风分离器顶端布置雾化增湿装置，对烟气进行调质，通过温湿度控制仪控制雾化量，防止烟温过高损坏滤袋。由于有增湿雾化过程，有利于增加细粉的积聚能力，同时增加细小杆状物或碳化物的重度，以达到预除尘效果；袋式除尘器前因设置了喷粉系统，可将未被旋风分离器去除的小颗粒粉尘进行包裹，利于清灰，避免弥漫现象的发生；根据对玉米秸秆的成分和燃烧产生的灰分的分析，烟气成分中的灰分含量约 8%，硫、氯的含量分别为 0.22% 和 0.6%，草木灰中的氧化镁、氧化钙、氧化钠、氧化钾等碱性物质在灰中的比例高达 30%，即利用草木灰中的碱性物质在增湿活化和充分搅和的条件下就可以实现烟气中的二氧化硫、盐酸、氟化氢等物质的脱除，从而降低烟气的露点温度。袋式除尘器滤袋采用聚苯硫醚（PPS）滤料，并经过防水、防油、阻燃处理（图 1–17）。

旋风除尘器与袋式除尘器组合除尘，经专业机构检测，二氧化硫排放浓度 $4mg/m^3$（国标值 $300mg/m^3$），氮氧化物排放浓度 $118mg/m^3$（国标值 $300mg/m^3$），烟尘排放浓度 $29mg/m^3$（国标值 $50mg/m^3$），林格曼黑度小于 1（国标值 1）。

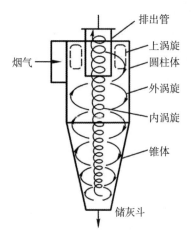

图 1-17　除尘器设计图及外观

2. 旋风+湿法静电除尘方式

集旋风除尘、水膜除尘、静电除尘于一体的高效消烟除尘方式。烟气净化除尘系统主要由烟气入口、旋风筒、鱼骨形电极、环形布水管、切向喷头、排污口、烟气出口、污水管道、污水净化装置和回流泵组成。烟气入口与旋风筒体切向连接，筒内悬挂鱼骨形阴极棒，旋风筒壁为阳极，形成高压静电场；筒体内壁固定环形布水管，布水管等间距布置12个水平切向的喷嘴，循环水喷出后在旋风筒内壁形成一层水膜。设备启动时，含颗粒的烟气由底部向上运动过程中，颗粒物受离心力和库仑力的作用向筒壁运动，再由水膜不断冲刷到底部的排污口，污水经过净化分离后再回流喷淋利用。集成了旋风分离、静电除尘和循环水喷淋除污等技术原理，简化了烟气净化除尘工艺，降低了烟气除尘成本。除尘器阻力小，烟囱高度达到20m，可提供足够的抽力。水膜布水嘴不易堵塞，对循环水水质要求不高，可以同时作为二氧化硫、二氧化氮吸收设备，降低排放浓度（图1-18）。

经专业机构检测，二氧化硫排放浓度 11.4mg/m³（国标值 300mg/m³），氮氧化物排放浓度 141mg/m³（国标值 300mg/m³），烟尘排放浓度 20.9mg/m³（国标值 50mg/m³），林格曼黑度小于 1（国标值 1）。

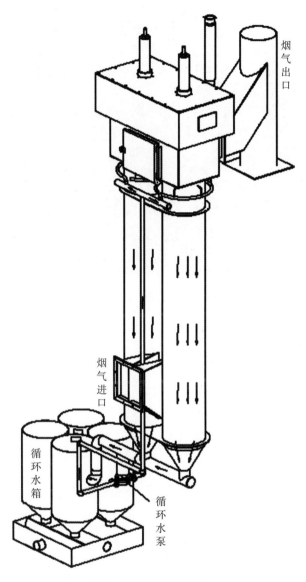

图 1-18　除尘器系统

1.3.2.2　灰分

秸秆燃料过程中不使用任何添加剂，在锅炉温度控制良好的情况下，使秸秆灰分不产生过烧现象，秸秆灰渣可以用于制造有机肥辅料或直接还田，增加地力，无二次污染。

通过对燃烧后产生的灰分（图 1-19）成分检测可知（表 1-2），钾元素含量丰富，可作为外源钾肥来源施用于田地。

图 1-19 燃烧后产生的灰分

表 1-2 灰分成分

试验 材料	有机质 (g/kg)	全氮 (g/kg)	硝态氮 (mg/kg)	全磷 (g/kg)	有效磷 (mg/kg)	全钾 (g/kg)	速效钾 (g/kg)	pH
土壤	15.26	1.1	21.93	0.97	40.67	12.07	0.35	6.13
灰分	110.50	0.6	25.67	12.52	688.51	24.48	15.01	9.31

1.3.3 秸秆打捆直燃集中供热优势

1.3.3.1 技术优势

（1）生态效应显著、燃料范围广：秸秆打捆直燃锅炉可以利用所有生物质废弃物，如秸秆、森林三废物、柴草、蘑菇菌棒等，含水量 35% 以下和含土量 10% 以下的捆状秸秆都可以直接燃烧。其利用方式是就地打捆后直接燃烧，无须再耗能加工成型，是彻底解决北方农民燃煤替代、禁止秸秆焚烧等问题的最有效途径（图 1-20、图 1-21）。

含水量高的玉米秸秆　　　　　雪后进行打捆的秸秆　　　　　带冰块和雪末的秸秆

图 1-20　不同含水量的秸秆

图 1-21　捆状秸秆含的土和杂质

（2）适应性强，广泛适用于农村需供热场所：适用于居民小区，种、养殖基地，学校，医院，乡镇办公等建筑，及生产工业用蒸汽。

（3）运行安全：锅炉工作压力额定供热量大于 0.35MW 且不超过 14MW，属于常压热水锅炉，不存在爆炸等安全隐患。

（4）操作简单：以 PLC 控制系统为中央控制单元，实现人机互动和自动化运行，可即开即停，需人工操作，减轻劳动工作量。

（5）使用寿命长：秸秆燃料不含硫、磷，不腐蚀锅炉，燃烧后对炉体和排烟系统腐蚀性小，锅炉寿命 20 年以上。

1.3.3.2　时间和经济优势

对比秸秆发电、深翻还田、大棚堆积、饲料化、生物质颗粒燃料及秸秆燃料等常见秸秆处理方案的处理时间、消纳数量和处理成本可知，秸秆燃料具有明显的时间和经济优势，是解决秸秆问题行之有效的方案（表 1-3）。

表 1-3　几种常见秸秆处理方案与秸秆燃料对比

处理方案	处理时间特点分析	消纳数量分析	处理成本分析
秸秆发电	设备运行时间短，需定期维修	受装机容量控制，仅限发电 10～15km 半径消纳	储运成本高
深翻还田	消纳时间短，仅秋季 1 个月时间	每亩仅能消纳所产秸秆 1/3	每亩地成本适中
大棚堆积	夏季 1 个月时间	数量极少	处理成本低
饲料	常年消纳	受饲养量和区域限制，处理数量有限	处理成本适中
生物质颗粒燃料	周年运行	数量少	处理成本高，燃料成本远高于煤 1 倍以上
秸秆燃料	冬季供暖期 5 个月	量大	整体运行成本低，处理数量大，可以替代燃煤锅炉，社会效益高

（1）秸秆打捆直燃锅炉与秸秆发电运行费用对比。秸秆发电厂对秸秆燃料的含水量和含土量要求较高，而且必须将捆状秸秆燃料粉碎才能燃烧。每吨秸秆的发电量约 1000kW·h，火力发电厂每度电 0.4 元，秸秆发电厂每度电 0.75 元，差价国家补贴，所以折合每吨秸秆（1000kW·h/ 每吨秸秆发电量）国家补贴 300 元左右。

表 1-4　秸秆发电厂锅炉与秸秆打捆直燃锅炉投入、运行费用对比

处理方式	某生物质发电厂	2t 秸秆直燃锅炉（供暖期 5 个月）	1t 秸秆蒸汽锅炉（全天 24h 连续工作）
年处理秸秆量（万 t）	30	0.07	0.24
一次性投入资金量（万元）	30000	30	20
折合每吨秸秆投入资金（元）	1000	430	83
国家补贴状况	秸秆约 300 元 /t	无	无
秸秆收储运的特点	用量大，收集半径大，储存场地大，燃料成本提高	用量少，收集半径小，储存场地小，燃料成本不变	用量少，收集半径小，储存场地小，燃料成本不变

通过表1-4可知，与秸秆发电厂相比，虽然秸秆打捆直燃锅炉年消耗秸秆量少，但一次性资金投入少，秸秆打捆直燃锅炉成本低，更适合农村推广。

（2）与燃煤、秸秆颗粒燃料对比。目前，我省村镇冬季供暖主要以燃煤为主，以1t锅炉为例，将燃煤、秸秆颗粒燃料与秸秆打捆直燃锅炉的有关参数进行对比，如表1-5所示：

表1-5　燃煤、秸秆颗粒燃料与秸秆打捆直燃锅炉的有关参数对比

燃料	燃煤	秸秆颗粒燃料	秸秆捆状燃料（含15%水）
热量（kJ/kg）	17580.58	13394.73	12557.56
每千克价格（元）（2019年价格）	0.6	0.75	0.22
锅炉每小时燃料消耗量（kg/h）	195	253	270
每小时燃料成本（元）	136.5	189.75	59.4（由于秸秆含水量不同，热值有所不同）
每年燃料使用费用（万元）供暖期为150d，每天平均供热8h	14.04	22.77	7.78
设备投入成本（万元）	15	12	16.5
燃烧后固体废弃物对比	燃煤无法利用，造成二次污染	由于高温燃烧不便于还田，造成二次污染	灰烬可以还田，减少二次污染

备注：以1t锅炉为例，水电消耗成本以上3种燃料锅炉基本持平。

可以看出，1t锅炉一次性设备投资秸秆打捆直燃锅炉要比燃煤和秸秆颗粒燃料锅炉价格稍高一些，水电消耗成本基本持平，但是燃料成本明显低于燃煤和秸秆颗粒燃料。秸秆打捆直燃减少了秸秆颗粒燃料加工环节中的二次耗能，从而降低了秸秆利用成本。

由图1-22可知，以2t燃煤锅炉与秸秆打捆直燃锅炉为例，同样供暖1万m²，供暖周期5个月计150d，两种锅炉一次投资相近，燃煤锅炉比秸秆打捆直燃锅炉的运行费用高出近5万元。

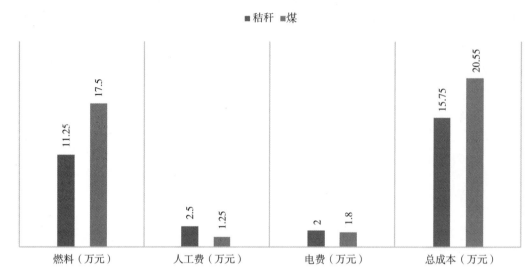

图 1-22　秸秆打捆直燃锅炉与燃煤锅炉经济性比较

（3）与煤改电、煤改气对比。虽然取暖电汽化改革是大方向，但不适合目前辽宁省省情。首先，基础设施、取暖设备一次性投入过高，难以承受。其次，电汽化采暖成本高，财政持续补贴压力大。据测算，电取暖每 80m² 每小时需要消耗电量 5.6kW·h，一个采暖季耗电量为 5.6kW·h×24h×150d=20160kW·h。按照每度电 0.5 元计算，80m² 一个采暖季采暖成本达到 10080 元。如果按照北京补贴办法，国家按照每度电补贴 0.4 元，717 万户每年需补贴 578 亿元。再次，取暖耗能量大且集中，容易造成电荒气荒问题。

针对"煤改气""煤改电"过程中出现的共性问题，2019 年 7 月，国家能源局发布《关于解决"煤改气""煤改电"等清洁供暖推进过程中有关问题的通知》，明确提出要拓展多种清洁供暖方式，在农村地区，重点发展生物质能供暖，同时解决大量农林废弃物直接燃烧引起的环境问题。

综上所述，秸秆收集期与采暖期高度吻合，就地取材，储运成本低，秸秆打捆直燃集中供热技术具有明显的时间和经济优势。

1.3.3.3　环境优势

利用 TESTO350 烟气测试仪，分别对铁岭县 2t 燃煤锅炉和 2t 秸秆打捆直燃锅炉的瞬时排放及每万吨燃煤达标排放与秸秆达标排放的烟尘、二氧化硫、氮氧化物及林格曼黑度等进行比较（表 1-6）。

表1-6 燃煤与秸秆燃料烟气排放对比

燃料名称	烟尘排放浓度 （mg/m³）	二氧化硫排放浓度 （mg/m³）	氮氧化物排放浓度 （mg/m³）	烟气黑度 （林格曼级）	灰渣
燃煤	180	800	400	< 1	量大、占地
秸秆燃料	48	7	197	< 1	极少、还田肥料

秸秆燃烧时产生二氧化硫及氮氧化物的量较少（约为燃煤的1/3），烟尘经专用除尘设备除尘后排放浓度也远低于燃煤锅炉。秸秆燃料硫、磷等元素含量甚低（0.1%左右），不腐蚀锅炉，可延长锅炉的使用寿命；秸秆直燃锅炉可即开即停，且无燃煤锅炉冒黑烟现象，清洁卫生、投料方便；燃烧后灰渣极少，极大地减少堆放煤渣的场地和所产生的二次污染等环境问题，降低了除渣费用。煤炭是不可再生的化石能源，而秸秆属可再生生物质能源，长远效益不言而喻（表1-7）。

表1-7 1万t燃煤达标排放与1万t秸秆达标排放量对比   t

燃料名称	颗粒物排放量	二氧化硫排放浓度	氮氧化物排放浓度	燃烧废弃物
燃煤	21	95.4	95.4	3000（场地分散，无法利用，污染严重）
秸秆	5.25	4.77	16.218	1000（可以还田，减少污染）
每万吨减少污染物排放	15.75	90.63	79.182	2000

由表1-7可知，每万吨燃煤达标排放与秸秆达标排放量相比较，秸秆燃烧所产生污染物排放量比燃煤少得多。

综上所述，秸秆打捆直燃锅炉污染物排放量均低于燃煤锅炉，符合《锅炉大气污染物排放标准》（GB 13271—2014）的排放要求。

1.3.4 秸秆收储运体系建设

1.3.4.1 秸秆收集及打捆

（1）市场化运作模式。按照就近就地利用的原则，由专业合作组织、种植大户、农村经纪人领建，利用玉米收割机粉碎，搂草机（图1-23）聚堆，打捆机就地打捆，每吨秸秆收购价格为200～260元，逐步建立政府推动、合作组织牵头、农户参与、市场化运作的秸秆收储运服务体系。

（2）合作收集模式。由乡镇政府出面协调，给供暖企业、锅炉业主等和村搭建桥梁，合作收集秸秆，收集设备由企业免费提供给村里，避免了企业直接向农户收集秸秆涨价的问题，而村里帮农户收秸秆，农户在春耕时省去了人工清除秸秆的程序，也不用担心焚烧秸秆被罚，受到了农户的欢迎。

图 1-23　搂草机

秸秆在雪前经搂草机整理，搂草机每天作业 200 亩地，秸秆打捆机在雪后打捆（图 1-24），每台打捆机每天作业约 70 亩地，打方捆 1500 捆左右（图 1-25）。

图 1-24　打捆机雪后作业

图 1-25　秸秆打捆包（左图为大圆捆，右图为小方捆）

秸秆捆包与秸秆压块、秸秆颗粒尺寸及价格比较如表1-8所示：

表1-8　秸秆捆包与秸秆压块、秸秆颗粒价格对比

秸秆燃料种类	外形尺寸（mm）	单重（kg）	每吨秸秆地中成型成本（元/t）	每吨秸秆装车成本（元/t）	装车后成本（元/t）	市场价格（元/t）
大圆捆玉米秸秆	直径1250×长1200	260	57	30	87	160
圆捆水稻秸秆	直径1000×长700	25	70	30	100	185
小方捆秸秆	800×450×350	15	112	30	142	240
秸秆压块	35×35×60	—	—	—	—	550
秸秆颗粒	8×20	—	—	—	—	750

（市场价格备注：运输距离增加成本随之增加）

可以看出，秸秆就地打捆装车后成本远远低于秸秆压块和秸秆颗粒成本。

1.3.4.2　秸秆运输

一般以乡镇为单位，采取就地生产，就地消耗的方式，形成小半径、网络化、闭路消耗秸秆的良性循环模式，降低了秸秆收储运成本和秸秆产品运输的成本。根据测算，一般1万亩秸秆可以供应约7万m²的供暖面积，运输距离增加价格也随之增加，秸秆多用斗车运输（图1-26）。

图1-26　秸秆捆包运输斗车

1.3.4.3　秸秆储存

在锅炉房就近建一个储料棚（图 1-27），可储存 1~2 周秸秆用料且位置、面积要合理及配备必要的防火措施；也可以农户分散保存，现打现用。

图 1-27　秸秆捆包储料棚

1.3.5　秸秆打捆直燃集中供热运行模式

1.3.5.1　政府补贴 + 企业模式

采用 PP 模式进行建设，政府利用补助资金补贴秸秆打捆直燃锅炉总价 49%、企业对剩余 51% 的资金缺口进行补充，企业可以是供暖公司、锅炉生产厂家或第三方能源环保公司，负责锅炉设备及锅炉运行所必需的附属设施的采购、建设及后期维护。企业与当地合作社或者秸秆经纪人合作，由合作社或经纪人负责秸秆收集、打捆、运输及储存工作。企业收取采暖费，负责水电费支出，组织司炉工对锅炉进行运行并支付司炉工工资。

1.3.5.2　政府补贴 + 业主模式

政府补助资金占秸秆直燃锅炉总价 80%，业主自筹剩余 20% 资金。业主与当地秸秆综合利用合作社或秸秆经纪人合作，将部分工作分包给当地合作社或经纪人，即由合作社或经纪人负责锅炉运行及维护，以及秸秆收集、打捆、运输及储存工作。同时，合作社或经纪人组织司炉工对锅炉进行运行并支付司炉工工资，收取采暖费，负责水电费支出。

1.3.5.3 合同能源管理模式

锅炉生产厂家与业主直接签订几年的供暖合同，供热方不仅提供给业主锅炉产品，还将提供秸秆燃料及锅炉运行供暖的服务。由锅炉生产厂家负责建设、锅炉运行和后期维护、收取采暖费、支付司炉工工资及水电费支出，委托当地合作社负责秸秆收集、打捆、运输及储存工作。待运行一定年限，锅炉生产厂家收回锅炉成本后，将锅炉产权转交给业主单位。

1.3.5.4 自建模式

由业主全额投资建设，业主与当地合作社或秸秆经纪人合作，将部分工作分包给合作社或经纪人，即由合作社或经纪人负责锅炉运行及维护，以及秸秆收集、打捆、运输及储存工作。同时，合作社或经纪人组织司炉工对锅炉进行运行并支付司炉工工资，收取采暖费，负责水电费支出。

1.4 推广与应用

先让用户免费试用，让他们体会到使用秸秆直燃锅炉带来的清洁卫生环境与良好的使用效果，再扩大范围推广，为更多地区的用户带来实惠与温暖。选择一个或几个区域打造秸秆能源化利用循环产业链，通过多交流提高服务效果，保证锅炉的正常使用，同时使用秸秆燃料可以带动区域化的农林废弃资源的循环利用，也为今后的农村能源化综合利用作出良好模式。

1.5 典型案例

（1）铁岭县新台子镇秸秆打捆直燃集中供暖试点项目。铁岭县新台子镇秸秆打捆直燃集中供暖试点（图1-28）项目于2016年由铁岭顺意热力有限公司负责运营。该项目供暖锅炉为10t位秸秆直燃锅炉，供暖面积约为7.3万m²，供暖对象是新台子镇盛世福城居民小区、新台子镇中心小学和新台子镇中学。去年冬季铁岭地区极温 –30℃，出水温度60℃，回水温度38℃。当地农业合作社负责秸秆收储运，秸秆收集价格是每捆4元（15kg/捆），折合每吨约为220元，供暖期全部费用约为108.32万元，年供暖期的秸秆总用量约为 4060t，大约可利用 8000 亩地产生的秸秆。该试点年节煤 2030t，相对于减少二氧化碳排放 5318.6t，减少二氧化硫排放 17.26t。

表 1-9　铁岭顺意热力有限公司锅炉房使用秸秆与燃煤成本核算对比

燃煤供热	数量 / 金额	秸秆打捆直燃供热	数量 / 金额
煤炭价格	600 元 /t	秸秆价格	220 元 /t
供暖周期	5 个月	供暖周期	5 个月
耗煤量	2350t	消耗秸秆量	4060t
燃料成本	141 万元	燃料成本	89.32 万元
人工	4 万元	人工	4 万元
锅炉用电	15 万元	锅炉用电	15 万元
合计	160 万元	合计	108.32 万元

由表 1-9 可知，使用秸秆打捆直燃供热锅炉供暖成本 108.32 万元，传统燃煤锅炉供暖成本 160 万元，节省供暖成本 51.68 万元，平均每天节省 3445 元。

（2）沈阳华美畜禽大洋河养殖场秸秆打捆直燃供暖项目。沈阳华美畜禽大洋河养殖场拥有 16 栋鸡舍，每栋鸡舍饲养肉鸡大约 1500 只，每年出栏 6 次，全年出栏肉鸡大约 14.4 万只。华美畜禽大洋河分厂安装 2 台 4t 位秸秆直燃锅炉（1 台正常运转，1 台备用），为 16 栋鸡舍和员工宿舍共计 2 万 m² 面积供暖（图 1-29）。去年冬季，极温 -28℃ 条件下，出水温度 80℃，回水温度 72℃。年消耗秸秆 4900t，大约可利用 1 万亩地产生的秸秆。该试点年节煤 2450t，相对于减少二氧化碳排放 6419t，减少二氧化硫排放 20.8t。

表 1-10　沈阳华美畜禽有限公司大洋河养殖场秸秆与燃煤使用成本核算对比

项目	数量 / 金额	项目	数量 / 金额
煤炭价格	700 元 /t	秸秆价格	250 元 /t
供暖周期	12 个月	供暖周期	12 个月
耗煤量	2060t	消耗秸秆量	4900t
燃料成本	144.2 万元	燃料成本	122.5 万元
人工、锅炉用电	由于鸡舍采用分散式供暖，所以人工、耗电量成本基本相同		
合计	144.2 万元	合计	122.5 万元

图 1-28　新台子镇秸秆打捆直燃集中供暖试点照片

由表 1-10 可知，使用秸秆专用锅炉供暖成本 122.5 万元，传统燃煤锅炉供暖成本 144.2 万元。节省供暖成本 21.7 万元，约 15.1%。平均每只肉鸡节省 1.5 元。

图 1-29　沈阳华美畜禽大洋河养殖场秸秆打捆直燃供暖项目锅炉

（3）沈阳华美畜禽有限公司旁风养殖场秸秆打捆直燃供暖项目。沈阳华美畜禽有限公司旁风养殖场拥有 12 栋鸡舍，每栋鸡舍饲养肉鸡大约 25000 只，每年出栏 6 次，全年出栏肉鸡大约 180 万只。沈阳华美畜禽有限公司旁风养殖场安装 2 台 6t 位秸秆直燃锅炉（1台正常运转，1 台备用），为 12 栋鸡舍和员工宿舍共计 1.8 万 m² 面积供暖（图 1-30）。去年冬季，极温 -26℃条件下，出水温度 80℃，回水温度 70℃。年消耗秸秆 7000t，大约可利用 2.1 万亩地产生的秸秆。该试点年节煤 2960t，相对于减少二氧化碳排放 9250t，减少二氧化硫排放 29.89t。

图 1-30　沈阳华美畜禽有限公司旁风养殖场秸秆打捆直燃供暖项目试点

表 1-11　沈阳华美畜禽有限公司旁风养殖场秸秆与燃煤使用成本核算对比

项目	数量 / 金额	项目	数量 / 金额
煤炭价格	700 元 /t	秸秆价格（圆包）	200 元 /t
供暖周期	12 个月	供暖周期	12 个月
耗煤量	2960t	消耗秸秆量	7000t

续表

项目	数量 / 金额	项目	数量 / 金额
燃料成本	207.2 万元	燃料成本	140 万元
人工、锅炉用电	由于鸡舍采用分散式供暖，所以人工、耗电量成本基本相同		
合计	207.2 万元	合计	140 万元

由表 1–11 可知，使用秸秆专用锅炉供暖成本 140 万元，传统燃煤锅炉供暖成本 207.2 万元，节省供暖成本 67.2 万元。

参考文献

[1] 王旭维，林剑锋，杨静，等. 基于打捆秸秆为原料的清洁供暖新模式的应用与分析 [J]. 农业开发与装备，2018，12：102–103.

[2] 裴占江，刘杰，史风梅，等. 东北地区秸秆打捆直燃供暖案例及效益分析 [J]. 黑龙江农业科学，2019，12：111–113.

[3] 周腰华，赖晓璐，潘荣光. 玉米秸秆能源化利用：模式、问题与政策建议——基于辽宁省的调查 [J]. 辽宁农业科学，2018，2：41–44.

[4] 贾吉秀，姚宗路，赵立欣，等. 秸秆捆烧锅炉设计及其排放特性研究 [J]. 农业工程学报，2019，35（22）：148–153.

[5] 邓云，姚宗路，梁栋，等. 秸秆捆烧技术研究现状与展望 [J]. 现代化工，2020，7：55–59.

2　大中型沼气工程技术

多年来，农村沼气快速发展，在改善农村生产生活条件、促进农业发展方式转变、推进农业农村节能减排以及保护生态环境等方面，发挥了重要作用。当前，农村沼气事业发展的外部环境发生了巨大变化，特别是农业生产方式、农村居住方式、农民用能方式的新转变，对农村沼气事业发展提出了新任务和新要求。随着规模化沼气的快速发展，如何规范设计、管理和安全运行越来越重要。

2.1　概述

党中央、国务院始终高度重视发展农村沼气事业，自 2004 年起，每年中央一号文件都对发展农村沼气提出明确要求。"十二五"以来，国家发展改革委会同农业农村部累计安排中央预算内投资 142 亿元用于农村沼气建设，并不断优化投资安排结构。根据农村沼气发展面临的新形势，2015 年国家发展改革委和农业农村部调整中央投资方向，重点用于支持规模化大型沼气项目和生物天然气试点项目建设，自此，规模化沼气工程进入了快速发展阶段，农村沼气迈出了转型升级的新步伐。

2.1.1　发展现状与成效

2.1.1.1　发展现状

1. 户用沼气

截至 2018 年底，全国农村户用沼气达到 3907.67 万户，年产沼气约 84.2 亿 m^3，受益人口达 2 亿多人，发展规模和使用规模均居世界前列。农村户用沼气配套开展改厨、改厕、改圈，有效解决了农民的炊事生活用能和环境卫生问题，实现了农户分散养殖粪污无害化处理，改善了农民家居环境。同时，经过多年探索，形成了北方"四位一体"、南方"猪沼果"和西北"五配套"等户用沼气与生态富民产业有机结合的能源生态循环模式，引领各地生态农业发展，在沼气发展历史上作出了巨大的不可替代的贡献。

2. 大中型沼气工程

截至 2018 年，全国已建成各类型沼气工程 108059 处，厌氧发酵总池容超过 2205.62 万 m^3，每年可产沼气 27.96 亿 m^3，供气户数 188.75 万户。在工程建设中探索出许多有价值、可复制、可推广的发展模式。在沼气集中供气、沼肥高效利用、发电并网和车用燃料替代等方面取得了显著成效。农村沼气的功能已从单纯的能源利用逐步拓展到了农业生产废弃物无害化处理和资源化利用，促进了规模养殖业和特色种植业的发展，在农村生产和农民生活中发挥了积极作用，成为许多地方政府发展现代循环农业的抓手。从 2015 年开始，中央预算内资金在全国支持启动了规模化生物天然气工程试点项目，在农村沼气工程向规模化建设、专业化生产、工业化发展、高值化利用上迈出了可喜的一步，也为未来农村沼气的发展方向作出了有益的探索和尝试。

2.1.1.2 建设成效

1. 增强了能源安全保障能力

农村沼气历史性地解决 2 亿多人口炊事用能质量提升问题，促进了农村家庭用能清洁化、便捷化。规模化沼气工程在为周边农户供气的同时，也满足了养殖场内部的用能、用热、发电等清洁用能需求。大型沼气工程尤其是生物天然气工程所产沼气用于发电上网或提纯后并入天然气管网、车用燃气、工商企业用气，实现了高值高效利用。2018 年，全国沼气年生产能力达到 158 亿 m^3，约为全国天然气消费量的 5%，每年可替代化石能源约 1100 万 t 标准煤，对优化国家能源结构、增强国家能源安全保障能力发挥了积极作用。

2. 推动了农业发展方式转变

农村沼气上联养殖业，下促种植业，是促进生态循环农业发展的重要举措，不仅有效防止和减轻了畜禽粪便排放和化肥农药过量施用造成的面源污染，而且对提高农产品质量安全水平，促进绿色和有机农产品生产，实现农业节本增效，转变农业发展方式发挥了重要作用。据统计，农村沼气年可生产沼液沼渣 5.22 亿 t，其中直接还田 4.92 亿 t，生产固液有机肥 1196.6 万 t，达标排放 1793.82 万 t，每年可为农民增收节支 500 多亿元。

3. 促进了农村生态文明发展

农村沼气实现了畜禽养殖粪便、秸秆、有机垃圾等农业农村有机废弃物的无害化处理、资源化利用，缓解了困扰农村环境的"脏乱差"问题。沼气利用不增加大气中二氧化碳排放，具有显著的温室气体减排效应。农户建设农村沼气配套改厨、改厕、改圈，极大地改善了家庭卫生条件。规模化生物天然气工程和规模化大型沼气工程，大幅提升了畜禽粪便、农作物秸秆等废弃物集中处理水平和清洁燃气集中供应能力，适应了新时代广大农民对美丽宜居乡村建设的新要求。目前，全国农村沼气年处理粪便、秸秆、生活有机垃圾近 20 亿 t，年减排二氧化碳 6000 多万 t，对实现农村家园、田园、水源清洁，建设美丽宜居乡村，发展农村生态文明起到了积极作用。

4. 转型升级取得了积极成效

2015 年农村沼气转型升级以来，中央重点支持建设日产 1 万 m^3 以上的规模化生物天然气工程试点项目与厌氧消化装置总体容积 500m^3 以上规模化大型沼气工程项目，着重在创新建设组织方式、发挥规模效益、利用先进技术、建立有效运转模式等方面进行试点，实现了 4 个转变——由主要发展户用沼气向规模化沼气转变，由功能单一向功能多元化转变，由单个环节项目建设向全产业链一体化统筹推进转变，由政府出资为主向政府与社会资本合作转变。一批规模化沼气工程和生物天然气工程，在集中供气、发电并网以及城镇燃气等方面取得了积极成效，正在不断探索有价值、可复制、可推广的实践经验。①拓宽了清洁能源供给渠道。2018 年，我国全年天然气消费量为 2766 亿 m^3，年增量超过 390 亿 m^3，进口量达 1254 亿 m^3，对外依存度超过 45%。生物天然气作为"生力军"，尽管还处于试点示范阶段，但已在民用燃气、车用燃气等方面初见成效，逐步成为缓解国内天然气供应压力的重要途径。②实现了有机废弃物的资源化利用。各地按照农业绿色发展的要求，以生物天然气工程为纽带，将畜禽粪污、秸秆、尾菜、餐厨垃圾、市镇污泥、工业有机废弃物等进行资源化综合利用，减轻了环境污染，缓解了城乡"脏乱差"问题，对实现蓝天碧水净土、建设美丽宜居乡村、发展农村生态文明起到了积极作用。③推进了生态循环农业区域化发展。生物天然气项目上联养殖，下促种植，沼渣沼液作为有机肥可有效替代化肥，提升农产品品质，促进绿色有机生产，实现农业节本增效，是转变农业发展方式、推动生态循环农业发展的重要举措。④推动了全产业链发展。各地通过生物天然气项目，从原料收储运、工程运行管理、商品有机肥加工销售、沼气高值利用，到生态循环农业示范区建设，打造了比较完整的产业链条，推动了"一二三"产业融合发展。

2.1.2　农村沼气面临的形势和挑战

2.1.2.1　当前形势

1. 户用沼气出现需求和使用意愿快速双下降的不可逆趋势

由于畜禽养殖方式由分散养殖向集约化养殖转变，城镇化快速推进中大批农民进城务工，新农村建设中村庄整治和合并步伐的加快，以及农民生活水平提高后对用能便捷化要求的提高，一方面户用沼气出现原料严重短缺的刚性困难，另一方面煤、电、气等商品能源在农村快速普及，使得农民对农村户用沼气的需求和使用意愿明显下降，一些地区户用沼气弃用现象较为普遍。总体上看，农村户用沼气已经基本完成了特定发展阶段的历史使命，大部分地区已不再适宜户用沼气大规模地发展和使用。

2. 规模化沼气工程整体运行效果不佳

我国沼气工程多依托畜禽养殖企业建设，而畜禽养殖场存在市场波动大、发展不稳定等问题，导致沼气工程所需畜禽粪便原料供应不稳定甚至短缺，无法维持沼气工程的稳定运行。养殖企业建设沼气工程更多出于粪污处理需求，将沼气工程建设作为应对环评和环保检查的"挡箭牌"，缺少管护动力和相应运行管理技术，又未能及时与种养业形成有机融合和平等待遇，导致沼气工程运行效果不佳、经营不善、使用率低。尽管规模化大型沼气工程和规模化生物天然气工程试点项目刚刚启动，但从项目执行情况来看，大部分工程在原料稳定供应、沼气和沼肥消纳等方面存在潜在风险，在项目监管方面存在部门职能不清，在工程建设用地、燃气并网、产品终端补贴等政策措施上也难以落实的情况下，仅仅依靠单方面扩大工程规模，沼气工程业主依然难以获得预期盈利而不能持续稳定运营，甚至可能造成原有问题集中化和扩大化，进一步影响沼气工程和整个行业的有序发展。

2.1.2.2　面临挑战

1. 农村沼气发展方式亟待转型升级

近年来，随着种养业的规模化发展、城镇化步伐的加快、农村生活用能的日益多元化和便捷化、农民对生态环保的要求更加迫切，农村沼气建设与发展的外部环境发生了很大变化。农村户用沼气使用率普遍下降，农民需求意愿越来越小，废弃现象日益突出；中小型沼气工程整体运行不佳，多数亏损，长期可持续运营能力较低，存在许多闲置现象。此外，现有的沼气工程还面临着原料保障难和储运成本过高、大量沼液难以消纳、工程科技含量不高、沼气工程终端产品商品化开发不足等瓶颈问题，一些工程甚至存在沼气排空和沼液二次污染等严重问题。因此，农村沼气亟待向规模发展、综合利用、效益拉动、科技支撑的方向转型升级。2015年开始的农村沼气转型升级，在这方面进行了有益的尝试。

2. 农村沼气发展扶持政策亟待完善

农村沼气承担着农村废弃物的处理、农村清洁能源供应、农村生态环境保护等多重社会公益职能，国家应不断健全沼气政策支持体系，加大支持力度。长期以来，国家支持主要体现在前端的投资补助，方式单一，且存在较大的资金缺口。在稳定和扩大中央投资支持的同时，应采取多种有效方式，积极引导社会资本投入沼气工程建设运营，建立政府和社会资本合作机制，发挥政府投资放大效应。同时，增强农村沼气持续发展支持政策的系统性，研究出台农业废弃物处理收费、终端产品补贴、沼气产品保障收购以及流通等环节的优惠政策。沼气转型升级发展以来，大型沼气工程和生物天然气工程建设对用地、用电、信贷等方面的政策需求也在迅速增加。此外，沼气标准体系建设不够完善，沼气项目建设手续不够清晰，各地执行标准不同，给项目建设、施工、运营和监管带来困难。

3. 农村沼气体制性、制度性障碍亟须破除

沼气可通过开展高值高效利用实现商品化、产业化开发，但在沼气发电上网和生物天然气并入城镇天然气管网等方面还存在许多歧视和障碍。目前全国地级以上城市和绝大部分县城的燃气特许经营权已经授出，存在生物天然气无法在当地销售或取得特许经营权的企业对生物天然气价格压制现象。国家出台的《中华人民共和国可再生能源法》《畜禽规模养殖污染防控条例》等法律法规及《关于完善农林生物质发电价格政策的通知》《可再生能源电价附加收入调配暂行办法》等相关政策在沼气领域难以落地，有的电网公司以各种理由拒绝接受沼气发电上网，沼气发电上网后也无法享受农林生物质电价。这些问题造成了生物天然气的市场竞争能力不强，制约了生物天然气的发展。

4. 农村沼气的科技支撑和监管能力亟须强化

长期以来，中央和地方对沼气技术、适用产品和装备设备的研发投入有限，科研单位和企业缺乏技术创新的动力与积极性，尚未形成与产业紧密结合的"产学研推用"技术支撑体系。与沼气技术先进的国家相比，我国规模化沼气工程池容产气率和自动化水平有待提高，新技术、新材料的标准和规范亟须建立。农村沼气管理体系仍存在注重项目投资建设、忽视行业监管的问题，一些地方在政府与市场之间、政府部门之间还存在边界不清、职能交叉、缺乏统筹等问题。沼气服务体系尽管已基本实现了全覆盖，但服务对象主要是户用沼气和中小型沼气工程，也未建立有效的服务机制和运营模式，服务人员不稳定、服务范围小、服务内容单一、技术水平偏低等问题致使现有沼气服务体系难以维系。

2.1.3 技术优势

1. 农村用能清洁化为农村沼气发展提供了新空间

我国能源生产供应结构不合理、清洁能源缺口较大等问题突出。据统计，我国每年可用于沼气生产的农业废弃物资源总量约14.52亿t，可产沼气1350亿m³，能替代约1亿t标煤。发展农村沼气（农村能源），可降低煤炭消费比重，补充化石能源缺口，进一步优化我国农村能源供应结构。

2. 农民生活城镇化为农村沼气发展提供了新契机

国家积极稳妥、扎实有序推进城镇化建设，截至2020年，我国常住人口城镇化率达到60%左右，实现1亿左右农业转移人口和其他常住人口在城镇落户。随着城镇化和新农村建设的不断推进，村庄集并力度加大，居住环境更趋美化，对高品位商品能源的需求将显著增加。农村沼气（农村能源）利用当地农业废弃物，能够生产供应清洁能源，实现新型城镇集中供气供热，满足炊事采暖用能需求，推进村镇居住环境整治，使广大农民群众享受与城市居民同样的能源供给与服务。

3. 农业生产方式规模化为农村沼气发展带来了新机遇

目前，我国畜禽养殖方式发生巨大变化，以家庭为单元的传统分散养殖农户大幅减少，规模化养殖加快发展，据统计，50头以上生猪养殖比例已超过60%，500头以上生猪规模化养殖比例大幅提升至1/3左右，这也为大中型沼气工程的发展提供了契机。同时，结合城乡一体化和新农村生态文明社区建设，充分利用广泛分布在农村地区的太阳能、风能、水能等可再生自然资源和高效低排放设施，示范推广多能互补系统，满足农村地区居民对稳定供给高品位清洁能源的需求。

4. 农业废弃物资源化为农村沼气发展提出了新任务

随着我国农业集约化程度提高和种养业的快速发展，每年产生农作物秸秆9.64亿t，规模化畜禽养殖场每年产生畜禽粪便21亿t，粪污乱排、垃圾乱堆、秸秆乱烧等问题越来越突出。农村沼气和秸秆能源化利用技术作为处理农业农村废弃物的最有效措施之一，在促进种养结合，推动健康养殖，发展现代生态循环农业，实现"一控两减三基本"的目标任务等方面能够发挥重要作用。

2.1.4　应用前景

1. 生态文明建设对农村沼气事业发展提出了新任务

生态文明建设已纳入"五位一体"国家总体战略布局，农村生态文明建设任务也更加重要，农村生态环境向清洁化和生态化转变也更加迫切。随着农业集约化程度提高和规模化种养业的快速发展，畜禽粪便随意堆弃、秸秆就地废弃焚烧等问题越来越突出，对大气、土壤和水等生产生活环境造成破坏，导致农业面源污染日趋严重。据测算，全国每年产生农作物秸秆10.04亿t，可收集资源量约8.33亿t，尚有20%的秸秆未得到有效利用，多数被田间就地焚烧，产生约1505万t颗粒物排放；规模化畜禽养殖场每年产生畜禽粪便19亿t，仍有56%未得到有效利用，产生COD 1268万t。农业发展不仅要杜绝生态环境欠新账，而且要逐步还旧账，要打好农业面源污染治理攻坚战，力争到2020年农业面源污染加剧的趋势得到有效遏制，实现"一控两减三基本"的目标任务。据测算，建设1处5000 m^3 池容的规模化大型沼气工程，每年可消纳3万t粪便或0.6万t干秸秆，可减少COD排放1500t或颗粒物排放90t。因此，发展农村沼气，能够有效处理农业农村废弃物，减少温室气体排放和雾霾产生，改善农村环境"脏、乱、差"状况等，留住绿水青山。

2. 农业供给侧改革对农村沼气事业发展提出了新要求

农业供给侧结构性改革的关键是"提质增效转方式、稳粮增收可持续"。为市场提供更多优质安全的"米袋子""菜篮子""果盘子"和"茶盒子"产品，是农业供给侧结构性改革的重要内容，目前全国大田作物播种面积24.82亿亩，其中产粮大县800个，亩均化肥施用量 21.9kg，远高于世界平均水平（每亩 8kg），是美国的 2.6 倍、欧盟的 2.5 倍。果园、菜园、茶园（以下简称"三园"）等大宗高效经济作物种植优势县 1039 个，拥有"三园"总面积 2.32 亿亩，果树亩均化肥用量 73.4kg，是美国的 6 倍、欧盟的 7 倍；蔬菜亩均化肥用量 46.7kg，比美国高 29.7kg，比欧盟高 31.4kg。化肥的过量使用，增加了生产成本，在一些地区导致了土壤板结、地力下降、土壤和水体污染等问题。沼肥富含氮磷钾、微量元素、氨基酸等，可以替代或部分替代大田作物和"三园"化肥施用，能够显著改善产地生态环境，生产包括大田作物、果菜茶在内的优质有机农产品，提升产品品质，有效满足人们对优质农产品日益增长的旺盛需求。据测算，建设 1 处日产 500m³ 沼气的规模化沼气工程，每年可生产沼肥 1000t，按氮素折算可减施 43t 化肥，沼液作为生物农药长期施用可减施化学农药 20% 以上。因此，发展农村沼气能够实现化肥、农药减量，推动优质绿色农产品生产，保障食品安全。

3. 国家能源革命对农村沼气事业发展注入了新动力

我国能源生产供应结构不合理，总体缺口较大。2018 年，全国能源消费总量 46.4 亿 t 标准煤，其中煤炭消费量占比为 59%，比重过高；根据中国石油集团经济技术研究院于 1 月 16 日发布的《2018 年国内外油气行业发展报告》，天然气净进口量 1254 亿 m³，对外依存度 45.3%，同比增 6.2 个百分点。能源生产和消费要立足国内多元供应保安全，形成煤、油、气、核、新能源、可再生能源多轮驱动的能源供应体系。我国在 G20 峰会和巴黎峰会作出承诺，2030 年非化石能源占一次能源消费比重提高到 20% 左右。据测算，建设 1 处日产 1 万 m³ 的生物天然气工程，年可产生物天然气 365 万 m³，可替代 4432t 标准煤。据统计，全国每年可用于沼气生产的农业废弃物资源总量约 14.52 亿 t，可产生物天然气 844 亿 m³，可替代约 1 亿 t 标准煤。因此，应该发展农村沼气，可降低煤炭消费比重、补充天然气缺口，进一步优化能源供应结构。

4. 新型城镇化建设对农村沼气事业发展提供了新契机

《国家新型城镇化规划（2014—2020 年）》的发布开启了积极稳妥、扎实有序推进城镇化建设的新时期，规划到 2020 年，全国常住人口城镇化率达到 60% 左右，实现 1 亿左右农业转移人口和其他常住人口在城镇落户。国务院发展研究中心研究表明，城镇化率每提高 1 个百分点，能源消费至少增长 6000 万 t 标准煤。同时，国家鼓励农村人口在中小城市和小城镇就近就地城镇化，这些地区民用燃气短缺、管网铺设投资和输送成本过高，导致现有的燃气供应体系难以覆盖新型城镇化区域。据测算，每户炊事热水年平均用天然气 284m³，要实现 1 亿农业人口转移年需 118 亿 m³ 沼气。加之城镇及农村地区经济水平不断提高，对优质清洁便利能源的需求显著增加，也对居住环境提出了更高要求。因此，发展农村沼气，生产供应清洁能源，能够实现新型城镇集中供气供热，满足炊事采暖用能需求。

5. 全国可用于沼气的废弃物资源潜力巨大

农村沼气原料主要包括农作物秸秆、畜禽粪便、农产品加工剩余物、蔬菜剩余物、农村有机生活垃圾等。据测算，可用于沼气生产的废弃物资源总量约 14.52 亿 t，其中，秸秆可利用资源量约 1.8 亿 t，畜禽粪便可利用资源量约 10.6 亿 t，其他有机废弃物可利用量 1.64 亿 t，总产沼气潜力约为 1227 亿 m^3。随着经济社会发展、生态文明建设和农业现代化推进，沼气生产潜力还将进一步增大。

2.2　大中型沼气工程指标参数及工艺路线

2.2.1　大中型沼气工程定义

大中型沼气工程技术，是以处理工农业有机废水、废气、废渣等"三废"为核心，以获取能源和治理环境污染为目的，实现农业生态良性循环的农村能源工程技术。它包括厌氧发酵主体及配套工程技术，主要是通过厌氧发酵及相关处理降低粪水有机质含量，达到或接近排放标准并按设计工艺要求获取能源——沼气；沼气利用产品与设备技术，主要是利用沼气或直接用于生活用能，或发电、烧锅炉、直接用于生产供暖、作为化工原料等。沼肥制成液肥和复合肥技术，则主要是通过固液分离，添加必要元素和成分，使沼肥制成液肥或复合肥，供自身使用或销售。其关键技术是沼气厌氧发酵技术，包括常规和高效发酵工艺技术。

2.2.2　大中型沼气工程技术常用指标参数

2.2.2.1　原料有机物含量和沼气产量评价常用指标

BOD（生化需氧量）：BOD（Biochemical Oxygen Demand）是指在一定条件下，微生物分解存在于水中的可生化降解有机物所进行的生物化学反应过程中所消耗的溶解氧的数量。以 mg/L 或百分率、10^{-6} 表示。它是反映水中有机污染物含量的一个综合指标。如果进行生物氧化的时间为 5d 就称为五日生化需氧量（BOD_5），相应地还有 BOD_{10}、BOD_{20}。

COD（化学需氧量）：COD（Chemical Oxygen Demand）是以化学方法测量水样中需要被氧化的还原性物质的量。水样在一定条件下，以氧化 1L 水样中还原性物质所消耗的氧化剂的量为指标，折算成每升水样全部被氧化后，需要的氧的毫克数，以 mg/L 表示。它反映了水中受还原性物质污染的程度。该指标也作为有机物相对含量的综合指标之一。废水、废水处理厂出水和受污染的水中，能被强氧化剂氧化的物质（一般为有机物）的氧当量。在河流污染和工业废水性质的研究以及废水处理厂的运行管理中，它是一个重要的而且能较快测定的有机物污染参数。

TS（总固体含量）：TS（Total Solid）是单位液体在105℃环境中，被烘干至绝干时所保持恒定的重量。

VS（挥发性固体）：VS（Volatile Solid）是总固体在600℃高温下挥发的那部分固体重量。

SS（悬浮性固体）：SS（Suspended Solids）是指悬浮在水中的固体物质，包括不溶于水的无机物、有机物及泥沙、黏土、微生物等。水中悬浮物含量是衡量水污染程度的指标之一。悬浮物是造成水浑浊的主要原因。水体中的有机悬浮物沉积后易厌氧发酵，使水质恶化。中国污水综合排放标准分3级，规定了污水和废水中悬浮物的最高允许排放浓度，中国地下水质量标准和生活饮用水卫生标准对水中悬浮物以浑浊度为指标做了规定。

VSS（挥发性悬浮固体）：VSS（Volatile Suspended Solids）是指样品在600℃的燃烧炉中能被燃烧，并以气体逸出的那部分固体。它通常用于表示污泥中的有机物的量，常用mg/L表示，有时也用重量百分数表示。

TOC（总有机碳）：TOC（Total Organic Carbon）是以碳的含量表示水中有机物的总量，结果以碳（C）的质量浓度（mg/L或mg/kg）表示。碳是一切有机物的共同成分，是组成有机物的主要元素，水的TOC值越高，说明水中有机物含量越高，因此，TOC可以作为评价水质有机污染的指标。当然，由于它排除了其他元素，如高含氮、硫或磷等元素有机物在燃烧氧化过程中，同样参与了氧化反应，但TOC以碳计结果并不能反映出这部分有机物的含量。

VFA（挥发性脂肪酸）：VFA（Volatile Fatty Acid）是脂肪酸的一种，一般是具有1~6个碳原子碳链的有机酸，包括乙酸、丙酸、异丁酸、戊酸、异戊酸、正丁酸等，它们的共同特点是具有很强的挥发性，故称挥发性脂肪酸。含量用mg/L表示。

2.2.2.2 厌氧反应器运行参数指标

容积负荷：厌氧发酵时的容积有机负荷，即反应器单位体积每天承受有机物的量，以kgCOD/（$m^3 \cdot d$）为单位。

污泥负荷：每千克厌氧活性污泥每天所承受的有机物的量。以kgCOD/（kg污泥·d）为单位。

SVI（污泥体积指数）：SVI（Sludge Volume Index）是表示污泥沉降性能的参数。其物理意义是在曝气池出口处的混合液，经过沉淀30min后，每单位质量的干污泥所形成的沉淀污泥所占有的容积（以mL计）。

HRT（水力滞留期）：HRT（Hydraulic Retention Time）是指进入反应器的废水在反应

器内的平均停留时间。进料越多，HRT 越小。

SRT（污泥滞留时间）：SRT（Sludge Retention Time）是指单位生物量在处理系统中的平均滞留时间。

MRT（微生物滞留时间）：MRT（Mean Retention Time）指从微生物细胞的生成到被置换出消化器的时间。在一定条件下，微生物繁殖一代的时间基本稳定，如果 MRT 小于微生物增代时间，微生物将会从消化器里被冲洗干净，厌氧消化将被终止。如果微生物的增代时间与 MRT 相等，微生物的繁殖与被冲出处于平衡状态，则消化器的消化能力难以增长，消化器则难以启动。如果 MRT 大于微生物增代时间，则消化器内微生物的数量会不断增长。

2.2.2.3 其他参数指标

1. 发酵温度

沼气发酵温度范围一般在 10~60℃，温度对沼气发酵的影响很大，温度升高沼气发酵的产气率也随之提高，通常以沼气发酵温度区分为常温发酵、中温发酵和高温发酵。畜禽养殖场处理粪便污水采用中温发酵的较多，工程造价也较合理。

常温发酵工艺：常温发酵工艺是指在自然温度下进行的沼气发酵，发酵温度受气温影响而变化，农村户用沼气池基本上采用这种工艺。其特点是发酵料液的温度随气温、地温的变化而变化，一般料液温度最高时为 25℃，低于 10℃以后，产气效果很差，发酵周期长，需要有较大的发酵池，工程造价较高，产气率随温度变化较大，供气不稳定。一般情况下，产气率为 0.2~0.3m³/（m³·d）。

中温发酵工艺：中温发酵工艺指发酵料液温度维持在（33±2）℃的范围内，发酵周期较短，处理粪便污水的能力较强，需要发酵池容积相对较小，产气速度较快，产气稳定，产气率一般为 0.8~1.2m³/（m³·d）。也可以采用发酵温度在 25~30℃的近中温发酵。这种工艺需要采取增温保温措施。

高温发酵工艺：高温发酵工艺指发酵料液温度维持在（53±2）℃的范围内，该工艺的特点是有机物分解快，产气率高，发酵周期短，处理粪便污水的能力强，需要发酵池小，产气率为 1.5~2m³/（m³·d）。高温发酵工艺适宜在有余热可利用的工程中。

2. 发酵料液的酸碱度

沼气发酵是在中性条件下的厌氧发酵，最适宜酸碱度为 6.8~7.4，6.4 以下或 7.6 以上都对产气有抑制作用。酸碱度在 5.5 以下，产甲烷菌的活动则完全受到抑制。

3. 发酵原料浓度

发酵料液在沼气池中要保持一定的浓度才能正常产气运行，如果发酵料液中含水量少，发酵浓度过大，就容易酸化，发酵受到抑制；如果发酵料液中含水量多，发酵浓度过稀，有机物少，产气量也少。最适宜的发酵浓度一般在 6%~10%。沼气池初始启动时，浓度要低一些，一般在4%~6%。沼气池在正常运行过程中，温度高时浓度可适当低一些；温度低时，浓度可适当高一些。

4. 接种物

为了加快沼气发酵启动的速度和提高沼气产量，要向沼气池中加入接种物。在沼气池启动时，要将收集来的沼渣、沼液，粪坑里的黑色沉渣、塘泥、污水沟的污泥以及食品厂、酒厂、屠宰场的污水、污泥等与发酵原料混合均匀，一同加入沼气池，接种物以达到发酵原料的10%~30%为宜。

2.2.3　大中型沼气工程的分类

根据《沼气工程规模分类》（NY/T 667—2011）的规定，按单体装置容积、总体装置容积、日产沼气量和配套系统的配置将沼气工程的规模分为特大型、大型、中型和小型4类。其中，单体装置容积和配套系统的配置为必要指标，总体装置容积和日产气量为择用指标。确定规模时要根据2个必要指标和1个择用指标确定沼气工程的规模（表2-1）。

表2-1　沼气工程规模分类指标和配套系统

工程规模	日产沼气量 Q （m³/d）	厌氧消化装置单体容积 V_1	厌氧消化装置总体容积 V_2	配套系统
特大型	$Q \geqslant 5000$	$V_1 \geqslant 2500$	$V_2 \geqslant 5000$	发酵原料完整的预处理系统，进出料系统，增温保温、搅拌系统，沼气净化、储存、输配和利用系统，计量设备，安全保护系统，监控系统，沼渣沼液综合利用或后处理系统
大型	$5000 > Q \geqslant 500$	$2500 > V_1 \geqslant 500$	$5000 > V_2 \geqslant 500$	发酵原料完整的预处理系统，进出料系统，增温保温、搅拌系统，沼气净化、储存、输配和利用系统，计量设备，安全保护系统，沼渣沼液综合利用或后处理系统
中型	$500 > Q \geqslant 150$	$500 > V_1 \geqslant 300$	$1000 > V_2 \geqslant 300$	发酵原料的预处理系统，进出料系统，增温保温、回流、搅拌系统，沼气净化、储存、输配和利用系统，计量设备，安全保护系统，沼渣沼液综合利用或后处理系统
小型	$150 > Q \geqslant 5$	$300 > V_1 \geqslant 20$	$600 > V_2 \geqslant 20$	发酵原料的计量、进出料系统，增温保温、沼气净化、储存、输配和利用系统，计量设备，安全保护系统，沼渣沼液综合利用或后处理系统

2.2.4 大中型沼气工程工艺路线

2.2.4.1 沼气发酵的工艺分类

从不同的角度有不同的分类方法。大型沼气工程主要从发酵原料浓度、进出料方式、搅拌方式、发酵温度和反应器级数这 5 个方面分类。

1. 按照发酵原料浓度分类

根据发酵原料的含固率不同可分为湿式发酵和干式发酵两种。干物质含量低于 20% 的厌氧发酵称为湿式发酵。干物质含量在 20% ~ 40% 称为干式发酵。根据此分类，厌氧发酵装置也可分为干式发酵装置和湿式发酵装置两类。

干式发酵工艺相对于湿式发酵工艺，消化工艺不需要大量水，减少了沼液储存和处理的成本，并且干式发酵负荷要比湿式发酵高 2 ~ 5 倍。

2. 按照进出料方式分类

按照进出料方式可分为连续式进料和续批式进料。连续式进料即发酵原料通过机械进料设备，根据生产需要连续进入厌氧发酵装置；续批式进料即发酵原料一次性加入厌氧发酵装置，经发酵完全降解后再进下一批原料。

3. 按照搅拌方式分类

按照搅拌方式可分为机械搅拌、气体搅拌和液体搅拌 3 种。机械搅拌即通过机械装置达到搅拌目的，机械搅拌可细分为垂直、水平和倾斜 3 种类型；气体搅拌即将沼气从池底部注入，通过较强的气体回流达到搅拌目的；液体搅拌即将沼液回流通过进料管进入厌氧发酵装置，达到搅拌目的。

4. 按照发酵温度分类

按照发酵温度分类可分为常温发酵、中温发酵和高温发酵 3 种。常温发酵即发酵温度在 10 ~ 25℃，中温发酵在 25 ~ 35℃，高温发酵在 51 ~ 55℃。

5. 按反应器级数分类

按照反应器级数分类可分为单相反应器和多相反应器。单相反应器是发酵 3 个阶段均在一个反应器内进行；多相反应器是 3 个阶段在 2 个反应器中进行，通过调整 2 个反应器中的 pH，使微生物达到最佳活性，从而提高产气率。

2.2.4.2 大中型沼气工程的工艺流程

大中型沼气工程基本包括以下工艺流程：原料收集、预处理、厌氧发酵、沼气的净化、储存与输配及发酵剩余物的后处理等（图 2-1）。

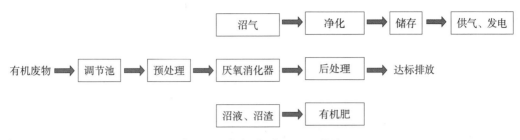

图2-1 大中型沼气工程工艺流程

大中型沼气工程系统构成：

主体工程：主要包括发酵原料预处理单元、沼气生产单元、沼气净化和存储单元、沼气利用单元和沼液沼渣综合利用单元。

配套工程：主要包括工程内配电系统、工艺控制系统、给排水系统、增温系统、照明系统、消防系统、监控系统、通信系统、车辆等。

生产管理工程：主要包括办公室、值班室、门卫、食堂等。

2.2.4.3 大中型沼气工程发酵工艺

《规模化畜禽养殖场沼气工程设计规范》（NY/T 1222—2006）中，大中型沼气工程一般采用两种主要工艺：能源生态型处理利用工艺与能源环保型处理利用工艺。

1. 能源生态型处理利用工艺

即沼气工程周边的农田、鱼塘、植物塘等能够完全消纳经沼气发酵后的沼渣、沼液，使沼气工程成为生态农业园区的纽带。如畜禽粪便沼气工程，首先要将养殖业与种植业合理配置，这样既不需要后处理的高额花费，又可促进生态农业建设，所以，能源生态模式是一种理想的工艺模式。工艺流程为：污水通过管道自流入调节池，在调节池前设有格栅，以清除较大的杂物，人工清出的粪便运至调节池，与污水充分混合，然后流入计量池，计量池的容积根据厌氧消化器的要求确定。当以鸡粪为原料时，应在调节池后设沉砂池。粪便的加入点与厌氧消化器类型有关，一般在调节池加入，带有搅拌装置的塞流式反应器也可直接加入厌氧消化器内。

2. 能源环保型处理利用工艺

即沼气工程周边环境无法消纳沼气发酵后的沼渣、沼液，必须将沼渣制成商品肥料，将沼液经后处理达标排放。该模式既不能使资源得到充分利用，而且工程和运行费用较高，应尽量避免使用。工艺流程为：污水通过管道自流入调节池，在调节池前设有格栅，以清除较大的杂物，调节池的污水用泵抽入固液分离机，分离的粪渣用作有机肥料，分离出的污水流入沉淀池，沉淀的污泥进入污泥处理设施，上清液自流入集水池，随后进入酸化池进行酸化处理，处理出水进入厌氧消化器进行厌氧消化，消化后出水进入配水池与圈舍冲洗水等稀污水混合，混合后的污水进入SBR池中进行好氧处理，经过氧化塘处理后达标排放。

2.2.5 大中型沼气工程相关标准

目前，国家颁布了 15 个大中型沼气工程相关农业行业标准：

（1）《沼气工程规模分类》（NY/T 667—2011），该标准于 2011 年 9 月 2 日发布，2011 年 12 月 1 日实施。

（2）《规模化畜禽养殖场沼气工程设计规范》（NY/T 1222—2006）。

（3）《规模化畜禽养殖场沼气工程运行、维护及其安全技术规程》（NY/T 1221—2006）。

（4）《沼气工程技术规范：第 1 部分 工艺设计》（NY/T 1220.1—2006）。

（5）《沼气工程技术规范：第 2 部分 供气设计》（NY/T 1220.2—2006）。

（6）《沼气工程技术规范：第 3 部分 施工及验收》（NY/T 1220.3—2006）。

（7）《沼气工程技术规范：第 4 部分 运行管理》（NY/T 1220.4—2006）。

（8）《沼气工程技术规范：第 5 部分 质量评价》（NY/T 1220.5—2006）。

（9）《生活污水净化沼气池技术规范》（NY/T 1702—2009）。

（10）《沼气发电机组》（NY/T 1223—2006）。

（11）《沼气工程沼液沼渣后处理技术规范》（NY/T 2374—2013）。

（12）《秸秆沼气工程施工操作规程》（NY/T 2141—2012）。

（13）《秸秆沼气工程工艺设计规范》（NY/T 2142—2012）。

（14）《秸秆沼气工程运行管理规范》（NY/T 2372—2013）。

（15）《秸秆沼气工程质量验收规范》（NY/T 2373—2013）。

2.3 大中型沼气工程设计

大中型沼气工程设计内容主要包括发酵原料收集、发酵原料预处理、沼气生产、净化、储存、输配和利用等，还有沼液、沼渣的综合利用等。主要包括工艺技术流程的选择、确定及设计，各个处理单元工艺技术参数的选择与确定，全系统的物料及能量的变化及平衡计算，各处理构筑物、建筑物、设施及设备的单元工艺设计。

2.3.1 沼气工程选址原则

沼气工程的选址应符合养殖场整个生产系统的规划和要求。影响的因素重点应考虑以下几方面：

（1）尽量靠近发酵原料的产地和沼气利用地区，方便原料和燃气输送，降低成本；

（2）有较好的工程地质条件，方便的交通运输和供水供电条件，标高较低处，便于料液自流，有相应的处理消纳处理后污水、污泥的场地；

（3）满足安全生产和防疫要求，在畜禽养殖场和附近居民区主导风向的下风向（有机肥厂上风向）；保证有足够的安全距离。

2.3.2 沼气工程的总体布置原则

（1）总体布置原则是在满足功能和工艺要求的前提下，布置紧凑，便于施工、运行和管理。

（2）附属建筑物宜集中布置，并应与生产设备和处理构筑物保持一定距离。

（3）构筑物的间距应紧凑、合理，并应满足施工、设备安装与维护、安全的要求。

（4）各种管线应全面安排，避免迂回曲折和相互干扰，输送污水、污泥和沼气管线布置应尽量减少管道弯头，以减少能量损耗和便于疏通。各种管线应用不同颜色加以区别。

（5）应按现行的城镇燃气设计规范和建筑设计防火规范的要求设置消防通道和灭火设施。

（6）沼气工程应设围墙（栏），护栏高度不宜低于1.1m。

（7）沼气工程应有保温防冻措施。

（8）主要畜禽污水处理设施应设置溢流口、排泥管、排空阀和检修人孔。厌氧消化器和贮气柜应设有安全窗，确保装置正常运转。

（9）沼气工程的安全、防爆、防雷与接地参照相关规定执行。

（10）控制室应有良好的照明，设有监控所有设备运转、故障、程序操作、显示的控制屏（台），操作应具有集中与就地操作的功能。应有紧急状态报警装置。

（11）配备必要的检测和测量仪器。如用电量、产气量、pH等。

（12）应充分利用原有地形坡度，达到排水畅通、降低能耗、土方平衡的要求。

2.3.3 大中型沼气工程的前处理

前处理系统包括发酵原料的收集和输送，水质、水量、温度、酸碱度的调节，以及固态物质的去除。主要设施有格栅、提升泵、固液分离机、换热器等，以及沉砂池、沉淀池、调节池、酸化池、集料池等。

1. "能源生态型"沼气工程前处理

（1）前处理的目的是将粪便污水调质均化，为厌氧消化产沼气创造条件。

（2）污水进入固液分离机前应通过格栅清除污水中较大的杂物。

（3）以鸡粪为原料时宜设沉砂池。

（4）以牛粪为原料时应有粪草分离装置。

（5）沟渠坡度应确保污水自流入沉砂池或计量池。

2. "能源环保型"沼气工程前处理

（1）前处理的目的是用物理方法尽量清除粪污中的固形物。

（2）污水进入固液分离机前应通过格栅清除污水中较大的杂物。

（3）应在排污后 3h 内进行污水的固液分离。

（4）沉淀池应设在固液分离机后。

（5）沟渠坡度应确保污水自流入沉砂池、集水池。

（6）是否需要固液分离机与污水中干物质浓度和污水量有关，当干物质浓度不大于 2000mg/L 和污水量小于 $50m^3/d$ 时可不用。

3. 沼气工程中格栅的作用

格栅的作用是清除污水中较大的杂物。污水中常常含有一些较大的杂物，如编织袋等，为了防止泵及处理构筑物的机械设备和管道被磨损或堵塞，使后续处理流程能顺利进行而设置格栅。在排水时应及时清理格栅，以防堵塞。

格栅栅条间空隙宽度、过栅流速和格栅倾角的规定参考城市污水处理厂和粪便处理厂设计规范，结合现有沼气工程的运行经验选取。一般采用人工清理，污水量大时也可使用格栅机。

4. 大中型沼气工程中设置调节池的作用

调节池有 3 个作用：一是收集污水，二是贮存一定量的污水，三是对污水有一个均匀的作用，保证后续工序的平衡运行。

养殖场一般每天上下午各冲洗 1 次，因而调节池最小容积为每天污水量的一半。

5. 固液分离设备

（1）应根据被分离物料的性质、流量、脱水要求，经技术经济比较后选用。

（2）污水进入固液分离机的含水率一般不应小于 98%。

（3）固液分离机的设置应考虑到废渣的贮存、运输。

2.3.4　厌氧发酵反应器工艺选择

厌氧消化器是大中型沼气工程的核心设备，其结构和运行情况是沼气工程的设计重点。厌氧消化器（沼气池）的选择和设计应根据粪污种类、工程类型和工艺路线确定。一般根据发酵原料的特性和拟达到处理目标选择合适的厌氧发酵反应器工艺。厌氧发酵反应器工艺主要分为完全混合式厌氧消化器（CSTR）、升流式厌氧污泥床（UASB）、升流式厌氧固体反应器（USR）、升流式厌氧复合床（UBF）、厌氧滤器（AF）、厌氧接触工艺（AC）、塞流式反应器（PFR）。溶解性有机废水宜用 UASB、AF 和 UBF 工艺；高固体含量和难降解的有机废水宜用 CSTR、AC、USR 和 PFR 工艺。

1. 完全混合式厌氧消化器（Complete Stirred Tank Reactor，简称 CSTR）

CSTR 工艺即在常规消化器中安装搅拌装置，使发酵原料与微生物处于完全混合状态。该工艺适用于高浓度及含有大量悬浮固体原料的处理。

优点：该反应器可以进入高悬浮固体（SS）含量的原料；消化器内底物均匀分布，增加了底物与微生物的接触机会；消化器内温度分布均匀；进入消化器内的任何一点的抑制物质，会迅速分散保持在最低水平；避免了堵塞、沟流和气体逸出不畅现象；易于建立数学模型。

缺点：由于该消化器无法做到使 SRT 和 MRT 在大于 HRT 的情况下运行，所需消化器体积较大；要有足够的搅拌，所以能量消化耗较高；生产用大型消化器难以做到完全混合；出水底物浓度与反应器内底物浓度相等，底物流出该系统时未完全消化，微生物随出料而流失。

2. 升流式厌氧污泥床（Upflow Anaerobic Sludge Blanket，简称 UASB）

UASB 工艺即由底部的污泥区和中上部的气、液、固三相分离区组合为一体的厌氧消化装置，是目前发展最快的消化器。

优点：该工艺分离器将气体分流并阻止固体物漂浮和冲出，使水力滞留期和微生物滞留期大大增长，产甲烷效率明显提高；气/固分离器外结构简单，没有搅拌装置和填料；因污泥的沉降和回流在同一装置内，因此降低了造价。该工艺没有搅拌装置，较长的固体滞留期和微生物滞留期实现了较高负荷率，出水悬浮固体含量低；颗粒污泥的形成使微生物天然固定化，增加了工艺的稳定性。

缺点：需要安装气/固分离器；需要有效的布水器，使进料能均布于消化器底部；进水要求低 SS 含量；在高水力负荷或高 SS 负荷时易流失固体和微生物，运行技术要求较高。

3. 升流式厌氧固体反应器（Upflow Anaerobic Solid Reactor，简称 USR）

USR 工艺是一种简单的反应器，原料从底部进入反应器，消化器内不需要三相分离器，不需要污泥回流，也不需要搅拌装置。未消化原料和微生物靠被动沉降滞留在消化器内，上清液从消化器上不排出，这样就可以得到比 HRT 高得多的 SRT 和 MRT，从而提高了固体有机物的分解率和消化率。

优点：处理效率较高，投资较低，运行管理简单，容积负荷率较高。

缺点：对进料均布性要求高，当含固率达到一定程度时，必须采取强化措施。

4. 升流式厌氧复合床（Upflow Blanket Filter，简称 UBF）

由底部升流式厌氧污泥床和上部厌氧过滤器组合为一体的厌氧消化装置。厌氧复合床反应器实际是将厌氧生物滤池 AF 与升流式厌氧污泥反应器 UASB 组合在一起，因此又称为 UBF 反应器。厌氧复合床反应器下部为污泥悬浮层，而上部则装有填料。可以看作是将升流式厌氧生物滤池的填料层厚度适当减小，在池底布水系统与填料层之间留出一定的空间，以便悬浮状态的颗粒污泥能在其中生长积累，因此又构成一个 UASB 处理工艺。当污水依次通过悬浮污泥层及填料层，有机物将与污泥层颗粒污泥及填料生物膜上的微生物接触并被分解掉。

5. 厌氧滤器（Anaerobic Filter，简称 AF）

设置有供厌氧微生物附着生长载体（填料）的厌氧消化装置。厌氧滤器属于附着膜型消化器的一种，其特征是在反应器内安置有惰性支持物（又称填料）供微生物附着，并形成生物膜。这就使进料中的液体和固体在穿流而过的情况下，滞留微生物于生物膜内，并且在 HRT 相当短的情况下，可阻止微生物冲出。这类反应器适用于处理低浓度、低 SS 有机废水，因其具有短的 SRT 而影响固体物的转化。

优点：低操作费用，不需要搅拌；因有较高的效率，可缩小消化器体积；微生物固着在惰性介质上，MRT 相当长，微生物浓度高，运转稳定；更能承受负荷的变化。

缺点：填料的费用较多（可达总造价的 60%）；由于微生物的积累，增加了运转期间料液的阻力。

6. 厌氧接触工艺（Anaerobic Contact Process，简称 AC）

厌氧接触工艺又称厌氧活性污泥法，接触厌氧法。在普通消化池之后设沉淀池，并有部分沉淀污泥回流至消化池的厌氧消化系统。该工艺特点是采用了污泥沉淀和回流循环装置，使污泥沉淀后回流入消化器，将固体滞留期与水力滞留期加以区分，从而增加了消化器内固体物的滞留时间及活性污泥的浓度，同时减少出料中的固体物含量，使得该工艺具有较高的有机负荷和处理效率。

厌氧接触消化器可用于处理固体含量较高的生活污水和工业废水，具有较大的缓冲能力，且操作简单。厌氧接触工艺可以增加微生物与废水之间的接触反应，解决了控制污泥停留时间的问题，提高了发酵效率，减少了占地面积和投资。

7. 塞流式反应器（Plug Flow Reactor，简称 PFR）

塞流式反应器是长方形的非完全混合式反应器，也称推流式反应器。高浓度悬浮固体发酵原料从一端进入，从另一端排出。由于消化器内沼气的产生，呈现垂直的搅拌作用，而纵向搅拌作用甚微。在进料端呈现较强的水解酸化作用，甲烷的产生随着向出料方向的流动而增强。由于该体系进料端缺乏接种物，所以要进行固体的回流。为减少微生物的冲出，在消化器内应设置挡板以有利于运行的稳定。

优点：不需要搅拌，池形结构简单，能耗低；适用于固体悬浮物浓度高的废水的处理，尤其适用于牛粪的厌氧消化，用于农场有较好的经济效益；运行方便，故障少，稳定性高。

缺点：固体物容易沉淀于池底，影响反应器的有效容积，使固体滞留期和水力滞留期降低，效率较低；需要固体和微生物的回流作为接种物；因该反应器面积或体积比较大，反应器内难以保持一致的温度，易产生厚的结壳。

8. 内循环厌氧反应器（Internal Circulation Reaction，简称 IC）

IC 反应器如同把两个 UASB 反应器叠加在一起，在其内部增设了沼气提升管和回流管，上部增加了气液分离器。该反应器启动时，投加了大量颗粒污泥。运行过程中，用第一反应室所产沼气作动力，从而实现了下料液的内循环。使处理低浓度废水时循环流量可达进水流量的 2～3 倍，处理高浓度废水时循环流量可达进水流量的 10～20 倍。

2.3.5 厌氧消化器设计要点

（1）根据发酵原料选用适宜的厌氧消化器。

（2）厌氧消化器应设有取样口和测温点。

（3）厌氧消化器在设计上要有防止超正、负压的安全装置及措施。其防止超正、负压装置的安全范围，应满足工艺设计的压力及池体安全的要求。

（4）厌氧消化器的下部管道凡有阀门处应设计为串联式双阀门，内侧阀门为常开阀门。

（5）池体侧面下部应设有检修人孔、排泥管（其管径不小于 100mm），人孔中心与池外地平的距离不大于 1m，直径不宜小于 600mm。

（6）厌氧消化器必须达到抗渗和气密性要求，并应采取有效的防腐蚀措施和保温措施。

（7）厌氧消化器应设有沉降观测点。

2.3.6 设计参考数据

1. 我国畜禽养殖实际冲洗水用量

猪：5~12L/（头·d）（干清粪），10~20L/（头·d）（水冲洗）。

奶牛：50~100L/（头·d）（干清粪），100~300L/（头·d）（水冲洗）。

肉牛：25~50L/（头·d）（干清粪），50~200L/（头·d）（水冲洗）。

鸡：0.5~0.7L/（头·d）。

2. 常用原料产气率

原料产气率是指单位原料在一定条件下的产气量。原料产气率是衡量原料分解好坏的一个重要指标。农村沼气原料产气率的单位通常用"m^3/kg（TS）"。工原料产气率有理论值、实验值和生产运行值3类（表2-2）。

表2-2 常见农业废弃物的原料产气量生产值

原料种类	秸秆	牛粪	马粪	猪粪	人粪	鸡粪
产气量 [m^3/kg（TS）]	0.20~0.35	0.20~0.25	0.20~0.25	0.25~0.30	0.25~0.30	0.30~0.35

注：发酵温度低时取低值，发酵温度高时取高值。

2.3.7 沼气工程的后处理

后处理方式有两种主要形式，一种是沼气工程的厌氧出水进贮液池后作液态有机肥用于农田，这种处理方式就是能源生态式处理工艺；另一种是厌氧出水进一步处理后达标排放或回用，这种处理方式就是能源环保式处理工艺。

2.3.7.1 能源生态式

厌氧出水后作为农田有机肥时可只需进行简单的固液分离，去除掉其中较大的固形物即可。

2.3.7.2 能源环保式

（1）好氧处理系统。

（2）稳定塘。

（3）好氧处理系统+稳定塘。

（4）其他处理方法，如膜分离法、人工湿地等。

2.3.7.3 好氧处理系统

（1）畜禽粪水中的氮、磷含量较高，好氧处理应选择有较高脱氮除磷能力的工艺，如SBR、氧化沟等；有关设计参数、设施和设备参考 GBJ 14—1997 的相关规定。

（2）充分利用土地处理系统，减少运行费用。

2.3.7.4　好氧塘、兼性塘、水生植物塘

（1）好氧塘、兼性塘、水生植物塘可用于处理"能源环保型"沼气工程的好氧出水或厌氧出水，用于去除污水中的氨氮和有机物。

（2）水生植物塘主要有凤眼莲等。

（3）好氧塘、兼性塘：当用于后续处理时，主要作用是去除水中的氮、磷等。

以上数据主要参考稳定塘设计规范。

2.3.8　沼气利用系统

2.3.8.1　沼气净化系统

沼气中含有一定量的硫化氢，有较大的腐蚀性，厌氧消化后产生的沼气应首先进行脱硫、脱水、脱杂质等的净化工序。

沼气净化系统包括气水分离器、砂滤、脱硫装置等。

经过净化系统处理后的沼气质量指标应符合下列要求：甲烷含量 55% 以上，硫化氢含量小于 $20mg/m^3$。

那么，为什么要进行净化呢，有以下几方面原因：

（1）沼气从厌氧发酵装置中产出时，携带大量的水分，特别是在中温或高温发酵时，沼气具有较高的湿度。一般来说，$1m^3$ 干沼气中饱和含湿量，在 30℃时为 35g，而到 50℃时则为 111g。

（2）当沼气在管路中流动时，由于温度、压力的变化露点降低，水蒸气冷凝增加了沼气在管路中流动的阻力，而且由于水蒸气的存在，还降低了沼气的热值。

（3）水与沼气中硫化氢共同作用，会加速金属管道、阀门及流量计的腐蚀或堵塞。

（4）沼气中燃烧后生成二氧化硫，它与水蒸气结合成亚硫酸，使燃烧设备的低温部位金属表面产生腐蚀。

（5）硫化氢、二氧化硫等会造成大气环境的污染，影响人体健康。

2.3.8.2　沼气脱水系统

（1）气水分离器法：为了满足氧化铁脱硫剂对湿度的要求，对高温、中温发酵产生的沼气进行适当的降温，采用重力法，利用气水分离器将沼气中的部分水蒸气脱除。

（2）集水器法：在输送沼气的管路的最低点设置集水器，将管路中的冷凝水排除。冷凝水集水器有自动排水和人工排水两种。

2.3.8.3　沼气贮存方式

（1）贮气方式有低压湿式贮气柜、低压干式贮气柜、高压贮气柜和柔性干式贮气柜。

（2）贮气柜容积应根据沼气的不同用途确定：

沼气用于炊事燃料时，贮气柜的容积按日产量的 50%~60% 设计；

沼气作为炊用和发电（或烧锅炉）各占一半左右时，贮气柜的容积按日产量的 40% 设计；

沼气用于烧锅炉或发电等工业用气时，应根据沼气供求平衡曲线确定贮气柜的容积。

2.3.8.4 沼气贮气柜设计要点

（1）沼气贮存系统包括：贮气柜、流量计等。贮气柜形式有低压湿式贮气柜、低压干式贮气柜、高压贮气柜和柔性干式贮气柜。

（2）贮气柜贮气压力：根据 GB 50028—1993 和贮气柜形式确定贮气柜的贮气压力。沼气用具前的沼气压力应是其额定压力的 2 倍。

（3）贮气柜必须设有防止过量充气和抽气的安全装置。放空管应设阻火器。阻火器宜设在管口处。放空管应有防雨雪侵入和杂物堵塞的措施。

（4）湿式贮气柜水封池采用地上式，尽量避免地下式。当采用地下式时，应设置排水放空设施。建筑材料一般为钢板或钢筋混凝土。

（5）湿式贮气柜应设置上水管、排水管和溢流管；钟罩应设置检修人孔，直径不小于 600mm，钟罩外壁应设置检修梯。

（6）当湿式贮气柜钟罩与水封池均为钢板制造时，须做防腐处理，采用环氧沥青、氯化聚乙烯涂料、聚丁胶乳沥青涂料等防腐材料。

（7）贮气柜安全防火距离（采用城市煤气标准）：

①干式贮气柜之间的防火间距应大于较大贮气柜直径的 2/3，湿式贮气柜之间的防火间距应大于较大贮气柜直径的 1/2。

②贮气柜至烟囱的距离应大于 20m。

③贮气柜至架空电缆的间距应大于 15m。

④贮气柜至民用建筑或仓库的距离应大于 25m。

（8）沼气贮气柜出气口处应设阻火器。

（9）沼气计量：沼气流量计应根据厌氧装置最大小时产气量选择（表 2-3）。

表 2-3 沼气流量计选择表

小时产气量（m³）	流量计类型
户内	皮膜表
20~30	膜式流量计
>30	腰轮（罗茨）流量计、涡轮流量计等

2.3.8.5　管道设计要点

（1）大中型沼气工程高压沼气管道应采用钢管，并做防腐处理；中压和低压沼气管道宜采用聚乙烯燃气管或钢管。

（2）室外沼气管道宜采用埋地铺设，且埋深在冻土层以下，同时管道的覆土最小厚度不得小于 0.3m。

（3）沼气管道坡度应与地形相适应，沼气管道的低处必须设置凝水器，管道坡度坡向凝水器，坡度不得小于 0.3%。

（4）沼气管道通过河流、公路和主要干道时应有保护措施。

（5）沼气管道的阀门应设置在便于应急操作的地方。

（6）沼气引入管应直接从室外引入厨房或其他用气设备房间，沼气管严禁引入卧室、易燃易爆品仓库、变电室、配电间和有腐蚀性介质的房间。

2.3.8.6　沼气管道验收要点

（1）外观检查

根据施工图要求进行外观检查，并检查以下方面：

①输送线路是否符合近、直规则，管道连接处有无松动和脱开，固定是否牢固，软塑管拐弯处有无折扁现象。

②管道埋地深度或架空高度是否符合要求，是否按规定设套管或沟槽。

③凝水器的安装是否在管道的最低处，管道坡度和坡向是否合理。

④钢管是否按规定做防腐处理。

2. 沼气管道系统的吹扫

大中型沼气工程管道在施工过程中，不可避免地有一些泥土、沙石、水、接口物料等杂质进入或残留于管道内。因此，在外观检查合格后即全线进行吹扫，吹扫空气流速一般不小于 20m/s，连续吹扫 5min，无污物和杂物吹出，且吹出的气体干净为合格。

3. 沼气管道气密性试验

低压沼气管道可不做强度试验，只进行气密性试验。试验方法为将沼气管道系统内空气升压至 10kPa 后停止送气并关闭进气阀门，4h 后观察管道系统压力降不高于 200Pa 为合格。

2.3.9　大中型沼气工程材料选择

过去，大中型沼气工程大多是地下工程，材料以钢筋混凝土为材料，施工工期长，占地面积大，质量难以控制，致使一些工程因施工质量不合格而不能正常运行。

近年来，大多数发酵罐采用钢质发酵罐体，罐体自重仅为混凝土罐的 10% 左右，钢材消耗与普通钢罐相比，节省钢材 30% 以上，施工周期比相同规模的混凝土罐缩短一半，造价低 15% 以上。而且耐腐蚀，不需要保养，使用寿命长。

2.3.9.1　搪瓷拼装罐技术

该技术采用特殊处理的预制钢板，以快速低耗的自锁螺栓连接方式现场拼装最终成型，并在连接处加涂特制密封材料进行防漏处理，使用寿命可达 30 年以上。

拼装制罐技术在欧美国家已广泛应用，由于该技术自身的优势，可以为石油化工、电力、水处理工程等提供各类储罐容器和反应器，应用领域十分广阔。

1. 拼装罐的特点

（1）建设周期短：整体工程施工时间短、质量高是拼装罐技术的优点之一，由于采用机械化的加工和施工方式，工作强度和施工难度大幅降低，施工质量得到有效保障，施工周期比同样规模的混凝土罐缩短 60%。

（2）耐腐蚀性强：特殊防腐涂层的附着，解决了钢制反应器的防腐问题，可广泛作为各类酸碱环境下的反应器。

（3）安装、拆卸方便：整体设备既可采用自动化机械安装，也可采用人工安装，已建成的设备可以拆卸扩大容积，从而提高处理量；且拆卸后可重新安装在其他地方，为项目建设带来灵活性。

（4）用料少，工程投资大大减少，经济效益可观。

2. 拼装罐应用范围

拼装罐广泛应用于沼气工程，污水处理工程的贮气柜、厌氧塔、好氧池等装置，还可应用于石油、化工、电力工程等领域的各类储罐。也可作为仓储容器和反应容器。

2.3.9.2　德国 LIPP 制罐技术

该技术通过专有技术设备，采用"螺旋、双折边、咬合"工艺，将 2~4mm 的复合薄钢板制成 $100~5000m^3$ 的利浦池或罐。相比于传统钢筋混凝土的池体，具有机械化作业程度高、施工周期短、投资少、占地面积小、加工技术简单、耗材少、使用年限长等特点。

2.3.9.3　柔性干式贮气柜

柔性干式贮气柜作为低压储存技术的新型换代产品，已在沼气等领域中成功应用，它与传统低压湿式贮气柜比较，柔性织物贮气柜重量轻，不需要每年一次的防腐防冻处理，节约维护费用；同样储存空间占地面积更小；还可选择燃气泄漏检测报警等功能，使用更安全；作为设备易于搬迁，且生产、安装周期较低压湿式贮气柜缩短 1/3 左右。柔性干式贮气柜包括外层膜、内层膜、底膜、锚固板锚螺栓、锚螺密封条、采样气管、风机、柔性气管、呼吸阀、进气管密封、底膜固定板及螺栓、观察窗、安全阀、调压单向阀、顶盖、进风管、沼气泄漏报警器、超声波容量表。

柔性干式贮气柜特点：

（1）投资少，占地面积小。

（2）主要部件为柔性膜，不需要防腐处理，无水结构，无须冬季防冻。

（3）防腐蚀，防爆，气体泄漏报警。

（4）柔性顶盖，开启相对便利，有利于设备检修。

（5）可采用双层构造，以保持一定恒定的工作压力。

（6）贮气囊袋轻，比刚性顶盖对罐体压力小，有利于保护主体设备。

（7）控制气味散发。

（8）安装工期短，施工成本低。

（9）工厂化制造，质量得到保证。

（10）采用进口织物，产品使用寿命可达 10 ~ 15 年。

2.3.9.4　一体化反应器

一体化反应器由发酵反应器及顶部的柔性贮气柜组成，实现产气、贮气一体，结构紧凑，省去贮气柜的基础投资，节约成本。

原料在罐体内完成发酵，产生的沼气进入顶部的贮气柜贮存，当一体化反应器内的液位达到设计液位后，就通过溢流口流出用于农田施肥，多余的沼液可回流用于调粪和外运。

一体化反应器特点：

（1）罐体采用特制材料拼装，安装方便，工期短。

（2）罐顶采用双膜柔性顶盖，节省材料，方便使用（罐体结构稳定，耐寒）。

（3）罐内设有搅拌装置，使物料均匀混合，防止罐顶结壳，保证产气率。

（4）罐体上部设有安装检修平台，易于检修及日常观察操作。

（5）实现产气、储气一体化，节省工程投资。

2.3.10　大中型工程加热保温措施

为了加快大中型沼气工程粪污处理速度，提高沼气产量，减少处理时间，节省工程投资，大中型沼气工程一般都采取增温保温措施。

（1）对采取中温（或高温）发酵的厌氧消化器加热，宜采用蒸汽直接加热，蒸汽通入点宜在计量池内，也可以采用厌氧消化器外热交换或池内热交换。对大型消化器也可将几种加热方法结合使用。

（2）对采用常温发酵的厌氧消化器应保证池内料液温度不低于 12℃。当料液温度不够时，宜采用蒸汽直接加热，蒸汽通入点宜在集水池内，也可采用厌氧消化器外热交换或池内热交换。

（3）也可采用联合增温措施，即太阳能和地热盘管联合增温，解决了沼气工程中厌氧反应器内温度不足，导致产气率低的问题，能有效降低大中型沼气工程增温费用。

（4）料液调节池、厌氧消化器应有有效的保温措施，宜采用外保温。

2.3.11 沼气工程设计要求

根据确定的沼气工程建设方案，进入项目初步设计和施工图设计阶段。施工图的设计将直接影响到工程的投资，是施工的依据，对项目建成后的使用价值起决定性作用，因此必须引起足够的重视。对设计的管理，当缺乏经验时，选择有设计经验和有设计资质的单位是一条简单而有效的途径。其主要任务是：在满足质量及其功能要求的前提下，不超过计划投资，并尽可能地节约投资；按质、按量、按时要求提供施工图设计文件；使项目的质量在符合现行规范和标准的前提下，满足业主所要求的功能和使用功能。

2.4 沼气工程施工

2.4.1 施工准备

（1）沼气工程必须按设计要求和施工图纸进行施工，变更设计应有设计单位的修改通知或签证。

（2）沼气工程所使用的主要材料、设备、仪表、半成品及成品等应有技术质量鉴定文件或产品合格证明书。

（3）承建沼气工程施工的单位，必须具有主管部门批准或认可的施工许可证。

（4）沼气工程施工前应具备下列条件：

①设计及其他技术文件齐全，已经会审；

②施工单位已配合设计单位、建设单位，结合施工技术装备及施工工艺编制完成了施工组织设计；

③材料、施工力量、机具等能保证正常施工；

④施工现场及施工用水、用电等临时设施，能满足施工需要；

⑤沟渠、管线、电杆等应在施工前，会同有关单位协商处理解决。

⑥沼气工程涉及的专业较多，施工中各专业、各工种应密切配合，互相协调。在施工过程中应做好质量检验评定，确保工程质量。

⑦沼气工程施工的安全技术、劳动保护、防火、环境保护等应遵守国家和地方颁布的有关规定。

2.4.2 发酵罐材料选择

沼气工程发酵罐体材料常用的有搪瓷拼装、碳钢焊接和混凝土等，比较常用的是搪瓷拼装，现介绍一下搪瓷拼装罐。搪瓷拼装罐采用高防腐等级的搪瓷层预制钢板以栓接方式拼装，栓接处加特制密封材料防漏，此种预制钢板形成的保护层不仅能阻止罐体腐蚀，而且具有抗酸碱的功能。

2.4.2.1 拼装罐搪瓷层材料的物理特性

搪瓷钢板是在高温下，在搪瓷专用钢板的两面各搪烧两层高惰性的釉层而成，两层高惰性釉层为底釉层和面釉层，中间为搪瓷专用的合金钢板。

涂层颜色：标准色为深绿色，或根据用户要求。

涂层厚度：0.25 ~ 0.45mm，两面涂层。

耐酸碱度：标准涂层适用 pH 为 3 ~ 11。特殊涂层适用 pH 为 1 ~ 14。

黏着力：3450N/cm。

弹性：与被涂钢板相同，大约为 500kN/mm。

硬度：6.0（用莫式硬度计）。

使用寿命：≥ 30 年。

2.4.2.2 搪瓷拼装罐的优点

（1）由于搪瓷钢板采用高标准的烧制程序、优质的釉层、严格的检测方式，因此搪瓷罐相对于碳钢罐、混凝土罐更加标准化，产品质量更加有保障。

（2）搪瓷拼装罐的设计、制造以及涂装都在工厂完成，模块化组件运输和现场安装，因此工期非常短。例如：典型的 2000m³ 敞口储罐安装（进场到完成）在 2 周内完成。

（3）搪瓷钢板迎水面和背水面均附着高惰性的搪瓷层，即釉层，可以有效抵制强酸、强碱的腐蚀，标准涂层可以适用 pH 为 3 ~ 11，特殊涂层适用 pH 为 1 ~ 14；碳钢罐采用现场焊接，然后再刷防腐涂料的制作工序，钢板需要考虑的腐蚀余量很难把握，完全取决于现场的工人的操作，这大大影响了产品质量的稳定性。

（4）搪瓷拼装罐的维护量接近零。搪瓷钢板表面的搪瓷层抗腐蚀，而且不褪色，因此省去了日后的维护费用。碳钢罐一次专业防腐的使用寿命一般在 4 ~ 5 年，之后，一般每隔 2 年需要重新做防腐的维护，有些腐蚀漏点需要打补丁，工序复杂，不但影响工程的运行，增加了维护费用，也为工程埋下了安全隐患。

（5）搪瓷罐采用特殊的拼装安装方式，搪瓷钢板采用的是标准的模块，因此可以实现扩容以及工程的拆迁，运输简单，节省二次工程投资。

（6）搪瓷钢板的搪瓷层在 900℃ 以上的高温下搪烧到搪瓷专用钢板的两面，质密而均匀，膨胀系数趋近钢板本身，因此气温的适应性非常强。而碳钢罐的防腐涂料层则容易受冷热膨胀系数的困扰，容易产生爆裂脱落现象。

（7）搪瓷钢板表面搪瓷层高光、耐磨，形象美观，符合现代化污水处理工程的需要；碳钢罐的防腐层风吹日晒，容易褪色，影响工程形象。

2.4.2.3　搪瓷拼装发酵罐的施工

大中型沼气工程发酵罐比较常用的是搪瓷拼装，罐体材料采用高防腐等级的搪瓷层预制钢板以栓接方式拼装，栓接处加特制密封材料防漏，此种预制钢板形成的保护层不仅能阻止罐体腐蚀，而且具有抗酸碱的功能。

1. 罐体基础施工

拼装罐体混凝土基础厚度由设计单位根据当地的地质条件和罐体的规格进行设计，基础钢筋为双层双向。

2. 罐体固定及二次密封

搪瓷拼装罐用膨胀螺栓与基础固定，罐内外用混凝土进行二次浇灌，固定密封。

3. 拼装罐体开孔及设备支架

搪瓷拼装罐体可根据需要现场开孔，罐体开孔管道安装需用法兰进行连接。

4. 罐体密封

搪瓷拼装罐外部密封，罐体加固热镀锌角钢。拼装罐罐内连接半圆头自锁螺栓（螺栓头部注塑防腐），罐内螺栓部位密封胶防腐。

5. 罐体外保温及罐盖

罐体外保温采用彩钢板、玻璃丝棉（或岩棉、聚苯板）进行外保温处理。

2.5　大中型沼气工程启动与安全运行

2.5.1　启动运行

厌氧消化器的启动是指一个厌氧消化器从投入接种物和原料开始，经过驯化和培养，使消化器中厌氧活性污泥的数量和活性逐步增加，直至消化器的运行效能稳定达到设计要求的全过程。

2.5.1.1 接种物

用于厌氧消化器启动的厌氧活性污泥叫接种物。接种物可从正在运行的消化器中取得，也可以从畜禽场、酒厂的污水排放沟中取得。接种物的多少没有统一规定，通常接种物用量取发酵器体积的 10%~30%。

2.5.1.2 启动的基本方式

无论是哪种类型的消化器，其启动方式可分为两种。一种是将接种物和首批料液投入消化器后，停止进料几天，在料液处于静状态下，使接种污泥暂时聚集和生长，或者附着于填料表面。待大部分原料被分解去除时，即产气高峰过后，料液的 pH 在 7.0 以上，或产气中甲烷含量在 55% 以上时，再进行连续投料或半连续投料运行。另一种方式是试车后保留一定量的清水于消化器内，即开始进行半连续投料和连续投料。总之，无论采用哪种方式启动，都应注意酸化与甲烷化的平衡，防止发酵液的 pH 降至 6.5 以下。必要时可加入一些石灰水，使发酵液的 pH 保持在 6.5 以上。

2.5.1.3 启动故障的排除

启动过程中，最常见的故障是负荷过高引起的发酵液酸化。排除方法是首先停止进料，待酸碱度恢复正常后，再以较低的负荷开始进料。如果发现 pH 降至 5.5 以下，单靠停止进料难以奏效时，应添加石灰水、碳酸钠或碳酸氢铵等碱性物质进行中和。同时可排除部分发酵液，再加入一些接种物，达到稀释、补充缓冲性物质及活性污泥的作用。

2.5.2 沼气工程启动调试

2.5.2.1 调试准备

工程启动调试应在工程竣工验收合格后进行，同时还应做好下列准备工作：

（1）检查各处理构筑物和设施内的杂物是否清除干净。

（2）所有要求气密性的装置（厌氧消化器、储气罐、脱硫设备、气水分离、水分及阻火器等）应进行试水和气密性试验，并合格。

（3）检查各类管道、阀门和设备是否清理、疏通，并已处于备用状态。

（4）对水泵、电机、加热装置、搅拌装置、气体收集系统以及其他附属设备等应进行单机试车和联动试车。

（5）各种仪表已经完成了校正。

（6）沼气发酵原料的准备（量和质的检查）。

（7）制定出启动调试方案，并已完成对沼气工程的运行管理人员、操作人员、维修人员及安全管理人员的技术培训。

（8）监控室及设施、设备附近的明显部位，已张贴必要的工作图表、安全注意事项、操作规程和设备运转说明等。

2.5.2.2 启动调试要点

（1）启动初期，低负荷投料，对于高浓度或有毒废水要进行适当稀释，并在启动过程中稀释倍数逐渐减少。

（2）每次提升负荷时，都应在有机物（COD）去除率达到80%后进行，并注意适当增加投料量。

（3）经常检测pH、挥发酸、总碱度、温度、气压、产气量和沼气成分等。

（4）启动过程中应用氮气或沼气将厌氧消化器、输气管路及贮气罐内的空气置换出去。

2.6 沼气工程的维修和保养

2.6.1 厌氧消化器的维修

沼气池及所有附属机械设备、计量仪表和电器除临时性维修外，应分别制定大修周期。沼气池每隔3~5年应清扫检修1次，检修前，应做好存放污泥的池子，以便检修后及时将污泥送回沼气池内，缩短大修后的启动时间。大修时应将污水、污泥、浮渣和底部泥沙清扫干净，进行防腐、防渗、防漏处理，最后按沼气池试漏规定验收合格后，才能重新投料运行。

检修时应特别注意安全：

（1）检修人员进池之前，必须打开所有孔口，用鼓风机连续吹入新鲜空气24h以上，测定池内空气中甲烷、硫化氢和二氧化碳的含量合格并用小动物进行检验后方可入内，确保操作人员安全。

（2）检修人员进池应戴防毒面具，戴好安全帽、系上安全带及安全绳，池外必须有人监护，整个检修期间不得停止鼓风。

（3）池内所用照明用具和电动工具必须防爆。如需明火作业，必须符合防火要求，同时要有应急措施。

（4）有条件时，应配备有毒气体及可燃气体检测器，以保证人身绝对安全。

2.6.2　沼气工程维护保养

（1）定期检查贮气罐、沼气管道及闸阀是否漏气。厌氧消化器、各种管道及闸阀每年应进行一次检查和维修。

（2）厌氧消化器的各种加热设施应经常除垢、检修和维护。

（3）当采用热交换器加热时，管路和闸阀处的密封材料应定期更换。

（4）搅拌系统应定期检查维护。

（5）寒冷地区冬季应做好设备和管道的保温防冻；贮气罐、溢流管、防爆装置的水封应有防止结冰的措施。

（6）厌氧消化器、贮气柜运行5年宜清理、检修1次。

（7）湿式贮气柜的升降装置应经常检查，添加润滑油。

（8）沼气报警装置应每年检修1次。

2.6.3　沼气工程维护保养检修制度

（1）日常保养属于经常性工作，由操作人员负责。

（2）定期维护属于阶段性工作，由维修人员负责。

（3）大修理属于恢复设施、设备原有技术状态的检修工作，由专业检修人员负责。

2.6.4　沼气工程安全生产内容

（1）定期检查沼气管路系统和设备是否漏气，如发现漏气，应迅速停气检修。

（2）厌氧消化器运转过程中，不得超过设计压力或形成负压。

（3）严禁随便进入具有有毒、有害气体的厌氧消化器、沟渠、管道、地下井室及贮气罐。需进入时，必须采取安全防护措施（通风、动物安全试验、安全带、救护措施）。

（4）操作人员在维护、启闭电器时，应按电工操作规程进行。

（5）维护保养有机械部件的设备时，应采取安全防护措施。

（6）产沼气后，站内严禁烟火，严禁铁器工具撞击和电气焊操作，操作人员不得穿带铁钉的鞋子。

（7）贮气柜因故需放空时，应间歇释放，严禁将贮存的沼气一次性排入大气。放空时应选择天气，在可能产生雷雨或闪电的天气，严禁放空。放空时，应注意下风向有无明火或热源（如烟囱）。

(8) 严禁在贮气柜低水位时排水。

(9) 工作人员上贮气柜检修或操作时，严禁在罐顶板上走动。

2.6.5 沼气工程安全用气内容

(1) 用气前应仔细阅读《沼气安全服务指南》，掌握安全常识、燃气设施使用及维护常识。

(2) 连接燃气灶具的软管应在灶面下自然下垂，且保持 10cm 以上的距离，以免被火烤焦，酿成事故。注意经常检查软管有无松动、脱落、龟裂变质。

(3) 在有可能散发沼气的建筑物内，严禁设立休息室。

(4) 公共建筑和生产用气设备应有防爆设施 。

(5) 沼气储气罐的输出管道上应设置安全水封或阻火器，大型用气设备应设置沼气放散管，严禁在建筑物内放散沼气。

(6) 用户应遵守以下规定：严禁在厨房和有沼气设备的房间睡人；禁止乱拉、乱接软管；严禁私自拆、装、移、改沼气管道；不要将沼气管道作为电线的接地线；沼气灶具、气表、热水器周围不得堆放易燃、易爆物品；不能将室内沼气管道、气表等包裹封在室内装饰材料内。

2.6.6 沼气泄漏如何处理

(1) 迅速关闭气阀，切断气源，立即切断室外总电源，熄灭一切火种，打开门窗通风，让沼气自然散发出室外。

(2) 应迅速疏散人员，阻止无关人员靠近。

(3) 到户外拨打抢修电话，通知专业人员到现场处理。如事态严重应拨打 "119" 火警电话报警。

(4) 切勿触动任何电器开关（如照明开关、门铃、排风扇等)、切勿使用明火、电话，切勿开启任何燃具，直到漏气情况得到控制和室内无沼气为止。

2.6.7 安全生产制度

(1) 制定安全生产规程及防火措施，形成规章制度，张贴在沼气站醒目的地方。

(2) "严禁烟火" "闲人免进" 的警示牌要挂在站内重要的防火区或外来人出入的场所。

(3) 沼气站内必须设有消火栓和消防器材，并指定专人管理。

(4) 沼气站要设有专职的或固定的兼职安全员，定期检查安全生产和防火制度的执行情况，督促检查及时消除不安全因素的隐患。

（5）沼气生产设备顶部应装有安全阀、安全窗。沼气输气管道应装有阻火器和冷凝水排水装置。在用户端安装沼气净化器。

（6）沼气阻火器采用不锈钢细丝网制成的球状或滚筒形，装入输气管道起阻火作用。

（7）冷凝水排水器应安装在管路的最低点，便于排水；为了操作方便，将阀门安装在管道井内；在管路的适当位置安装伸缩节或设置膨胀弯，以防热胀冷缩损害管路。

2.6.8　沼气站防火防爆及中毒抢救

2.6.8.1　沼气站防火防爆要求

（1）沼气中的甲烷比空气轻，是易燃易爆气体，容易着火，与空气或氧气混合达到一定比例时，就成为一种易爆炸的混合气，遇到明火就会发生爆炸；空气中含甲烷 25%~30% 时，对人畜会产生一定的麻醉作用。要求储存或输送沼气的罐体和管道周围，有良好的通风措施。

（2）有爆炸危险的房间，门窗应向外开启，设计有足够的泄爆系数，室内应设有可燃气体报警装置，并与排风装置开关连锁。

（3）沼气站内的电器开关，必须具有防爆设施或安装防爆电器。

（4）沼气站应安装避雷装置，接地电阻小于或等于 10Ω。

2.6.8.2　沼气工程消防要求

（1）厌氧消化器、贮气柜以及安装有沼气净化、沼气加压 / 调压等设备的封闭式建（构）筑物的防火、防爆，应符合 GBJ 16—87 规定，且不低于"二级"。

（2）建筑物门、窗应朝向外开。

（3）沼气生产、净化、储存区域应严禁明火，地面应采用不会产生火花的材料。

（4）沼气工程的生产、净化、储存宜集中在一个相对封闭的沼气生产区域内。沼气站址应设置在远离居民居住区、村镇、工业企业和重要公共建筑的地区。

（5）沼气站内厌氧消化器和其他生产构筑物之间以及厌氧消化器之间的防火间距不限，但地上式构筑物之间距离不宜小于 4m（表 2-4）。

表2-4　储气罐与建（构）筑物和堆场的防火间距

名称	20~1000m³	1001~10000m³
明火或散发火花的地点，民用建筑，易燃材料堆场	25m	30m

名称		20 ~ 1000m³	1001 ~ 10000m³
其他建筑 耐火等级	一、二级	12m	15m
	三级	15m	20m
	四级	20m	25m

注：干式储气柜与建筑物，堆场的防火间距按表中数值增加 25%。

（6）厌氧消化器与站内相邻建筑物的消防间距不应小于 10m。当相邻建筑外墙为防火墙时，防火间距可适当减少，但不应小于 4m。

（7）沼气站与其他生产厂区宜采用非燃烧墙体分隔。

（8）沼气站内建筑物与围墙的间距不宜小于 5m。

2.6.8.3 沼气中毒

正常状态下，空气中的二氧化碳含量为 0.03% ~ 0.1%，氧气为 20.9%。

当空气中的二氧化碳含量增加到 1.74% 时，人的呼吸就会加快、加深，换气量比原来增加 1.5 倍；

当空气中的二氧化碳含量增加到 10.4% 时，人的忍受力最多坚持到 30s；

当空气中的二氧化碳含量增加到 30% 左右，人的呼吸就会受到抑制，以致麻木死亡。

当空气中的氧下降到 12% 时，人的呼吸就会明显加快；氧气下降到 5% 时，人就会出现神志模糊症状。

如果人们从新鲜的环境里，突然进入含氧量只有 4% 以下的环境，40s 内就会失去知觉，随之停止呼吸。

在沼气池内，只有沼气，没有氧气，且二氧化碳含量又占沼气的 35% ~ 45%。所以进入沼气池维修前一定要将池内的余气排空，并经测试合格后方可进入。

如果沼气池里又有含磷的发酵原料，还会产生剧毒的磷化三氢气体，这种气体会使人立即死亡。

2.6.8.4 沼气中毒的现场急救方法

（1）应尽快让中毒者离开中毒环境，并立即打开门窗，流通空气。

（2）中毒者应安静休息，避免活动后加重心和肺负担，及氧的消耗量。

（3）有自主呼吸的中毒者，给氧气吸入。

（4）神志不清的中毒者，必须尽快抬出中毒环境，在最短的时间内检查其呼吸、脉搏、血压情况，根据这些情况进行施救处理。

（5）呼吸心跳困难的中毒者，应立即进行人工呼吸和心脏按压，同时呼叫 120 急救服务中心。

（6）病情稳定后，将中毒者护送到医院进一步检查治疗。

（7）中毒者尽早进行高压氧舱治疗，减少后遗症。即使是轻度和中度中毒者，也应进行高压氧舱治疗。

2.7 典型案例

近年来，辽宁省着力打造了一批沼气生态农业试点建设，探索了各具特色运行模式，有力地支持了循环农业和绿色农业发展。其中，辽阳安康种猪繁育有限公司结合省级高标准农田项目，大力推进沼液、沼渣充分利用，不仅能够促进沼气工程的持续运行，提高果蔬品质和产量，还能减少化肥农药施用，改良土壤，促进循环农业发展，形成了集种植、科技示范、旅游农业、采摘农业等于一体的循环农业利用模式，是"提质增效转方式，稳粮增收可持续"的具体体现，对农村沼气的发展具有现实意义（图 2-2）。

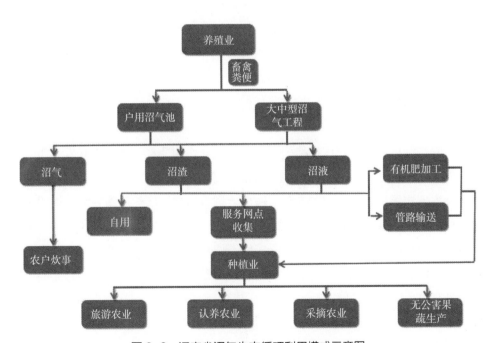

图 2-2 辽宁省沼气生态循环利用模式示意图

该企业采用以大型沼气工程为中心的"种、养、加"一体化循环利用模式。

该企业目前有大型沼气工程 2 处，总池容积 1.21 万 m³，年总产气量 550 万 m³，年产沼渣、沼液 12 万 t。该企业以秸秆、粪便为发酵原料，产气供给周边农户用气，沼液通过管路输送到周边约 1 万亩水稻田施肥，剩余的沼液以及沼渣生产成有机肥销售。水稻收获后，稻壳用于直燃供暖，燃烧后还田，稻秸作为发酵原料和粪便混合进入沼气池。该企业下属还有大棚 40 栋，养鱼池 6600m²，发展采摘农业和旅游农业等，延长了产业链条，增加了收益。

2.7.1 辽阳兴旺畜牧有限公司

辽阳安康种猪繁育有限公司前身是辽阳兴旺畜牧有限公司，早在 2007 年，该企业就申请中央资金建设大中型沼气工程 1 处，总池容 1200m³，为 CSTR 工艺。年产气 52 万 m³，主要为自用，年产沼液、沼渣 2.8 万 t；装有 80kW 发电机组 1 组，年可发电量 70kW·h。该工程总投资 455 万元，其中中央投资 215 万元。目前该工程运转良好。

该工程运行后，就对沼渣、沼液综合利用进行了探索，沼气工程通过利用粪便、秸秆生产有机肥（沼气、沼渣、沼液），推进农业生产从主要依靠化肥向增施有机肥转变，既科学又环保。沼渣、沼液的综合利用，推进农业生产从主要依靠化肥向增施有机肥转变，从根本上改变了传统的粪便利用方式和过量施用农药及化肥的农业增长方式，有效地节约水、肥、药等重要农业生产资源，减少环境污染，解决了农民焚烧秸秆的问题，将畜牧业发展与种植业发展链接起来，促进了能量高效转化和物质高效循环，形成了"养殖业—沼气—有机肥料—高效种植业"循环发展的农业循环经济基本模式。既解决了农村的生活用能问题，保护和改善了农村生态环境；又能促进合理、永久与持续地利用资源，增加农民收入，实现可持续发展。

沼气工程是利用周边的农作物秸秆和养猪场猪粪作为原料，通过厌氧发酵生产可再生能源——沼气，解决区域生产生活用能，节煤减排，清洁空气；发酵出料经固液分离后，沼渣和部分沼液用于生产有机肥，剩余沼液用于调节秸秆浓度、冲圈、灌溉周边稻田，达到污染治理、能源回收与资源再生利用的多重目的，提高农业综合生产能力并带来经济效益，同时改善项目区域内的生态环境，形成生态循环农业，实现社会、经济和生态环境的协调发展。可以有效地解决养殖场所可能带来的污染问题，保证和促进养殖业的健康可持续发展，具有重要的经济价值。

沼气工程是循环经济类项目，主要包括养殖、生产发电、废物利用、种植等方面。畜禽养殖业是农民的主要收入之一，沼气发电工程解决了养殖业发展和环境保护之间的矛盾，为畜禽养殖业向着规模化和集约化方向发展奠定基础，也为促进农民增收创造条件，实现了经济发展和环境保护的双赢。

由于沼气的生产有效地降低农业秸秆废弃物自然堆放过程中释放的 CH_4 的排放，有利于缓和温室效应和净化空气。沼气作为清洁能源，经过能量转换为高品质的电能；产生的余热实现了综合利用，提高了能量利用效率，为我国的节能减排事业作出了贡献。

通过生物工程技术处理后得到的沼肥为高品质的有机肥料，含有较全面的养分和丰富的有机质，是具有改良土壤功效的优质有机肥料。沼液含有丰富的氮磷钾等大量营养元素和多种微量元素，而且这些营养元素基本上是以游离形式存在的，因此，沼液的速效营养能力强，能迅速被作物吸收，养分可利用率高，是多元的速效复合液体肥料。根据土地情况和作物种植情况，通过与水以一定的配合比，可直接施用。也可部分或全部替代化肥，或全部替代其他有机肥料，减轻了我国化肥生产负担。

总之，沼气工程建设将极大地推动农业生产，促进农民增收，实现环境保护目标，使该地区的生态系统更具有可持续性，是一项富民工程、民心工程。沼气工程的实施，在很好地实现循环经济目标，产生很好的社会效益和环境效益的同时，还将间接创造很好的经济效益。整个工程使区域内不同的利益群体都能最大限度地从中带来的社会变化中广泛受益，在一定区域内破解资源环境约束难题，推进资源利用高效化、农业投入减量化、生产过程清洁化、废弃物利用资源化，是贯彻绿色发展理念、推进生态文明建设的重要举措，也是转变农业发展方式、提高农业可持续发展能力的必然要求。

1. 运行成本

原材料费：计 183.64 万元。

工资及福利：计 54 万元。

燃料及动力：水费 4.38 万元，电费 16.63 万元。小计：21.01 万元。

其他费用：37.52 万元。

经营成本小计：296.17 万元。

2. 年增收节支

年用气量为 419750m³，可节约开支 41.98 万元。

沼渣、沼液利用方式：沼渣、沼液通过沼气工程产生固体、液体有机肥，均作为产品出售，年可增收节支 265.37 万元。

收益合计：307.35 万元。

3. 纯利润

纯利润为 11.18 万元。

2.7.2　辽阳安康种猪繁育有限公司

2011 年，该企业扩大养殖规模，成立了辽阳安康种猪繁育有限公司，总资产 2.3 亿元。建有标准化猪舍 135 栋，81000m²，全部自动化养殖，存栏种猪 0.5 万头，年出栏种猪 3 万头，商品猪 5 万头，年产粪便 12 万 t。2013 年，该企业成立了灯塔金康种植有限公司，是灯塔市粮食种植加工龙头企业，公司注册资金 500 万元，拥有各种机械 80 台 / 套，种植面积 0.65 万亩，年产水稻 0.35 万 t。该公司注册生产"半米金"牌大米，大米市场售价 11.6 元 /kg，比普通大米高出 1.5 元 /kg，经济效益显著。

因兴旺大型沼气工程持续运行，并为企业创造了较好的收益，2014 年，该企业继续扩建。该工程总池容 3500m³，为 CSTR 工艺。年产气 127.75 万 m³，主要为周边村屯农户供气，供气户数 2350 户，年产沼液、沼渣 3.65 万 t，沼液以管网输送方式供给周边 3 万亩绿色水稻施肥；装有 400kW 发电机组 1 组，年可发电量 350 万 kW·h。项目达产后可年处理 1 万亩水稻产生的秸秆 4300 余 t，年产沼渣 0.61 万 t，用于加工固态有机肥，沼液用于液态有机肥加工，在灌溉季节由沼液输送管网直接用于周边稻田，促进土地资源合理利用和生态环境良性循环。沼渣、沼液可为绿色水稻、水果和蔬菜生产提供优质生物有机肥。

2016 年，争取省级资金 5040 万元，开展了高标准农田建设项目，年利用秸秆和粪便混合原料 12 万 t。

1. 运行成本

原材料费：计 525 万元。

工资及福利费：6 万元，修理费 5 万元，小计：11 万元。

燃料及动力：水费 0.44 万元，电费 6.7 万元，小计：7.14 万元。

管理费：10 万元。

经营成本小计：553.14 万元。

2. 年增收节支

年售气量为 127.75 万 m³，每立方米沼气 1.5 元，产值 191.6 万元。

沼渣、沼液利用方式：利用沼渣沼液施肥水稻亩减产 80～100kg。利用化肥年产量水稻 0.43 万 t，每千克价格 3.3 元，产值 1419 万元；利用沼渣沼液水稻年产量 0.35 万 t，每千克价格 5.0 元，产值 1750 万元。因此，施用沼渣沼液水稻可增加产值 331 万元。

出售有机肥 1.7 万 t，利润 136 万元。

收益合计：658.6 万元。

3. 纯利润为 105.46 万元

2015 年，该企业继续申请二期工程，计划建设池容 $7400m^3$ 的大型沼气工程 1 处，2016 年，省级投资 200 万元，用于该工程为 300 户农户供气管道铺设。

3   节能炊事采暖炉灶技术

3.1   概述

3.1.1   节能炊事采暖炉灶炕技术发展概况

3.1.1.1   炉灶的起源与演变

能源是人类社会活动的物质基础，人类社会的进步离不开能源科学的发展，人类自从学会利用火来烧烤食物之后，就逐渐告别了"茹毛饮血"的生存方式，一步一步地走向了文明。在人类向文明渐进的过程中，炉灶是一种不可或缺的最基本生活工具。

1. 炉灶的起源

几万年前的原始人以野菜、野果、野兽肉为食，偶然一场天火，原始人发现烧死的野兽比生的更美味，我们的祖先逐渐懂得了用火，他们把农垦、耕作、游牧、狩猎获得的食物，常常在野外用火烧熟了吃，篝火就是最早期的炉灶形式。

2. 火塘时代

新石器时期的古人在房子中间挖坑，在其中烧火，称为火塘。

3. 高台炉灶时代

聪明的祖先们试着用陶土做炉灶，随着青铜冶炼技术的发展，又出现了青铜灶，这些都是高出地面且可移动的炉灶。

4. 多灶眼时代

秦汉以后，为解决食物带有烟熏味的问题，带有排烟管道的炉灶应运而生，而且它多达 6 个灶眼，大幅提升了烹饪效率。

5. 煤炉时代

煤炉是新型燃料应用于传统灶具中的最早尝试，源于唐代时期，因煤在燃烧时火力旺盛且持久，逐渐被人们应用于烹饪而产生。

6. 风箱时代

明朝，宋应星的《天工开物》中就记载了活塞式的风箱，通过向火塘内送风，使得灶火更旺盛。

3.1.1.2 旧式炉灶存在的弊病

我国农村能源严重短缺，同时又浪费极大，燃料利用效率很低。我国传统的老式炉灶具有一不二高三大四无的弊病：

一不：通风不合理。旧式灶没有通风道（落灰炕），只靠添柴口通风，从添柴口进入的空气不能直接通过燃料层与燃料调和均匀，所以，燃料不能充分燃烧。同时，从添柴口进来大量的冷空气在经过燃料表面时又降低了灶内温度，带走了一部分热量，使得一些可燃气体和碳不能充分氧化。常言道："灶下不通风，柴草必夹生；要想燃烧好，就得挑着烧。"

二高：锅台高，吊火高。旧式灶只考虑做饭方便和添柴省力，而没注意燃料的燃烧和节约。无论几印锅用的锅台都搭得很高，锅脐与地面的距离很大，使火焰不能充分接触锅底，大量的热能都流失掉了。这种灶开锅慢，做饭时间长，是"锅台高于炕，烟气往回呛；吊火距离高，柴草成堆烧"。

三大：添柴口大、灶膛大、进烟口大（灶喉眼）。旧式灶由于这"三大"使灶内火焰不集中，火苗发红、灶膛温度低。灶内又没有挡火圈，柴草一着就奔向灶喉眼，火苗成一条斜线，火焰在灶膛里停留时间较短，增大了燃烧热能辐射损失，使一部分热量从灶门和进烟口白白的跑掉了。

四无：无炉箅、无炉门、无挡火圈、无灶眼插板。旧式灶由于无炉箅使灶内通风效果不好，燃料不能充分燃烧，出现燃烧不尽和闷碳的现象。由于添柴口无炉门，大量的冷空气从炉门进入灶内，降低了灶内温度，影响了燃烧效果，增大了散热损失。由于灶膛内无挡火圈，使灶内的火焰和高温烟气在灶内停留的时间短，火焰奔向灶喉眼，不能充分接触锅底，锅底的受热面积小，开锅慢，做饭时间长，费燃料。由于旧式灶没有灶眼插板，因此造成灶喉眼烟道留得小了，在没风天时抽力小，烟气就排不出去、出现燎烟、压烟和不爱起火的情况；灶喉眼烟道留得大了，在有风天时，炕内抽力大，烟火又都抽进炕内，出现不爱开锅，做饭慢等现象，同时又使灶内不保温，火炕凉得快，也增大了排烟损失。所以，旧式灶费柴、费煤、费工、费时，热效率低。

3.1.1.3 节能炊事采暖炉灶技术革新点

（1）增加了底部通风道，可使空气通过底部通风道进入炉灶内，并通过燃料层与燃料调和均匀，提高燃烧效率。

（2）适当减小了添柴口、炉灶膛、进烟口、吊火高度，这样做可使炉灶火焰集中，提高炉灶膛内温度，使火焰在炉灶膛内停留时间加长，增大燃烧热辐射效果。

（3）增设炉灶门、挡火圈和炉灶喉眼插板，可减少从炉灶门处的热量损失，使火苗稳定，高温烟气和火焰在炉灶内形成缓流，并直接扑向锅底，增大锅底的受热面积，延长火焰和高温烟气在炉灶膛内的停留时间，达到节省燃料、提高热效率的目的。

3.1.2 节能炊事采暖炉灶在农村的作用

3.1.2.1 节能炊事采暖炉灶推广的意义及成果

节能炊事采暖炉灶经过多年的推广应用，在节能减排、环境保护等方面为我国可持续发展战略目标作出了突出贡献，是农业农村节能减排的重要内容之一，同时也是全球最大的农村生活节能工程、民生工程和健康工程，被誉为是涉及千家万户、千山万水、千秋万代的大事。

20 世纪 80 年代初，为解决当时农村地区缺柴少烧、能源利用率低、浪费严重的问题，由农牧渔业部负责开始在全国农村组织推广节能炊事采暖炉灶炕技术。目前，全国累计推广节能炊事采暖炉灶 1.87 亿台、节能炕 2050 万铺、节能炉 3342 万台，直接受益农民达 5 亿人。如果按照以煤炭（不包括煤气）为主要炊事用能的农户占总农户数的 26.1% 计算，已推广的节能炊事采暖炉灶炕每年节约煤炭量折合标准煤 1913.9 万 t，减排二氧化碳 4976 万 t、二氧化硫 11.48 万 t、氮氧化合物 19.13 万 t 和烟尘 28.7 万 t，节能炊事采暖炉灶炕技术的推广带来了巨大的综合效益，深受广大农民欢迎，受到了国内外社会的广泛好评。

3.1.2.2 节能炊事采暖炉灶炕节能减排的效果

据调查，农村地区使用的薪柴、秸秆、煤炭、电力、液化石油气和沼气等 6 类生活能源中，薪柴、秸秆和煤炭这 3 类传统能源仍然占据农村能源主导地位。据《中国第二次全国农业普查资料汇编综合卷》统计：2006 年全国农村地区以柴草（包括薪柴和秸秆）、煤炭为主要炊事用能的农户数量，分别占总普查户数的 60.24% 和 26.06%，合计为 86.30%。节能炊事采暖炉灶炕的推广，节约了大量传统能源，减少了污染物排放，对推进农业农村节能减排工作发挥了积极作用。热效率与传统炉灶炕相比得到很大提高，炉热效率由 20% 提高到 35%，灶热效率由不到 10% 提高到 25%，炕热效率由 30% 提高到 45%，每台（铺）炉灶炕平均节约燃料 1/3 ~ 1/2，假设以推广的节能炊事采暖炉灶炕全部正常使用，年节能能力可达 7333 万 t 标准煤，相当于大同煤矿年产量的 62.3%。

3.1.2.3 农户厨房空气质量明显改善效果

"远看是黑云，近看是村屯，打开厨房门，不见烧火人"，这是使用传统炉灶的农村的真实写照。厨房空气污染严重，CO、SO_2、NO_x 和烟尘等排放明显超标，导致呼吸道疾病、眼病等频繁发生，妇女做饭时烟熏火燎、劳动强度大。据世界卫生组织和联合国计划开发署的调查，厨房污染每年夺去全球发展中国家大约 160 万人的生命，其中受害最深的是农村的妇女和儿童。世界银行相关报告指出，中国每年因室内空气污染所导致的超额死亡达 11.1 万人，健康经济损失达 107 亿美元，每年 5 岁以下儿童约有 15 万死于急性下呼吸道感染。进一步报告也表明，中国每年 1.6% 的疾病产生和家庭使用固体燃料有关。故此，节能炊事采暖炉灶的推广使用可使室内空气得到显著改善。据荷兰政府援助项目对四川省阆中市、南部县、仪陇县和湖北省恩施市部分农户厨房空气质量的抽检，厨房使用节能炊事采暖炉灶后，CO、SO_2 平均浓度下降了 60% 和 99%，大大提高了农民的生活质量和健康水平。

3.1.3　节能炊事采暖炉灶发展趋势

随着农村经济的发展和农民生活水平的不断提高，农民在生活上、房屋建筑上以及室内环境上也必然会有更高的要求，所以"住的讲宽敞，用的讲高档"为越来越多的农户家庭所向往。在新农村的环境下，由技工手工砌筑的这种工艺水平已经远远满足不了广大农民的生活需求，由标准化设计、工厂化生产、市场化营销的不同类型、美观大方、节能低碳、清洁卫生的炉灶新产品，已成为节能炊事采暖炉灶升级换代的发展趋势。

3.1.3.1　节能减排目标为炉灶升级换代指明了方向

国家"十二五"规划纲要提出要"深入推进节能减排全民行动"，明确要"加强节能炊事采暖炉灶炕改造"。国家"十三五"规划纲要提出要"因地制宜发展省柴节煤炉灶炕"。2020 年第七十五届联合国大会上，我国向世界郑重承诺力争在 2030 年前实现碳达峰，努力争取在 2060 年前实现碳中和。2021 年全国两会的政府工作报告中明确提出要扎实做好碳达峰和碳中和的各项工作。明确的行动纲领和重要部署为农村节能设施的建设提供了行动指南，并形成规划实施的巨大推动力。

3.1.3.2　技术人才储备为炉灶升级换代提供了基础平台

虽然目前国家没有专项投入，但仍有一批科研和推广机构坚持不懈地持续开展研究和推广工作，使节能炊事采暖炉灶的技术水平不断提升，新产品不断推出，商品化程度不断提高，开发并储备了一系列高效低排商品化炉灶。新型节能灶进一步改善灶膛结构，增加拦火圈和灶门，提高烟囱高度，设置灶膛开水器，热效率由 25% 提高到 35% 以上。生物质炉具进一步改进燃烧室结构，提高了对各种燃料的适应性，热效率由 35% 提高到 50% 以上。同时，农业部组织制定了一系列有关节能炊事采暖炉灶的技术、产品和性能测试标准，将"农村节能员"纳入《国家职业分类大典》，并开展了职业技能培训和鉴定，已培训 36.8 万人次，有 4756 人持有"农村节能员"职业资格证书。技术和人才储备都为节能炉灶时期技术的升级换代提供了强有力的基础支撑。

3.1.3.3 农民生活质量的改善促进炉灶炕升级换代工程的快速发展

伴随经济社会的发展，提高生活质量和健康水平成为未来农民努力的方向，改善厨房卫生条件、提高室内空气质量以及提升家庭健康状况已成为新时代农民最为迫切的诉求。农民更高层次的新需要将成为今后节能炊事采暖炉灶升级换代的强大动力。

因此，对节能炊事采暖炉灶的推广普及和炉灶发展趋势的研究是关系到我国未来农村能源可持续发展的问题。如果日后炉灶在其热性能和改善厨房空气质量等方面能得到较大提升，那么节能炊事采暖炉灶的推广工作就必然在我国资源利用与环境保护工作中扮演更重要的角色，也必将为节能减排、改善民生和保护生态作出更大贡献。

3.2 节能炊事采暖炉灶的热工基础知识

3.2.1 和节能炊事采暖炉灶有关的一些基本参数

1. 热量

热量是表示物体吸热或放热多少的物理量。在标准的大气压力下，将 1kg 纯水由 19.5℃升高到 20.5℃时所需要的热量为 4.186kJ。

2. 温度

温度是表示物质的冷热程度的物理量。但是，温度高并不等于含有热能多，因为热能多少还和物质的质量和比热有关。习惯上都以摄氏度即℃符号表示温度单位。

3. 比热

单位重量的不同物质，温度升高或降低 1℃所吸收或放出的热量称为该物质的比热。重量比热单位一般用 kJ/ (kg·℃)。如：水的比热为 4.186kJ/ (kg·℃)，也就是说：1kg 水温度升高 1℃，需蓄存热量 4.186kJ。所以比热又称作热容量，比热就是单位物质的热容量。常用材料的比热数据见表 3-1。

表 3-1 常用材料比热

材料名称	比热 [kJ/ (kg·℃)]	材料名称	比热 [kJ/ (kg·℃)]
铝	0.92092	混凝土	1.13022
铜	0.37674	橡胶	1.38138

材料名称	比热〔kJ/（kg·℃）〕	材料名称	比热〔kJ/（kg·℃）〕
铸铁	0.54418	冰	2.26044
钢	0.50232	红砖	0.8372
玻璃	0.66976	土坯	1.0465

4. 压力

在炉灶中空气或烟气的流动靠的是压力差。压力是单位面积的作用力，是物质受力强度。在计算中常采用每平方厘米上作用 1kgf 作为单位，即 kgf/cm^2，又称作 1 个工程大气压。

5. 比容

单位质量的体积（或容积）称作比容。这在气体中是很重要的衡量物性的参数。因为气体当其受热后，膨胀较多，比容增大，比重减小，相对重量也就减少了。烟囱所以会产生抽力，就是依靠气体受热后较轻，而产生上升运动获得的。

6. 流量

流量就是在单位时间内，流体通过管道或其他通道断面的数量，一般都以体积计算，其单位表示为 m^3/h。

3.2.2 柴草的燃烧及热量的传递

1. 柴草的组成成分及其对燃烧的影响

柴草在炉灶中使用是固体燃料，是有机物质，其中绝大部分为可燃质，包括碳（C）、氢（H）、硫（S）、磷（P）、钾（K）、氮（N）等元素。

碳：是燃料中的主要元素，1kg 碳完全燃烧时，放出约 33488kJ 的热量。碳燃烧后变成二氧化碳或一氧化碳。柴草中的碳一部分是游离碳化合物，在燃烧中以挥发物析出燃烧。另一部分以碳的面貌出现称作固定碳，在炉灰中不完全燃烧的碳一般为这部分碳。在柴草中，固定碳的含量较少，挥发分较多，因此容易点燃而且容易燃烬，而无烟煤则相反。

氢：是重要的可燃物质，在柴草中的含量一般在 5% 左右，一般以碳氢化合物的形式存在于燃料中。氢容易燃烧，柴草含氢愈多就愈易燃烧。每千克氢气燃烧能产生 141724kJ 的热量。

氮：燃料中的氮是有机废物，不能燃烧。它们的存在，只能使燃料中的可燃成分减少，降低了燃料的发热量。柴草中的含氮量极少，一般为 0.5%~1.5%，故影响不大。

硫：硫也是可燃物质，每千克硫燃烧的发热量为 92092kJ，硫燃烧产生二氧化硫（SO_2）和一部分三氧化硫（SO_3），和烟气中水蒸气起化合作用，生成亚硫酸（H_2SO_3）和硫酸（H_2SO_4）蒸汽，对金属壁有强烈的腐蚀作用。含硫酸的大气对人和生物都是有害的，容易污染大气。它在柴草中的含量一般为 0.1%～0.2%。

磷和钾：它是生物质燃料中特有的成分，也是可燃物质。磷燃烧后产生五氧化二磷（P_2O_5），而钾燃烧后产生氧化钾（K_2O）。它们就是草木灰中的磷肥和钾肥。在草木灰中磷的含量不多，一般为 0.2%～3%，而钾的含量较大，一般为 11%～20%。

水分：它是燃料中杂质之一，不仅不能燃烧，还会吸收灶膛内热量发生汽化，降低灶内温度。含水量愈多的燃料愈不易着火燃烧。

灰分：是燃料中不可燃的矿物质。灰分多，燃料发热量少，燃烧温度也较低。例如：稻草的灰分高达 13.86%，而豆秸则仅有 3.13%，故两者燃烧情况差别很大。

灰分过大，易在烟道中沉积，影响通路和炕箅下通风，降低抽力影响燃烧，排入大气后造成污染。

2. 燃料燃烧的条件和过程

燃烧必须具备 3 个条件：燃料、空气和温度。

燃料：农村一般燃用的柴草的发热量为 12558～16744kJ/kg。有的木柴的发热量可高达 20930kJ/kg，实际上日常燃用的柴草往往达不到这个数值。因为柴草的发热量与含水量有着直接的关系。含水量越高，发热量越低，反之则越高。即使同样重量的同一种柴草，由于含水量不同，其发热量也不同。柴的含水量从 56% 降至 20%，则发热量可以从 7325.5kJ/kg 提高到 15655.64kJ/kg，热值提高将近 1 倍。所以，柴草的干燥是节柴的有效措施之一。

空气：理论上计算，1kg 木柴完全燃烧，大约需氧气 0.95kg，即等于 4kg 左右的空气。实际上，供给燃烧的空气不可能同燃料充分均匀地混合。为使之完全燃烧，供给的空气量必须比理论空气量多。那么，实际供给的空气量 V 与理论所需的空气量 V_0 的差称为过剩空气。过剩空气系数愈高，进入灶（炉）膛的冷空气愈多。这部分过量的冷空气并不参与燃烧反应，最终以较高的温度从烟囱排走，增加排烟的热损失。

温度：燃料种类的不同，则着火所需的温度也就不一样，无烟煤为 550～770℃，烟煤为 400～550℃，木柴为 300℃左右，焦炭 700～750℃。

燃料的燃烧过程是指燃料中可燃物与氧发生激烈的化学反应，发出光和热的过程。这就是通常所说的"燃烧"。

在煤中 1kg 碳完全燃烧能产生 33906.6kJ 的热量。

在柴中 1kg 碳完全燃烧能产生 32650.8kJ 的热量。

柴草的燃烧大致有 3 个过程：

（1）析出挥发分并着火燃烧。柴草析出挥发分的温度为 100～160℃，着火的温度约为

300℃。这时柴草释放出的可燃与不可燃气体，其中的可燃气体与空气中的氧混合，从柴草表面上燃烧，释放出大量的热。

（2）燃烧。点火后释放出的热量积聚到柴草的里边，骤然产生大量的可燃气体与氧接触，马上燃烧。燃烧一段时间之后，表面形成炭层并不断加厚，表层燃烧放慢。

（3）燃尽形成炭灰。当气体释放完后，形成的炭就暴露在氧气之下，几乎是无焰燃烧，燃烧的剩余物就是灰。

3. 热能在灶膛内传递的 3 种形式

热能传递是一个复杂的过程，基本形式可分导热、对流和辐射三种：

（1）导热：导热是经常遇到的热传递现象。开水倒入茶杯，手摸茶杯外壁会感到烫手；灶膛生火，锅子变热，是热量从温度高的一侧传向低的一侧的结果。发生热量传递的原因是由于物体内部存在着自由电子。当茶杯、锅子内外壁面温度不相等时，自由电子产生热运动，热量就由温度高的一侧传到温度低的一侧。这种依靠物体中微观粒子的热运动传递能量的过程，称为"热传导"，简称"导热"。

通常把导热系数大的材料如铝、铜等称为热的良导体，把导热系数小于 0.2 的材料称绝热材料，或称保温材料，如玻璃纤维、膨胀珍珠岩、草木灰等。我们正是利用物质的这种特征，用铝或铁制造炊具，以获得较多的热量。用膨胀珍珠岩、玻璃纤维、草木灰等铺设在灶膛壁的外层，借以保温减少热量损失。

（2）对流：这也是日常能观察到的一种热传递现象。如对锅子加热，锅底部温度较高的水不断上升，上部温度低的水不断流向底部。这种流体之间的相互运动，使两部分的热量移动传递的方式，称为对流。对流换热过程中的热量传递，是由流体与固体壁面之间的导热作用，以及流体之间运动共同完成的，即导热与对流两种基本换热方式联合作用的结果。由于气体与液体同属于流体，所以气体同样能发生对流换热。

（3）辐射：最常见的是太阳的辐射传热现象。太阳与地球之间隔着非常远的真空地带，不可能发生导热和对流传热。太阳的热能，转变为辐射能，并以电磁波的形式向各方传播，温度较低的地面吸收了一部分这种电磁波，又转为热能。这种由电磁波来传递热量的形式叫作"热辐射"。平时炉灶烧火，也有这种传热现象。站在灶门前，人们会感到火焰烤脸。火焰并没有与人接触，空气的导热性又差，所以这种热的传递现象不是导热，又因为灶膛一般处于微负压燃烧，打开灶门只有冷空气进入灶膛内，灶膛中的热烟气并未往外冲，所以也不是对流。火焰烤脸也是一种辐射传热。

4. 节能炊事采暖炉灶热量的传递过程

节能炊事采暖炉灶的热源是燃烧着的柴草产生的烈焰。烈焰在灶膛中以辐射热传给锅壁的同时，高温烟气的对流作用也将热量传给锅壁。锅子外壁受热后以导热方式把热量传至内壁，锅子内壁又以对流换热和导热方式把热量传至加热物。所以，锅灶是各种传热方式共同作用的结果。加热物接收到的热量总和，就是有效热量。与此同时，灶壁同样把热量从内向外逐步传递到整个灶体，灶体又把热传递到外部空间，形成热损失。

整个换热过程虽是各种换热方式共同作用的结果，但在不同阶段，起主导作用的往往只有一种或两种传热方式。例如灶膛温度较高时，以辐射换热为主；烟气温度高流速大时，又以对流换热为主。

由此可见，从节能炊事采暖炉灶对热量的传递看，要提高燃料所含热量的有效利用率，除掉应该首先保证燃料燃烧完全，使得燃料所蕴藏的热能最大限度地释放出来外，必须让携带热量的高温烟气在灶膛中多停留一些时间，让锅子外壁多接受辐射和对流传来的热量；同时，要采用导热系数小的材料做灶壁或灶壁外层的保温材料，减少灶体散热损失。这是节能炊事采暖炉灶设计的基本要点。

5. 节能炊事采暖炉灶的热效率

从热平衡分析可知，燃料燃烧所放出的热量，仅有一部分为我们所利用。热学上把炉灶的有效利用的热量和输入燃料的发热量的比值称为热效率，以"%"表示，它反映了燃料的燃烧是否完全，锅灶对热的传递（或绝缘）是否良好。

节能炊事采暖炉灶的热效率有正平衡法与反平衡法两种计算方法，这里只介绍正平衡法。热效率就是送入炉灶的热量中有多少被有效利用了，或者说，有效利用的热量占送入热量的百分比。正平衡热效率按下式计算：

若热写成公式以符号 B 表示效率。

$$热效率 = \frac{有效利用的热量}{输入的热量} \times 100\%$$

$$或 \quad B = \frac{Q_1}{Q_y} \times 100\%$$

节能炊事采暖炉灶热效率的测试就是根据这个原理进行的。

6. 怎样才能提高节能炊事采暖炉灶的热效率

要想提高炉灶热效率，第一步是让燃料充分燃烧，放出热量；第二步是想办法充分利用热量；第三步是尽可能减少热损失。即在燃料充分燃烧基础上，加强灶具吸热，减弱炉灶和炊具的热损失。可从以下几方面考虑：

（1）采用科学的燃烧室（燃烧室用辐射力强，导热系数适中，耐高温的材料制作，室状近圆或椭圆，能极大程度产生"聚焦效应"。还应采用既能挡炭又不影响进风的炉算，或能有调解风量功能的炉算效果就更好；同时还要增加辅助热风）。

（2）应按燃料燃烧的不同阶段送给适当的风量，如能把空气事先预热其效果就会更好。

（3）扩大炊具吸热面积（如扩大炊具受热面积可使锅体保温圈和增设余热锅）。

（4）用导热系数大的材料制作炊具，炊具壁要薄，形状顺乎火焰流动规律才好。

（5）炉灶内结构要合理，锅底应设在火焰高温点上。

（6）增设拦火圈和回烟道，要控制和延长火焰和高温烟气在灶内的停留时间。

（7）加强灶具保温，减少灶具吸热（如锅的四周与顶面）。

（8）缩小灶门或装上铁炉门，可减少灶门的辐射损失和过量的冷空气进入灶内。

（9）把湿度大的燃料晒干后再烧，减少湿度可提高燃料的热值。

（10）经常清除锅底烟垢、壶内水垢，灶内与灰坑的积灰。

（11）增设三板：烟囱插板、灶门插板、通风道插板。

（12）日常烧火时要减少加柴、加煤的次数。

（13）日常做饭要事先准备好，减少敞锅、盖锅的次数和间断用火现象。

3.3 节能炊事采暖炉技术流程

3.3.1 节能炊事采暖炉主要技术指标

1. 炉具用材及尺寸要求

包括炉具用材、炉具体积、钢板厚度、尺寸等。如炉面须用钢板，炉面钢板厚度≥6mm，炉面长≥1000mm，炉面宽≥650mm，炉体总高≥700mm，炉体、炉底、烤箱、灰箱等所有钢板厚度≥2mm，所用钢材使用国标钢材。

2. 北方推广的节能炊事采暖炉结构要求

（1）吊火高度：锅脐与灶算之间距离。

一般农户：灶锅的直径 500～600mm。

吊火高度：

烧煤：12～14mm。

煤柴混烧：14～16mm。

烧柴：16～20mm。

（2）炉膛：保证燃料完全燃烧，减少热量损失，延长烟气在炉内滞留时间，加强热烟与锅换热，节约能源。炉膛过大，火力分散。炉膛过小，燃料少，加厚燃料层，影响燃烧，添材次数多。一般 0.015～0.025m³（之间）薪材/草炉芯（燃烧器）长 120～140mm，高 60～80mm，上口与锅底之间距离 50～60mm。

（3）要有拦火圈：控制烟气流动方向与流速，延长可燃气体在灶内滞留时间，增加热流换热，提高热效率。如果增加二次风燃烧会更完全。拦火圈上部与锅底之间距离

5 ~ 10mm，前边 20 ~ 30mm。距锅壁距离内小外大。

（4）灶箅：1:6（大锅），缝隙与箅面积之比 1:1，灶箅缝宽 10 ~ 12mm，灶箅在灶门一侧要高于灶膛里面一侧，形成 120° ~ 180° 夹角。

（5）灶门：12cm × 14cm，低于出烟口 20cm。

（6）烟囱：烟囱高度 ≥ 3m，有 240mm × 240mm 正方形截面，也有 150mm × 180mm 矩形截面。

3. 炉具的取暖功能要求

炉壁温度达到 120℃（120 ~ 200℃），以保证冬季取暖。

4. 炉具热性能及环保参考指标

（1）热性能指标参考值

炊事热效率：≥ 35%。

综合热效率（炊事 + 散热采暖）：≥ 80%。

炊事火力强度：≥ 2.0kW。

燃料消耗量：< 2.5kg/h。

上火速度：≥ 4℃ /min。

（2）环保性能指标参考值

烟气黑度林格曼：< 1 级。

烟尘平均排放浓度：< 60mg/m^3。

CO 浓度：< 0.2%。

NO$_x$ 平均排放浓度：< 100mg/m^3。

3.3.2　如何选择节能炊事采暖炉

1. 根据居室的朝向及房体结构选择

（1）有较大建筑物影响的发阴的房屋，按室内面积加大炉具供暖面积 10%，东西朝向的房屋增加 5%。

（2）炉具理论供暖面积以室内高度 2.6m 为标准（炉具供暖面积 2.6m^3/m^2）每增加 2.6m^3 增加供暖面积 1m^2。

（3）墙体以砖混 37 墙为标准，如 24 墙须加大炉具面积 20%。

2. 根据炉具安装所在地的外界环境来选择

炉具供暖面积是以室外温度 –10℃ 为标准，室外低于 –10℃ 时，每低 1℃ 增大供暖面积 2m^2。

北方室外 –20℃，供暖面积 60m^2，须选择理论供暖面积 80m^2 的炉具。

3. 根据室内的安装条件来选择

根据室内条件确定炉具和型号，管道过长须增加供暖面积（表 3-2）。

例如：$40 \sim 60\text{m}^2$ 炉具，管道长度 6m 为宜，每增长 1m，供暖面积增加 3m^2。每增加 1 个弯头，增加供暖面积 3m^2。管道长度增大 1 倍时，需增大供暖面积 5m^2。

表 3-2　供暖炉具适用举例

供暖面积（m^2）	水口管径	水管长度（m）
$40 \sim 80$	1 分	6m
$100 \sim 120$	1.5 分	13m
$150 \sim 200$	1.5 分	25m
$250 \sim 300$	1.5 分	30m

3.3.3　节能炊事采暖炉安装事宜

1. 安装前的准备工作

（1）确定安装位置，应符合用户使用习惯，但不能安装在卧室内。

（2）确定用户的采暖方式，是自然循环还是机械循环。

（3）检查安装用的原材料质量，应符合有关标准的要求。

（4）设计出安装图纸，按照图纸进行安装。自然循环安装方式可参见图 3-1（以 CNK12 型民用生物质炉为例），应尽量减少转弯和管路长度。如采用机械循环则应将循环泵安装于炉体进水之前的回水管处。

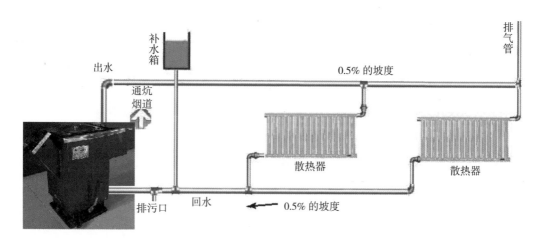

图 3-1　炉具安装示意图

2. 安装工作与注意事项

炉具安装 6 条规定：

（1）炉具的基本结构、制造质量、性能指标、安全使用要求应符合 GB 16154 的规定。

（2）地面应采取硬化措施。

（3）炉具、膨胀水箱和排气管应安装在室内。

（4）安装地点应与卧室有效隔离。

（5）排气管、膨胀水箱与炉具之间的主干管道应保持通畅，严禁安装自动排气阀和任何形式的阀门。

（6）裸露在室外的管道应有可靠的保温防冻措施。

采暖安装 10 条规定：

（1）自然循环、上供下回、0.5m 高差。

（2）供暖半径不宜超过 30m。

（3）出、回水管径一致，并与炉具出回水管径相同。

（4）主干管最高处应安装排气管，并高于膨胀水箱。

（5）最低处安装泄水管。

（6）供回水干管应有 0.5%～1% 的坡度。

（7）膨胀水箱容积≥供热系统总容水量的 5%，膨胀水箱底部≥供水干管最高点 100mm。

（8）尽量缩短管道长度，减少弯头。

（9）供、回水管不宜绕行门窗。

（10）强制循环按 GB 50242—2002 的规定进行。

3. 安装后的检查

（1）首先检查各部分安装是否正确，然后注水。在注水过程中观察系统内排气情况，检查各连接部分是否渗漏。

（2）注满水后，再排污进行冲洗，排除安装过程中的杂物和管路中的污物。冲洗干净后，再将系统注满水。

（3）机械循环的采暖系统，冲洗后要进行冷态强制循环，再次检查有无渗漏。观察运行情况是否正常。如不正常应及时检修调整，达到正常运行。然后排污，冲洗干净后，再注满水。

3.3.4 节能炊事采暖炉使用操作步骤

1. 操作前的准备

（1）将炉体和管道内加满水。

（2）清理炉内各处的积灰。

（3）检查各阀门是否正常。

2. 操作步骤

（1）引火：

下引火：先在燃烧膛的炉箅子上放少量秸秆、枝条等易燃物，然后将火源从炉箅子底部引燃其上面的易燃物。待易燃物燃烧较为旺盛时，从加料斗口将少许生物质成型燃料倒入。待先加入的生物质成型燃料已经充分燃着后，可以将料箱内加满生物质成型燃料。

上引火：先将燃料在炉膛内填实，至二次风口下方 5cm 处，再在上面放上引火柴，至二次风孔处。将引火柴引燃，给上风，逐渐向下燃烧。

（2）初次使用：

炉具在初次使用时，须用温火烘烧 2h 以上，以便烘干炉体和炕体达到良好燃烧效果。

（3）正常燃烧：

正常燃烧时，炉膛内产生浓厚烟气，通过炉膛上部的二次风口送风助燃，可见燃烧的火苗，此时可进行炊事、取暖和温炕等活动。补充燃料可随时打开加料斗上盖进行。

（4）风机使用：

微型风机可帮助点火和增强炊事、取暖功能。在点火过程中，挡片上调供底风；在正常使用时，挡片下调供上风。

（5）炊事功能：

如进行烧水、炒菜等炊事活动，可将拦火圈放置于通烟道一侧，挡住下部烟气通道，火苗上行，有利于加快炊事过程。

（6）取暖、温炕功能：

如进行取暖和温炕等活动，不必放置拦火圈，烟气通道畅通，火苗偏向炕洞口一侧。

（7）封火：

如较长时间（约 2h）暂不使用时，可进行封火操作。封火时将储料箱加满燃料，再将底部清灰门、上部燃料箱盖均关闭，并将聚火口盖盖在聚火口上，炊事口可盖上炉盘或放上水壶，同时将炉具一侧的拉杆前拉，使内部挡板水平放置，上下烟气通道均畅通。

（8）再次使用：

再次使用前，只要炉箅上有火炭，拿走聚火口盖、微开料箱盖即可再次引燃，方便使用。

（9）操作中的注意事项：

①使用燃料必须干燥，否则影响燃烧效果。

②炉膛底部积灰过多会影响燃烧效果，可不定时抖动活动炉排清理积灰。

③农户炕的抽力大小直接影响炉具燃烧效果，安装炉具之前应将炕道疏通，确保炕体干燥。

④因为是三合一型，各种功能是结合在一起使用的。

3.3.5 产品维护和注意事项

（1）炉具应灌满水后使用，严禁干烧，以免影响外观和损坏炉体。

（2）严禁安装在卧室内。

（3）严禁承压使用，在安装中应有大气连通管与外界相通，如炉体内产生压力，安装的防爆片在达到承受压力极限时会破裂，来保护炉体。

（4）膨胀水箱的水位不低于水箱高度的 1/3，水量不足时应及时补水。

（5）冬季使用时，停炉再启动应确保管路为解冻状态，以免破坏管路。

（6）夏季停止使用后，不应放水，要采取满水湿保养的形式。

（7）使用中应经常清理各处积灰，以保证其使用效率。

（8）使用时防止烫伤。

3.4 节能炊事采暖炉灶推广案例

随着国家节能减排政策的推行和当前治理雾霾天气的决心，中国和世界的清洁炉具行业都在关注新型节能炉具的革新与发展。近年来，在中国能源行业协会节能炉具专委会的大力推动下，中国南北方新型节能炉具的发展均有较大进步。由于我国不同地域的需求差异，主要考虑百姓生活，南方企业主要研制以炊事、烤火功能为主的新型节能炉具，北方企业更注重采暖与炊事功能兼顾型的。各家炉具企业研制的新型节能清洁炉具设计更加合理、燃烧更加充分、污染减小、外形更加美观，使广大的用户认识和体验到新型节能炉具带来的好处。近些年来，国家加大对包括生物质能源在内的新能源产业的扶持力度。国家发布的《十三五规划纲要》、辽宁省制定的《辽宁省省级农村能源建设项目连续两个三年规划（2012—2014 年、2016—2018 年）》中明确对绿色低碳、生物质新能源发展加大扶持力度。

3.4.1 推广项目概况

为了有效利用秸秆资源，节约常规能源，解决农民冬季取暖问题，辽宁省在 2013—

2015 年期间共建设生物质成型燃料炊事采暖示范村 297 个，该项目是以节能炊事采暖炉为基本建设单元，配套新建、改建"吊炕"，连接暖气，部分地区连接水暖空调或热风炉。期间推广节能炊事采暖炉加"吊炕"5.1875 万台（套），总投资 15562.5 万元，其中省级投入专项资金 4150 万元，其余 11412.5 万元为农户自筹。项目立足于以农林业副产物、剩余物开发可再生能源，不仅在调整能源结构、发展循环经济、缓解能源供需矛盾、保障能源安全方面发挥很好的引领示范效应，同时也产生了巨大的经济、社会和环境效益。

3.4.2　推广项目主体内容

该项目推广的节能炊事采暖炉，节省空间、排烟通畅、燃料广泛，且燃料可在炉膛中充分燃烧并二次燃烧，热效率大大提高，比土炉、普通煤炉节能 1/3 以上，室温可提高 5~8℃。通过炉具内水循环探头自动测温，当低于设定温度，自动启动风机及给料系统加热、燃烧，快速升温。另外，为了提高燃烧效果，在上、下炉膛之间设置聚火旋转配风风盘，更利于清洁燃烧（图 3-2 ~ 图 3-4）。

图 3-2　新、旧炉灶对比

图 3-3　多种新型户用节能炉具

辽宁合百意　　　　　　　　　湖北蓝焰

辽宁鑫能　　　　　　　　　抚顺鹏飞

图 3-4　不同品牌新型户用节能炉具

1. 节能炊事采暖炉清洁燃烧创新设计

节能炊事采暖炉具的影响因素主要有炉膛高度和供风系统。研究炉膛高度与二次燃烧效果的关系，以期达到最佳燃烧效果，发挥最大效力；研究二次配风系统的改进，以期达到自然通风与风机供风均可以使用，同时燃烧排放气体环保指标达到甚至优于行业标准NB/T 34007—2012 的要求，为国家节能减排作出贡献。

（1）产气与燃烧分体炉膛设计。采用汽化与燃烧的炉膛分体设计的方式，原料放置在炉体中部的炉膛内，主要用于产生浓厚烟气，而真正的燃烧部分位于炉膛的上方，被风盘做成的聚火口分割成上下两个部分。炉具在正常使用时，放置燃料的炉膛只能看到添加的燃料及所产生的烟气，而在炉体上部的燃烧室中才能看到汽化燃烧的火苗，均匀分布如液化气点燃的炉盘一般。产气与燃烧分体炉膛设计样式见图 3-5。

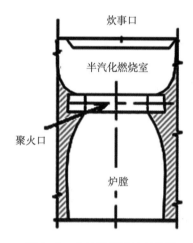

图 3-5　分体炉膛设计结构图

（2）二次配风系统的改进。为了提高燃烧效果，增加了二次配风系统。已推广的节能炊事采暖炉具中，二次配风系统的改进技术主要有以下两点：

二次风盘斜孔配风：二次配风风盘整体设计为带空腔的中空环状物体。内部的空腔用于疏导和储存从风道管流入的空气，内侧环形壁上均匀设置 20 个向一侧倾斜钻取的圆孔，风盘内部空气通过此孔流出，可以为烟气加氧助燃。风盘内为圆形中空设计，内径在130mm 左右，用于将炉膛产生的浓厚烟气集聚起来，利于点燃和增强火力。风盘整体采用铸铁材质，可以承受 1000℃以上的高温。风盘整体设计均为圆形结构，可以减少阻力，利于空气的流通。因斜向配风上升的气流可以旋转起来，更利于烟气的充分混合燃烧。半汽化旋风燃烧效果见图 3-6。

图 3-6　半汽化旋风燃烧效果图

二次配风系统的"之"字形设计：二次配风系统整体采用"之"字形设计方案，出风口在进风口之上约 220mm 的位置，形成一定高度差，有利于自下而上气流的自然形成，也就有利于配风的自然形成；进风口可加设小型风机，通过风量调节和调风挡片来调整二次配风量的大小，同时可以调节火力大小；冷空气通过"之"字形风道流动，在流动过程中经过预热再从风孔流出用于助燃，更能增强燃烧效果并增加炉具使用效率。二次配风系统的结构如图 3-7 所示。

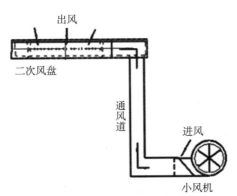

图 3-7　二次配风系统结构简图

2. 与水暖空调结合应用

水暖空调就是通过水泵把节能炊事采暖炉加热的循环水送到空调室内机而达到制热效果的空调机组。水暖空调升温快、热效高，使用 30℃以上低温热水就能把室温保持在 20℃以上，室温柔和舒适，彻底解决了炕热屋冷问题。与暖气片相比，水暖空调解决了低温热水供暖室内热不起来的难题，克服了暖气片供暖室内过分干燥的矛盾。水暖空调使用水温调控制暖，是最为经济节能的一种模式，样式如图 3-8 所示，安装流程如图 3-9 所示。

图 3-8　壁挂式水暖空调和立式水暖空调

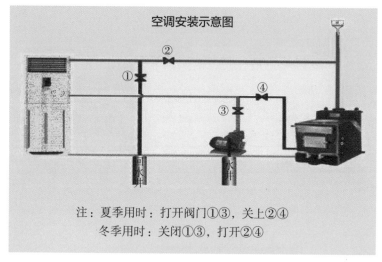

图 3-9　水暖空调安装流程

3. 与暖气结合应用

利用节能炊事采暖炉加热循环水，再通过管材连接到暖气片，最终通过暖气片将适宜的温度输出，形成室内温差，最后进行热循环使整个室内温度均匀上升（图 3-10）。

图 3-10　暖气片供暖

4. 倾角加料斗设计

在炉体前面单独加设加料斗，并采用 50° 角倾斜设计，优点在于不但可以方便添加燃料，还可以保证燃料自行流入炉膛参与汽化和燃烧，另外还可以预存燃料减少填料的麻烦，如使用的燃料较潮湿或温度较低，放在料斗中还可以起到干燥和提前预热的目的，增强炉具的燃烧效果。通过料斗填料，还不会影响燃耗效果，有利于炉具稳定持续地燃烧。

5. 清灰部件的人性化设计

炉膛底部采用可以 80° 角半旋转的活动炉排，炉排一端加设手柄，通过手摇手柄轻松清理炉膛内积灰。积灰沉降至灰撮内，拿走灰撮即可将积灰清理干净，避免积灰飞溅。

6. 节能炊事采暖炉的热效率及排放指标

通过应用不同性质的燃料，在不同燃烧状态、不同天气条件、不同设计方案、不同配风方式条件下使用，来分析燃料的利用效率、使用状态、节能效果、环保效果。通过数据分析，找出各种条件下的最佳使用效果。其环保指标能够达到并优于行业标准《生物质炊事采暖炉具通用技术条件》（NB/T 34007—2012）的要求：热效率 ≥ 65%，烟尘排放浓度 ≤ 50mg/m³，二氧化硫排放浓度 ≤ 30mg/m³，氮氧化物排放浓度 ≤ 150mg/m³，一氧化碳排放浓度 ≤ 0.2%，烟气林格曼黑度 < 1 级。

3.4.3 经济效益分析

1. 单位规模投入和产出

生物质成型燃料炊事采暖示范村项目推广的主要是节能炊事采暖炉以及所连接的吊炕，每台炉具的使用寿命按 5 年计算，初期成本 900 元 / 台，5 年周期内，每年的费用应为 180 元 / 台，普通炉具按照 400 元 / 台计算，5 年周期内，每年的费用为 80 元 / 台；改良后吊炕成本 2000 元 / 铺，传统火炕成本 1500 元 / 铺，使用周期为 20 年，每铺吊炕平均到每年的成本分别是 100 元和 75 元。生物质成型燃料炊事采暖示范项目和对照组的普通炉具连接的吊炕所使用的燃料都折合成标准煤计算。经调查，生物质成型燃料炊事采暖示范项目比对照组每年每台（套）可节约 1.7t 标准煤。减少排放的二氧化碳和二氧化硫的实物量均是按照每吨标准煤燃烧后释放的量来计算（二氧化碳释放量为 2.62t/ 吨标准煤，二氧化硫释放量为 8.5kg/ 吨标准煤）。表 3–3 列出的是 1 年内该项目推广节能炊事采暖炉具和普通炉具投入和减排的量，比如安装费、折旧等推广炉具和传统炉具相互抵消的项目在表中均未列出。

表 3-3　单位规模投入产出实物表

推广项目名称：生物质成型燃料炊事采暖示范项目　　　　　　　对照名称：普通灶连炕

序号	项目			单位	推广项目	对照（CK）	推广项目比对照增减实物量
（一）	单位规模产出	炉+炕	1.标煤	t	2	3.7	1.7
			2.二氧化碳	t	5.24	9.69	4.45
			3.二氧化硫	kg	17	31.45	14.45
（二）	单位规模投入	节能炉	物质投入	元	180	80	-100
		吊炕			100	75	-25

注：推广项目和对照的投入产出数据应是多年多点区域试验结果以及同等可比条件下生产示范抽样数据的加权平均值。其原始数据应作为该表的附表，以便核查。

2. 单位规模新增纯效益

标准煤按照目前价格 500 元 /t 计算，二氧化碳的价格按照目前碳排放交易价 30 元 /t 计算，二氧化硫的价格按照排污费 2.4 元 /kg 计算。项目推广炉具所减少的费用支出即为新增纯收益，如表 3-4 所示。

表 3-4　单位规模新增纯收益表

推广项目名称：生物质成型燃料炊事采暖示范项目　　　　　　　对照名称：普通灶连炕

序号	项目		单位	计算价格（元）	推广项目比对照增减	
					实物量	金额（元）
（一）	产出	1.标煤	t	500	1.7	850
		2.二氧化碳	t	30	4.45	133.5
		3.二氧化硫	kg	2.4	14.45	34.68
	小计			—	—	1018.18
（二）	物质投入	节能炉	元		100	100
		吊炕	元		25	25
	小计			—	—	125
（三）	新增纯收益		元		—	893.18

注：①推广项目比对照增减的实物量来自表 3-3。
②各项投入和产出的计算价格均按实际发生的近 3 年价格的平均值计算。
③新增纯收益是产出小计与投入小计的差值，即（三）=（一）-（二）。

3. 推广规模和推广总费用

生物质成型燃料炊事采暖示范项目连续推广 3 年，期间推广节能炊事采暖炉具费用为 4668.75 万元。安装费用按照 100 元 / 台（套）计算，共 518.75 万元，总推广费用为 5187.5 万元。新改建吊炕费用为 10375 万元，如表 3-5 所示。

表 3-5　推广规模和推广费用表

推广项目名称：生物质成型燃料炊事采暖示范项目　　　　　　　　　　　　　　　　推广年限：3 年

推广年份	新推广规模（万台）	推广费用（万元）		
		推广炉具费用	安装炉具费用	新改建吊炕费用
2013	1.65	1485	165	3300
2014	1.6875	1518.75	168.75	3375
2015	1.85	1665	185	3700
小计	5.1875	4668.75	518.75	10 375
合计	推广规模：5.1875	推广炉具费用：5187.5		吊炕总费用 10375

注：①推广年限为已推广年数之和。
　　②推广费用参见计算参数说明。

4. 推广规模和推广总费用

该项目为省财政项目 3 年连续推广，总推广数量为 5.1875 万台（套），再加上该项目带动辐射农户自费安装的总共有 28 万台（套），因炉具都是当年建设完成，受益 5 年，所以为了简化计算，推广年限按照 1 年计算。炉具推广总费用为 5187.5 万元，节能炉具使用寿命为 5 年，所以年均使用（推广）成本为 5187.5÷5=1037.5 万元 / 年；吊炕推广总费用 10375 万元，使用寿命为 20 年，所以年均使用（推广）成本为 10375÷20= 518.75 万元 / 年。该项目年推广费用为 1037.5+518.75=1556.25 万元，故该项目 5 年内推广总费用为 1556.25×5=7781.25 万元。年经济效益汇总如表 3-6 所示。

表 3-6　年经济效益汇总表

推广项目名称：生物质成型燃料炊事采暖示范项目

类别	名称	数值
计算参数	计算价格	元（近 3 年实际发生价格的平均值）
	新增纯收益缩值系数	0.7
	推广单位经济效益分计系数	0.2
	推广规模缩值系数	0.9

续表

类别	名称	数值
基础数据	使用年限	1 年
	推广规模	28 万台
	年使用（推广）成本	1556.25 万元
经济效益	单位规模新增纯收益	893.18 元
	年经济效益	14199.445 万元
	推广投资年均纯收益率	0.365 元/元

注：①单位规模年新增纯收益 = 单位规模新增产值 – 单位规模新增成本。
  ②年经济效益 = 单位规模新增纯收益 × 单位规模新增纯收益缩值系数 × 推广规模 × 推广规模缩
    值系数 – 年使用（推广）成本。
  ③推广投资年均纯收益率 =（年经济效益 × 推广单位经济效益分计系数）/ 总推广费用因为该项
    目节能炊事炉具的使用周期为 5 年，所以该项目推广的总经济效益为 14199.445 × 5=70997.225
    万元。

3.4.4 社会效益分析

（1）通过节能炊事采暖炉的推广，不仅有效解决了部分地区农村冬季采暖难问题，提高农户家综合热效率，改善了农民居室的卫生条件，提高农民生活质量，实现了"家居温暖清洁化"；同时，也提高了农民的用能品味，大大促进了节能减排，并积极引导农村能源消费走向清洁化与便利化（图 3–11）。

（2）通过该项目的实施，可有效利用废弃秸秆等生物质资源 16 万 t，节约了大量的煤炭资源的同时，还能将废弃的秸秆资源变废为宝，实现了秸秆能源化利用，解决农村秸秆焚烧难题，有效改善了空气质量。

（3）可提高我省节能炊事采暖炉具产品的技术含量，促进新产品、新工艺、新技术的开发，增加我省相关产品的国内外市场竞争力，促进行业技术进步。可有效推动我省节能炉具行业的整体发展并促进机械制造、节能技术、环保技术等相关产业水平的提高和行业的共同发展。同时，培养一批能源、机械制造、化工专业的工程技术人才。

（4）通过该项目的实施，为推进秸秆能源化利用工作探索了很好的经验做法，对倡导绿色、低碳、循环发展理念，改善农村人居环境，提高农民生活质量，促进节能减排都起到了积极的作用，我省逐步探索出一条生物质循环利用的新模式（图 3–12）。

图 3-11　节能炊事采暖炉深受群众欢迎

生物质循环利用

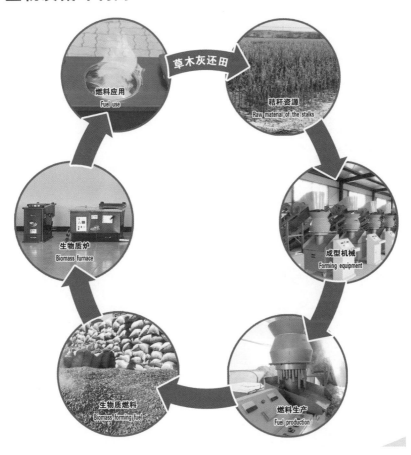

图 3-12　探索出一条生物质循环利用的新模式

3.4.5 应用典型

3.4.5.1 辽中区冷子堡镇社甲村

辽中区冷子堡镇社甲村 70% 以上的农户安装了"吊炕"和节能炊事采暖炉。炉具生火做饭只需 15min，"吊炕"炕面就能干燥温热，取暖效果非常好，冬季室温可维持在 20℃ 以上。现如今，社甲村的老百姓再也不用为过冬取暖发愁了。

社甲村现有一处生物质成型燃料加工厂，年生产能力 2000t，本村 4000 亩玉米地的秸秆能全部被消耗掉，家家户户大门口的柴禾垛没有了，生产出来的成型燃料又全部供应给村民，生物质炉有了燃料，可以用来炊事和采暖，企业和农户都受益。

3.4.5.2. 新宾满族自治县红升乡张家村

新宾满族自治县红升乡张家村冬季寒冷期长，最低可达 –40℃，2015 年实施农村能源温暖工程，使农户冬季采暖支出下降 35%，达到农户家居温暖清洁化，既节约了资源，又提高了生活质量，同时，也提高了秸秆和废弃菌棒等生物质的利用效率。在实际工作中，还总结出了"节能炉 + 吊炕 + 水暖空调 + 暖气"的新型北方户用采暖模式。

3.5 节能炊事采暖炉的相关标准

(1)《户用生物质炊事炉具通用技术条件》（NY/T 2369—2013）。

(2)《生物质炊事采暖炉具通用技术条件》（NB/T 3400-2012）。

(3)《民用生物质固体成型燃料采暖炉具通用技术条件》（NB/T 34006—2011）。

4 新式节能炕技术

4.1 新式节能炕在农村的应用与发展趋势

4.1.1 新式节能炕的发展概述

4.1.1.1 炕的起源和演变

炕，在中国具有几千年的历史，与人民的生活密切相关。早在远古时代的半坡时期，我国黄河流域的半地穴建筑中，就有炕的雏形了。从最开始的"火窝子"，经历了几千年的时间，一步步演化为今天的各式火炕。炕在我国西汉时期已经在一定人群中被使用，比高句丽早了200余年。1400多年前，北魏郦道元的《水经注》卷六有了最早记载："观鸡寺，寺内有大堂，甚高广，可容千僧，下悉结石为之，上加涂墍。基内疏通，枝经脉散。基侧室外四出爨火，炎势内流，一堂尽温。"文中所载石材搭建，外生火，屋内"尽温"的住处结构，正是典型的"炕"。"三十亩地一头牛，老婆孩子热炕头"，这就是从前我国北方农民生活的真实写照。炕在漫长的发展过程中，逐渐向多元化方向发展。炕作为人们起居、会客、娱乐等几乎全部日常活动的重要场所，是北方农村家庭生活中不可缺少的组成部分，进而形成了历史悠久、极具特点的炕文化，对人们的起居饮食、习俗礼仪等产生了重要的影响。炕的文化底蕴和社会价值可能是炕流传至今并广泛使用的内在根源。自古以来，"南人习床、北人尚炕"成为南北居住文化差异的体现。随着现代化建设步伐的逐渐加快，在城镇中炕逐渐被现代家居所取代，但北方广大农村地区仍沿此习惯，享受"热炕头"的乐趣。保留和发展炕这种独特的采暖方式，对于保护我国北方地区民族性、地域性的文化特色具有极其重要的意义。

炕的发展主要分为4个阶段。第一阶段，我们的祖先垒土为洞，上面支撑着天然石板；

第二阶段，将烧饭的简单锅灶与土炕相连；第三阶段，发展成简单的炕体，并在炕的后端增设了烟囱；第四阶段，在炕内增设了落灰膛、闷灶等，为使炕内贮热时间长，又在炕内垫上一些炕洞土等。这样，经历了几千年的使用改进，延续至今就是现在的旧式灶炕。

4.1.1.2 旧式炉灶炕存在的弊病

一无：旧式炕内冷墙部分无保温层。冬季，炕内冷墙部分（前墙、后墙、山墙）的里墙皮有时上霜、挂冰、炕内热量损失很大。同时，里墙内如抹得不严，造成透风而又不好烧。如果在冷墙部分增设保温层，可防止透风和减少炕内热量损失。

二不：旧式火炕的炕面一是不平，二是不严。过去搭炕是"不管炕面搭成什么样，最后全用泥找平"。这种做法是不对的。炕面不平，烟气接触炕面的底面流动时的阻力就大，影响分烟和排烟速度，炕面不严则炕内支柱砖受力不均，出现炕面材料折断和塌炕的现象。炕面材料之间接触不好，炕面薄厚不均，又直接影响炕面的传热效果。

三阻：旧式火炕炕头是用砖堵式分烟，造成烟气在炕头集中和停顿，因此炕头分烟时阻力大。炕洞大多采用卧式死墙砌法，占面积大，炕面的受热面积就小，同时，在炕洞内又摆一上些迎火砖迎风砖等，造成炕内排烟阻力。火炕的炕梢由于没有烟气横向汇合道，而是用过桥砖或坯搭的炕面，造成排烟不畅，炕梢出烟阻力大。这"三阻"使得火炕不好烧和不能满炕热，增大了炕头与炕梢的温差。

四深：旧式火炕的"炕洞深""狗窝深""闷灶深""落灰膛深"。这"四深"使炕内储存了大量的冷空气。当炉灶点火时，炕内的冷空气与热烟气就形成热交换，产生涡流，造成炉灶不好烧。这些冷空气还要吸去和带去很多热量，多烧燃料炕还不热。

总之，旧式灶炕由于这些弊病的影响，所以经常是不好烧，炕不热，屋不暖；要使炕热屋子暖，就得多搭炕灶，多烧燃料，结果费煤、费柴、费工、费时、费材料。

4.1.1.3 新式节能炕的技术优势

1. 热能利用率更高

新式节能炕将底部架空，取消炕内垫土，使炕体由原来的一面散热变成上下两面散热，提高了室温，也提高了火炕的热效率。据实测，在不增加任何辅助供暖设施，不增加燃料耗量的情况下，新式节能炕比旧式炕可提高室温 4~5℃。增加炕体获得的热量。新式节能炕由于采用较大面积的炕板，只有少数几个支撑点，取消了前分烟和落灰膛，使流通截面积增加了 30% 以上，有效地降低了烟气流速。实测表明：通过呈喇叭状的火炕进烟口（灶喉眼）高速进入炕体的高温烟气，由于无阻挡地突然进入一个大空间，烟气流速急剧下降，至炕体的 1~1.5m 处时，可降至 0.1m/s。由于烟气在无阻挡和无炕洞及无分烟阻隔情况下，能迅速扩散到整个炕体内部并与炕体进行热交换，保证了足够的换热时间；同时也保证了炕体受热的均匀。

新式节能炕由于取消了前分烟、小炕洞、减少了支撑点，所以增大了烟气与炕体面板的接触，增强了烟气与炕体的换热。换热面积增加及换热时间的延长，使得换热量增加，从而提高了炕的热利用率。合理调节进、排烟温度。进炕烟温的高低，直接影响到炕体温度；而排烟温度的高低，直接影响到炕体的综合热效率。以往改炕改灶由于追求灶的热效率，单纯认为灶的拦火强度越大越好，虽然灶的热效率上去了，但灶拦截热量过多，造成炕体不能获得足够的热量，出现了改过来又改过去的局面。新式节能炕要求炕灶合理匹配，适当减少灶的拦火程度以保证进炕烟温在 400～500℃，而炕梢控制排烟温度在 50～80℃，以使炕体获得足够的热量。

通过炕面抹面材料厚薄调节炕面温度。炕头部位首先接触高温烟气，炕温就高于其他部位。为改善这一状况，采取两项措施：一是新式节能炕在搭炕底板时，使炕梢略高于炕头 20mm；而在搭炕面板时，又使炕头略高于炕梢 20mm，这样使炕内的炕头到炕梢就形成炕头空间大、炕梢空间小的一个等腰形的空间；由于烟气体积是随温度逐渐降低而缩小，所以不会出现不好烧现象。二是在抹炕面泥时，炕头抹面厚 60mm，炕梢抹面厚 40mm，平均抹面厚为 50mm，保证了炕面温度均匀的效果。

2. 炕面温度更均匀

由于消除了前分烟及各种阻挡形成的烟气涡流，仅在炕梢、排烟口前设置阻烟墙，保证了烟气充满整个炕体，并且通过炕面抹泥的薄厚程度调整炕头到炕梢的温度，使得炕面温度更趋均匀，不会出现炕头过热炕梢凉的问题。

3. 保温性能更好

新式节能炕在排烟口处安装烟插板，在灶门处安装铁灶门。当停火后关闭烟插板和铁灶门，使整个炕体形成一个封闭的热力系统。炕面由于有覆盖物，延长了炕的保温时间。同时，炕内靠近冷墙部位，在搭砌火炕时又增设了 50mm 厚的保温墙，减少了向墙外散热的损失。炕体保温蓄热性能可通过抹炕面材料厚度来调节热容量的大小。

4. 推广性更强

炕不像老式炕需要用砖垒砌，而是由立柱、混凝土预制板、瓷砖等构成，混凝土预制板等构件都可以规模化制作，搭一铺炕像搭积木一样，建设效率高，更结实耐用，也更容易商品化发展。

4.1.2 新式节能炕在农村的应用和意义

4.1.2.1 新式节能炕发展历程

我国改炕改灶工作持续多年，其中辽宁省大概分为 4 个阶段：

1. 第一轮改炕改灶（1983—1990 年）

从 1983 年起，根据国家的统一部署，辽宁省有计划、有组织地按县区分期、分批进行节柴省煤改炕改灶（"双改"）工作。1986 年 9 月，辽宁省农村能源办公室在朝阳市建平县召开全省节柴炕灶现场评比会，评选出 13 种适合在全省各地推广的优秀节柴炕灶，进一步推进了第一轮改炕改灶工作。到 1990 年，全省 90%以上的农户用上了新式炕灶，共建设国家级重点县 28 个和省级重点县 24 个。炕灶综合热效率达到 40%，比旧式炕灶节柴 1/3，全省炕灶综合热效率提高 5%，形成年 400 万 t 节柴能力，相当于 228 万 t 标准煤。

2. 第二轮改炕改灶研发、试点示范阶段（1986—1990 年）

（1）高效预制组装新式节能炕连灶（以下简称"吊炕"）的研制（1986—1987 年）。由于第一轮改炕改灶均是采用手工砌筑，主要部件没有采用商品化的产品，技术不过关，通过几年使用后热效率均有所下降。随着经济的快速发展，人们对生活品质的要求也在逐步提高。火炕作为北方地区的传统取暖设施，虽然在睡卧时能够为用者提供足够舒适的温度感受，但其储蓄的热量放射缓慢，很难将室内空气温度提升至舒适水平。于是，"七五"初期，辽宁省农村能源办公室在组织完成国家省柴节煤"双改"任务的同时，组织辽宁省能源研究所及朝阳市农村能源办公室的工程技术人员，依据建筑结构学、流体力学、热力学、气象学等多种学科，对炕灶结构技术进行了改进研究，于 1987 年成功对传统火炕进行了改良，设计建造出了更加环保、节能的吊装火炕，俗称"吊炕"。吊炕大多用水泥预制板搭建。搭建之前先根据炕和水泥预制板的尺寸在地面设置立柱，然后以立柱为支撑用水泥预制板搭建出火炕底面；之后，再以底面为基础设置立柱，并按实际要求砌出外围封闭砖墙。最后，以立柱和外围砖墙为支撑用水泥预制板作出火炕顶面，并用水泥砂浆封闭顶面和砖墙外侧之后，吊炕的主体就算完成了。有些家庭还会基于装饰需要，通过涂装或粘贴瓷砖来增加吊炕的美观程度。

吊炕由于采用了幅面较大的水泥预制板来搭建，故其内部所需立柱较传统土坯火炕要少得多，烟气在其中的通行效率大幅提高，从而可实现火炕温度的快速、均匀提升。同时，由于火炕底面被撑起，其整体散热面积大大增加，从而使火炕加热室内空气的能力得到了有效提升。据测算，同样建筑面积的两间居室，搭建吊炕可较搭建传统火炕提高室温 4°~5°。加热效率的提高还使吊炕的柴草燃烧量较传统火炕减少了 1/3~1/2，这样每铺吊炕每年节省的柴草可达 1~1.5t，相当于 540~800kg 标准煤。

另外，吊炕还增加了"灶门遮板"和"烟囱插板"等小机构，使火炕可通过控制其内部空气的流通来防止热气外泄，进一步增强了吊炕的保温性能。吊炕基于传统火炕的这些改良措施不但降低了火炕用户采暖的费用支出，同时还通过减少物质消耗和废气排放，降低了周遭环境的生态负荷。由于炕内宽敞，排烟通畅，结构合理，冬暖夏凉，四季好烧；而且外形美观，型为床式，深受广大农民群众的欢迎，被称为农民家中的"席梦思"。

高效预制组装新式节能炕连灶（俗称"吊炕"）是在总结传统旧式灶炕的基础上进行改革的。新式省柴节煤灶增加了底部通风道，创造了合理的通风条件，并适当地缩小了添柴（煤）口、灶膛、进烟口（灶喉眼）、吊火高度，增加了炉门、灶喉眼插板和挡火圈，控制了烟火直扑锅底的距离，延长了烟火在灶膛内停留的时间，又提高了灶内热辐射效果。由于灶内温度高，使一些可燃气体和炭得到了充分燃烧，热能得到充分利用；炉门和灶喉眼插板的控制，又减少了散热和排烟的热损失。

"吊炕"的外形：为了提高室内温度和采暖，把原来的卧式砖炕墙砌筑改成了立砖式砌筑，把落地式火炕改成架空式火炕，把平板式火炕改成样式美观大方的床形火炕。

炕内结构：为炕内冷墙部分增设了保温层，减少了冷墙部分的热损失；取消了炕内深炕洞的平板形垫土、阶梯形垫土和坡形垫土，根据日常所用的燃料和烧火的多少合理地设计了炕洞上下间的高度；把旧式炕的炕头堵式分烟、角度式分烟改为炕梢人字缓流式阻烟墙分烟的结构，这样加快了炕头分烟和排烟速度，缩短了烟气在炕头停留和散热的时间；在搭炕面时要求炕上、炕下、炕梢都采用翘边式，炕面板严而平整，炕面抹泥平而光滑无裂痕；炕洞墙采用立式砖砌法，废除了炕内挡火砖和迎风砖，炕洞内平整畅通，为炕内创造了合理的热辐射、热对流、热传导的条件，提高了炕梢温度、缩小了炕头与炕梢的温差；停火后有炉门、灶喉眼插板和烟囱插板的控制，使炕内保持了温度，也提高了室内温度。

"吊炕"的主要特点：一是热效率高，节能显著。灶的热效率提高到25%～35%，炕灶综合热效率提高到70%以上，每铺"吊炕"年可节约1382kg秸秆或1210kg薪柴，相当于691kg标准煤。二是炕温均匀，能做到按季节所需适度调解，增加热舒适度。由于对炕、灶、烟囱采取一系列技术改进措施，可以有效克服老式炕炕面温度不均、冬天凉得快、夏天散热慢的弊端，使炕温均匀，冬天保温效果好，热效长；夏天散热快，炕温低。三是增加散热面，提高室温。由于炕底部架空，使炕体由原来的一面散热改为上、下两面散热，有利于提高室温。据实测，在同等条件下，"吊炕"比落地式火炕可提高室温4～5℃。高效预制组装新式节能炕连灶具有省柴、省煤、省工、省时、好烧、炕热、屋暖、美观、清洁等特点，在推广中取得了相当大的经济效益、社会效益和生态效益。

（2）试点、示范阶段（1988—1990年）。辽宁省农村能源办公室陆续在沈阳、大连、锦州、朝阳、铁岭、葫芦岛等地组织开展了"吊炕"技术的试点、示范工作，并逐渐以点带面，点面结合，扩大规模。1989年，"吊炕"技术通过农业部组织的专家鉴定，结论为"国内领先"，并被评为省政府科技进步三等奖。到1990年末，全省共建设"吊炕"5万铺。

3. 规模化推广阶段（1991—2000年）

1991年以后，全省改炕改灶工作正式进入"吊炕"技术推广阶段，主要的牵动项目为百县农村能源综合建设。全省多项农村能源实用技术得以大力推广。其中，"吊炕"每年以15万铺的速度递增。"八五"时期，全省共推广75.6万铺，是"七五"期间发展量的 15 倍,累计达 80.6 万铺,形成年 55.7 万 t 标准煤的节能能力。1994 年 8 月 1 日,《高效预制组装新式节能炕连灶施工工艺规程》经省技术监督局(省质监局)发布实施,进一步规范了"吊炕"建设行为。

进入"九五"时期,在综合建设县项目的拉动下,全省农村能源工作进入快速发展阶段。全省新推广"吊炕"132.1 万铺,年递增 32.8%,累计达 212.7 万铺,占全省农户总量的 32.2%,年节能 146.8 万 t 标准煤。农业部将该技术列为在三北地区推广的重大科技项目之一。

4. 快速发展时期(2001 年至今)

这一时期,"吊炕"的突出作用引起省政府的进一步关注。2001 年 5 月 11 日,杨新华副省长对省农村能源办公室以农业厅文件上报省政府的《靠山吃山,吃山养山,养山富民——关于辽宁省东部山区六县农村能源生态建设情况的调查》批示:"在辽东发展农村能源有特殊意义,是保护生态环境的重要措施,请省财政厅在安排年度预算专项时给予支持。"省政府办公厅信息处在《辽宁信息》第 100 期上以《退耕还林保护生态,解决农村烧柴是关键——辽宁省 6 个山区县'灶王'口中夺青山》为题作了转载,并报送国务院秘书局信息处。

这一时期,"吊炕"在技术水平上有了进一步的提升。2001 年开始,全国陆续通过职业技能鉴定培训班培训了 8088 名农村节能员,实现持证上岗,规范了新式节能炕的发展,这些节能员也成为后续发展新式节能炕的中坚力量。2003 年,"高效预制组装新式节能炕连灶"(专利号:ZL200320104951.0)和"美观轻体组装活动床式炕"(专利号:ZL200320104950.6)分别获得国家专利。根据技术革新等情况,辽宁省农村能源办公室组织修订的《高效预制组装新式节能炕连灶施工工艺规程》经省技术监督局(省质监局)于 2004 年 1 月发布实施。在一些地区,"吊炕"技术处于不推自广状态。农民群众一户带四邻,四邻带全村,纷纷建起了"吊炕"。该项技术仅辽宁省就以年均 20 万铺的速度快速发展,并逐渐辐射到吉林、黑龙江、甘肃、陕西、宁夏、青海、四川、山东、内蒙古、山西、河北、北京、天津等 13 个省市。2008 年 1 月,农业部组织对"吊炕"进行鉴定,结论是国际领先。2010 年以后,在辽宁,"新式节能炕"已经基本上成为"吊炕"的代名词,农户基本上建炕就搭"新式节能炕",形成一种自然行为。

截至 2018 年底,全国已累计推广新式节能炕 1611.31 万铺,直接受益农民超过 5000 万人,综合效益显著,深受广大农民欢迎,受到了国内外广泛好评。

4.1.2.2 新式节能炕在农村的应用和意义

过去农村供暖的主流方式是落地式火炕,造成农村传统落地炕的热效率低的原因有很多,例如落地炕炕灶的结构不合理导致燃烧不够充分;落地炕单面散热,底面与地面直接接触导致的烟气热量利用不充分;烟气流程短而导致的烟气换热量小等。这些原因都会导致炕的热效率降低。调查结果显示，传统落地炕的热效率在 45% 左右，大量的能源被浪费。

农村住宅不同于城镇住宅，城镇住宅会有专业的设计人员依据规范中的要求，进行专业的设计与施工。农村住宅的建设主要依靠当地村民自行设计和施工，由于经济条件的限制，就会节省在保温隔热方面的投资。这样就造成在保证相同的室内温度下，农村住宅相比城镇住宅需要消耗成倍的燃料。

随着全球经济的发展，在人们生活质量日益提高的同时，室内空气污染问题正在逐步走进人们的生活。在 20 世纪 70 年代，欧美国家的经济迅速发展，能源紧缺十分严重，一些国家为了降低能源消耗而减少了建筑空调通风的投入，导致越来越多的办公室工作者患上了"病态建筑综合征"。在这以后，人们逐渐认识到室内环境质量对于人体健康的重要性。人们开始逐渐重视城镇建筑内的通风空调设计，以避免再次发生类似的健康问题。相比城镇建筑，农村住宅的室内空气品质一直处于被忽视的状态。在我国北方农村，采暖和做饭多半是利用炕连灶。由于火炕施工通常是由农民工匠借助自身的经验来完成，在火炕的结构设计和工程质量上都存在着一定程度的欠缺。火炕在工作过程中产生的倒烟等现象十分严重。由于农民在炊事与采暖中主要使用的燃料是秸秆等非商品能源，加之炕灶的结构设计缺乏科学的理论依据，燃料很难充分燃烧，产生的一氧化碳、可吸入颗粒物很容易大量进入室内，造成室内空气污染物浓度超标。农宅的通风方式是利用门窗开启与渗透的自然通风，在寒冷的冬季，换气次数很少。农民长期生活在室内空气不达标的房间中，非常容易引起各种呼吸道疾病。农村采暖的改造，不仅要对其能源利用效率进行提升，还要重视降低室内空气污染的问题。

随着时代的进步、科技的发展，中国人的生活发生了翻天覆地的变化，传统北方火炕也应这些变化在各个方面发生着改变。首先是搭建材料的改变，传统北方火炕使用的土坯材料由于完全依靠手工制作，劳动强度大、耗时长，目前已基本被砖、石、水泥等材料所取代。因为这些材料多可直接购买，省时省力，也更便于将火炕修葺、装饰得更加美观。其次，加热火炕的燃料也不再局限于农作物秸秆和木柴等材料，随着收入水平的提高，用湿煤、蜂窝煤甚至焦炭来加热火炕的北方家庭越来越多。而这些只不过是传统火炕在搭建材料、加热燃料方面的替代性改变，其真正现代意义上的变革发生在结构和形制方面。

从 20 世纪 80 年代开始，国家为解决缺柴少烧、能源利用率低、浪费严重等问题，实施节约与开发并举、把节约放在首位的能源发展战略。大力推广应用省柴节煤炉灶炕，经过多年的推广，取得了良好的成效。"炊事采暖通火炕，造福千万农户；节能减排促循环，建设美丽乡村"成为新式节能炕炕升级换代后的真实写照。

4.1.3 新式节能炕的发展前景

首先，《中华人民共和国节约能源法》《国民经济和社会发展第十二个五年规划纲要》《全国农业和农村经济发展第十二个五年规划》、国家《"十二五"节能减排综合性工作方案》、国家发展改革委等 17 个部门《"十二五"节能减排全民行动实施方案》《农业部关于进一步加强农业和农村节能减排工作的意见》等国家法规和重大部署，都明确提出要大力推进节能减排工作，并将"加强省柴节煤炉灶炕改造"作为其重要举措之一。

其次，科技创新和技术人才储备为省柴节煤炉灶炕升级换代提供了科技支撑。虽然目前国家没有专项投入，但仍有一批大专院校、科研部门和推广机构坚持不懈地开展新式节能炕科技创新研究以及应用试验、示范和推广工作，使其技术水平不断提升，新产品不断推出，商品化程度不断提高，开发并储备了一系列高效低排商品化炉灶炕。实践表明，在新型省柴节煤炉灶炕中，新式节能炕综合热效率可达到 70%，乃至更高，与 20 世纪 80 年代以来推广的省柴节煤炕相比，可提高 25 个百分点。同时，农业部组织制定了一系列有关省柴节煤炉灶炕的通用技术条件、安装及验收规范、施工工艺规程和产品性能试验方法，将"农村节能员"纳入《国家职业分类大典》，并开展了职业技能培训和鉴定。

第三，农民改善生活质量需求为省柴节煤炉灶炕升级换代提供了原动力。伴随经济社会的发展，提高生活质量和健康水平成为现代农民的重要追求，迫切需要改善厨房卫生条件、室内空气质量以及庭院环境状况。同时，为减轻农村妇女的家庭劳动强度尤其是炊事劳作，更需要从推广应用高效低排取暖设备开始。农民更高层次的需求，直接为我国"十三五"时期省柴节煤炉灶炕升级换代工作的开展构成了强大的拉动力。从科学发展观出发结合农村实际情况，对新式节能炕应用前景的研究是关系到我国未来农村能源可持续发展的问题。如果日后新式节能炕在其热性能等方面能得到进一步的高效提升，那么新式节能炕的推广工作就必然在我国资源利用与环境保护工作中扮演更重要的角色，也必将为节能减排、改善民生和保护生态作出更大贡献。目前，全国适宜推广省柴节煤炉灶炕的农户即目前仍然以柴草、煤炭、畜粪为主要炊事采暖燃料的农户数量高达 2.26 亿户，占全国农户总量的 85.74%。

最后，全球节能减排行动为我国省柴节煤炉灶炕升级换代提供了十分有利的外部动力和环境。2009 年召开的联合国气候大会哥本哈根会议，使得节能减排再次成为人类必须采取切实行动的热点问题。2010 年在联合国大会第 65 届会议召开期间，"全球清洁炉灶联盟"宣布成立，并计划在 2020 年前推广 1 亿台清洁户用炉炕灶。2015 年，《巴黎协定》签订，要求各方加强对气候变化威胁的全球应对，把全球平均气温较工业化前水平升高控制在 2℃之内，这就对节能减排提出了更高的要求。

4.2 新式节能炕的技术特点和砌筑要求

4.2.1 新式节能炕结构和热效能特点

4.2.1.1 新式节能炕热结构特点

新式节能炕其结构由炕下支柱、炕底板、炕墙、炕内支柱、炕内烟墙、烟插板、炕面板、炕面泥、炕檐以及炕墙瓷砖等组成。

4.2.1.2 新式节能炕热效能特点

新式节能炕经过科学的设计，具备炕体热能利用面积大、传热快的升温性能；使炕上、炕下、炕头、炕梢热度适宜的均温性能；以及采取了有效技术措施，延长了散热时间的保温性能。

1.炕体热能利用面积大、传热快的升温性特点

（1）新式节能炕底部架空，取消底部垫土，增大散热面积。旧式炕只有炕面散热，室温的提高主要靠室内的土暖气和取暖炉。而新式节能炕将底部架空，取消炕内垫土，使炕体由原来的一面散热变成上下两面散热，而且把旧式炕炕洞垫土导热损失的热量也散入室内，提高了室温，也提高了火炕的热效率。

（2）增加炕体获得的热量。炕体获得的热量多少，标志着炕体利用热能的程度，而热量获得的多少，是由烟气与炕体换热时间长短和换热面积大小决定的；换热时间的长短又取决于烟气在炕内滞留的时间，而烟气在炕内滞留时间的长短又取决于烟气流速，流速越快，停留的时间就越短。旧式炕由于受炕面材料的限制，不得不过多摆放支撑点，不适当地增加一些阻挡，再加上采用直洞式炕洞，使烟气流通的横截面积减少而流径短，不易扩散，致使烟气流速加快，缩短滞留时间；同时烟气与炕体接触面积大为减少，极大地影响了烟气与炕体换热。

新式节能炕由于采用较大面积的炕板，只有少数几个支撑点，取消了前分烟和落灰膛，使流通截面积增加了30%以上，有效地降低了烟气流速。实测表明：通过呈嗽叭状的火炕进烟口（灶喉眼）高速进入炕体的高温烟气，由于无阻挡地突然进入一个大空间，烟气流速急剧下降，至炕体的1~1.5m处时，可降至0.1m/s。由于烟气在无阻挡和无炕洞及无分烟阻隔情况下，烟气能迅速扩散到整个炕体内部并与炕体进行热交换，保证了足够的换热时间，同时也保证了炕体受热的均匀。

新式节能炕由于取消了前分烟、小炕洞、减少了支撑点，所以增大了烟气与炕体面板的接触，增强了烟气与炕体的换热。换热面积增加及换热时间的延长，使得换热量增加，从而提高了炕的热利用率。

（3）合理调节进、排烟温度。进炕烟温的高低，直接影响到炕体温度；而排烟温度的高低，直接影响到炕体的综合热效率。以往改炕改灶由于追求灶的热效率，单纯认为灶的拦火强度越大越好，虽然灶的热效率上去了，但灶拦截热量过多，造成炕体不能获得足够的热量，出现了改过来又改过去的局面。新式节能炕要求炕灶合理匹配，适当减少灶的拦火程度以保证进炕烟温在400～500℃，而炕梢控制排烟温度在50～80℃以使炕体获得足够的热量。

2. 炕上、炕下、炕梢热度适宜的匀温性特点

（1）取消了炕体人为设置的炕洞阻隔，使换热过程在整个炕体内而不是在各个局部炕洞内进行，消除了炕洞之间温度不均匀性。

（2）消除了炕内前分烟及各种阻挡形成的烟气涡流，仅在炕梢、排烟口前设置后阻烟墙，保证了烟气充满整个炕体，使得炕面温度更趋均匀。

（3）通过炕面抹面材料厚薄调节炕面温度。所以，新式节能炕要求炕头抹面厚60mm，炕梢抹面厚40mm，平均抹面厚50mm，保证了炕面温度均匀的效果。

3. 延长散热时间的保温性特点

新式节能炕不但要有一定的升温性能及均温性能，同时还要有一定的保温性能，以保证新式节能炕热的时间长而降温慢。

（1）新式节能炕由于炕体内部为一空腔，由灶门、喉眼、排烟口和烟囱形成一个没有阻挡的通畅烟道，如不采取技术措施，停火后炕体所获得的热量就会以对流换热形式由通道排出。为此，新式节能炕一是要在排烟口处安装烟插板；二是要在灶门处安装铁灶门。当停火后关闭烟插板和铁灶门，使整个炕体形成一个封闭的热力系统。这样，停火后系统只允许通过炕体上下面板及前炕墙向室内散热以提高室温。炕面由于有覆盖物，所以炕面散热缓慢，也就保证了炕面凉得慢的要求。同时，炕内靠近冷墙部位，在搭砌火炕时又增设了50mm厚的保温墙，减少了向墙外散热的损失。

（2）炕体保温蓄热性能通过抹炕面材料厚度来调节热容量的大小。炕体主体材料一般为水泥混凝土板或定型石板，其热容是固定的，如以砂泥为抹面材料，根据理论计算和实践经验证明，抹炕面厚度平均在50mm为最佳，如太薄会出现火炕热得快、凉得也快的现象。所以，新式节能炕的炕体温度满足了用户日常生活的需求。

4.2.2　新式节能炕体材料的选择及水泥炕板的施工要求

4.2.2.1　新式节能炕体材料的选择

过去落地式火炕所使用的材料是砖和土坯，虽然热性能较好，但由于每块面积较小，强度不高，寿命短，使炕体设计不能尽合人意，同时很难实现规格化、定型化，为此必须寻求理想的炕体材料。从人体要求和经验来看，炕面温度应为 25~30℃，每次烧火后升温应在 8~15℃，这就要求新式节能炕炕体材料具有以下性能：

①有一定的机械强度，寿命长，坚固耐用；

②取材容易，价格便宜，群众能够承担；

③具有一定的蓄热性能和传热性能。

新式节能炕的炕体材料依据取材容易和材料的热性能指标来选取。

表 4-1 常用炕体材料热工性能指标

材料名称	容重 （kg/m²）	比热 [kJ/(kg·K)]	蓄热系数 [kJ/(m²·h·K)]	导温系数 （m²/h）
混凝土	2200	0.84	46.89	$2.5×10^{-3}$
土坯	1600	1.09	33.08	$1.5×10^{-3}$
黏土–砂	1800	0.84	31.40	$1.6×10^{-3}$
石板	2400	0.92	64.90	$3.3×10^{-3}$

从表 4-1 看出，作为新式节能炕体材料，石板最理想，其次为混凝土板，机械强度等方面也优于砖和土坯。石板虽好，但受材料来源限制，不宜大面积推广，因此高效预制组装新式节能炕除在有石板资源地区采用石板外，可多采用混凝土板；也可采用粘贴大块砖板，效果也较好。

4.2.2.2 炕板尺寸的确定与钢筋要求

新式节能炕如使用水泥混凝土打的炕板，在预制打板前，首先必须确定好每块炕板的最佳尺寸及用多少块炕板。其确定方法：取用户炕长的实际尺寸减去 50mm 除以 3，便是一块炕板的长；炕板宽为 600mm，厚为 50mm，这样规格的炕板需 15 块；炕板宽为 500mm，厚为 50mm，这样规格的炕板需 3 块。也就是规格为（炕长尺寸 –50mm）/3 × 600mm × 50mm 的炕板合计 15 块，规格为（炕长尺寸 –50mm）/3 × 500mm × 50mm 的炕板合计 3 块。使用时：炕底板用 600mm 宽的 9 块；炕面板用 600mm 宽的 6 块，500mm 宽的 3 块。整个新式节能炕上下板合计为 18 块。

4.2.2.3 水泥混凝土炕板所用材料的标准和要求

水泥混凝土炕板所用材料的标准和要求：水泥要求 325#、425#，出厂期在 3 个月内的；沙子要求水洗的中粗沙，使用时无杂草、无土；石子要求碎石或卵石直径为 15~30mm。打板后养生期必须保持在 28d 以上方可使用。

4.2.2.4 水泥混凝土炕板中水泥、沙、石子的配比要求

用水泥混凝土打新式节能炕炕板的材料配比：如果采用 325# 水泥打炕板，其水泥、沙子、石子可按 1∶2∶2 合成。如果采用 425# 水泥打炕板，其水泥、沙子、石子可按 1∶2∶3 合成。

4.2.2.5 新式节能炕搭砌前应准备的材料

（1）要提前 25d 以上打好水泥混凝土炕板或提前备好定型石板及红砖结块炕板。

（2）提前一周把旧炕扒掉，同时，还要求炕下面用水泥混凝土将地面打好，待养好生、水泥完全结固后再搭砌新式节能炕。

（3）准备其他材料：1m³ 中沙、0.6m³ 黏土、200 块砖、两袋 425# 水泥；细炉渣 0.2m³、烟插板一个、炕墙瓷砖备 50～70 片（152 型号）。

4.2.3 新式节能炕砌筑技术要求

4.2.3.1 新式节能炕下地面的处理要求

新式节能炕的底板用几个立柱支撑，这几个与地面接触的立柱承受力很大，如地面处理不实，出现下沉的现象，就会使整个炕体或局部出现裂缝，影响火炕的热度和燃烧，还会造成煤烟中毒。所以，新式节能炕下地面处理得好坏是决定此火炕效果、寿命关键的一个环节。无论是新建房，还是旧房搭砌新式节能炕，只要将锅灶排烟口和烟囱进烟口留好，待养生坚固后就可搭新式节能炕。就是要掌握一个原则，必须将支点下的基础处理好，不能出现下沉现象。

4.2.3.2 新式节能炕底板支柱的放线与砌筑方法

（1）放线方法。在砌筑新式节能炕时，首先要按事先准备好的新式节能炕的炕板大小确定放线位置。操作顺序：技工用尺量出每块炕板的长、宽尺寸，然后在新式节能炕下部的地面上用笔打出每块炕板的位置的格，使 9 块炕底板的位置清楚，每个立柱要求正好砌在炕板的交叉点的中心位置上。

（2）砌筑方法。砌筑新式节能炕底板支柱时，其底板与底板的缝隙应正好对准立柱的中心线，中间支柱平面的 1/4 正好担在底板角上，砌筑时要拉线，炕梢和炕上的灰口可稍大一些，炕头和炕下的灰口可稍小一些，炕梢稍高于炕头，炕上稍高于炕下，高低差为 20～30mm。底板支柱尺寸为 120mm×120mm×（350～370）mm（长×宽×高）（图 4-1）。

图4-1　新式节能炕下支柱的砌筑

4.2.3.3　新式节能炕板的摆法与密封处理

在安放新式节能炕底板时，要先选好3块边直棱角齐全的水泥炕板放在外测，安放时一定要稳拿稳放，先从里角开始安放，待平稳牢固后方可再进行下一块。全部放完后要量好炕头、炕梢宽度是否一致，炕墙处外口水泥炕板要用线将底角拉直，为砌炕墙和抹面打好基础，整个炕底板安装完后不得有不平稳和撬动现象。

新式节能炕底板安放完后，要用1:2的水泥砂浆将底板的缝隙抹严。然后，再用和好的草砂泥，按5:1比例合成，在底板上层普遍抹一遍，厚度为10mm；由于底板有坑、包不平现象，所以抹草砂泥主要用来起到找平作用，然后再将筛好的干细炉渣放在上面刮平、踩实，从而起到严密、平整、保温的效果（图4-2）。

图4-2　新式节能炕炕板

4.2.3.4　炕墙的砌筑形式、高度、要求

新式节能炕炕墙砌筑类型分平板式、上下出沿中间缩进的形式等。砌炕墙要求必须

拉线砌，可用1:2的水泥砂浆坐口，立砖砌筑，炕墙的砌筑高度为炕梢240mm，炕头260mm；砌筑时要事先将红砖浸湿，定好要砌的类型、高度；如果是镶瓷砖要事先量好瓷砖的尺寸，使之正好符合瓷砖的要求，以上这些问题在砌筑炕墙前都要考虑好，避免出现不合适和返工的现象。

4.2.3.5 炕内支柱砖的布局与尺寸要求

炕内支柱砖的多少决定于炕面板的大小。在摆炕内支柱砖前，也可先在炕底板上层放上一层干细炉渣灰（要用筛子筛好的），找平后再摆炕面支柱砖。炕内中间的支柱砖可比炕上炕下两侧的支柱砖稍低10~15mm。同时在冷墙体的里壁或其他墙体处砌出炕内围墙，既做炕面板支柱，又做冷墙体的保温墙体。火炕炕内支柱砖的高度为120mm×120mm×炕头180mm、炕梢160mm（长×宽×高）（图4-3、图4-4）。

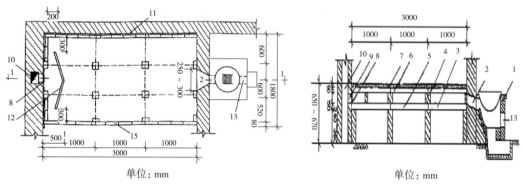

1. 灶　2. 进烟口　3. 底板支柱　4. 炕面板支柱　5. 炕底板　6. 炕面板　7. 炕面　8. 烟囱插板　9. 火炕排烟口　10. 烟囱　11. 保温墙　12. 炕梢分烟墙　13. 前炕墙

图4-3　新式节能炕烟囱在中间炕内支柱的布局与尺寸

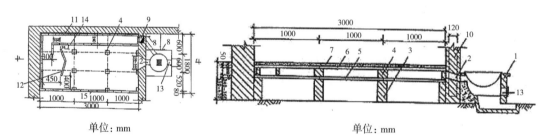

1. 灶　2. 进烟口　3. 底板支柱　4. 炕面板支柱　5. 炕底板　6. 炕面板　7. 炕面　8. 烟囱插板　9. 火炕排烟口　10. 烟囱　11. 保温墙　12. 炕梢分烟墙　13. 前炕墙

图4-4　新式节能炕倒卷帘式炕内支柱的布局与尺寸

4.2.3.6 炕内冷墙部分墙体的保温处理

新式节能炕炕内接触的外墙体为冷墙，对这部分墙体要采取保温处理，避免因上霜、挂冰、上水和透风对火炕有影响，造成灶不好烧，火炕不热。所以砌筑炕内这部分围墙时，要求是用立砖、坐灰口、横向砌筑，并与冷墙内壁留出 50mm 宽的缝隙，里面放入珍珠岩或干细炉渣灰等保温耐火材料，要用木棍捣实，上面再用细草砂泥抹严。处理好冷墙体的保温，对炉灶的好烧、炕热保温、减小热损失都起到了一定的作用，炕内支柱布局实景如图 4-5 所示。

图 4-5 炕内支柱布局实景图

4.2.3.7 炕内后阻烟墙的作用、尺寸、要求

新式节能炕炕梢增设后阻烟墙，采用的是炕梢缓流式人字分烟墙的处理，这种分烟处理，可使炕梢烟气不能直接进入烟囱内，使炕梢烟气，尤其是烟囱进口的烟气由急流变成缓流，延长了炕梢烟气的散热时间，降低了排烟温度，也排除了炕梢上下两个不热的死角。这样处理可使炕头、炕梢的烟气往两侧扩散、流动，提高了火炕上下两边的热度，缩小了炕头与炕梢的温差。

新式节能炕炕梢人字阻烟墙可做成预制水泥件，也可用红砖砌成。人字阻烟墙尺寸为420mm×160mm×50mm，内角为 150° 左右，阻烟墙的两端距炕梢墙体，可按烟囱抽力的大小确定为 270~340mm。要求阻烟墙的顶面与炕面接触的部分要用灰浆密封严，不得出现跑烟现象。

4.2.3.8 炕梢出烟口处烟插板的安装要求

新式节能炕为了火炕保温，减少热量损失，在火炕炕梢出烟口处必须安装烟插板。烟插板在安装时可按以下操作方法进行：首先将选好和开关灵活的烟插板放在火炕出烟口处，底部用水泥砂灰垫平，两边待砌炕内围墙时用砖轻轻挤住，烟插板的顶部高度不得高于两边围墙高度，可略低于 5mm，烟插板的拉杆可从炕墙处引到外侧，要求两头的接触点必须是水平的，在炕梢炕墙外侧可做成环形或丁字形，以便开、推方便，安装完后，不要乱动，避免造成松动，影响水泥凝固效果。

4.2.3.9 炕面板的摆法与密封处理

新式节能炕炕面板在安放前应做好密封处理，其目的是解决炕面板下部和侧面四周圈不严的问题，否则就会出现漏烟现象。其操作方法：在安放炕面板时，采用筛后和好的草砂泥，把四周的炕内围墙顶面抹上一层 10mm 厚的细草砂泥，使炕面板接触的下部与墙体接触的侧面都有泥，炕面板上面挤出的草砂泥再与炕面泥接上抹平，达到炕面板四周稍撬起和严密的效果。

新式节能炕炕面板在安放时要稳拿稳放，搭在支柱上的位置要合适，不得出现搭偏和撬动现象。要求中间稍低，以整个炕面板炕梢略高于炕头、炕上略高于炕下、炕上炕下略高于中间的稍翘边式的处理为最佳。

4.2.3.10 炕面泥的配比与厚度要求

新式节能炕炕面泥在配比时要求：①沙为粗中沙，要过筛子；②黏土要求无黏块，或用粗筛子筛好；③炕面泥要早一些和成，待用，而且要和得均匀；④第一遍泥是用粗中沙、黏土，按 5:1 合成；第二遍泥是用中细沙、黏土，按 4:1 比例合成。

新式节能炕炕面泥要求抹两遍。第一遍为底层泥，抹炕面泥时要求找平、压实。炕头厚度为 55mm，炕梢厚度为 35mm。第二遍泥等到第一遍泥干到八成时就可开抹，可加适量的白灰，抹时按 5mm 的厚度，要求二遍泥抹完后平整、光滑、无裂痕，炕面抹泥如图 4-6 所示。

高效预制组装新式节能炕是在研制和实验期间，为了延长火炕的保温时间，解决新式节能炕下半夜凉得快的问题所采取的一项措施。经实践和测试证明，新式节能炕的炕面泥使用的材料为沙泥，炕头厚度为 60mm，炕梢厚度为 40mm，平均厚度为 50mm 是最佳效果，并利于炕体贮热和保温。

图 4-6　炕面抹泥示意图

4.2.3.11 炕墙镶瓷砖的操作方法与注意事项

新式节能炕炕墙镶瓷砖首先要把底活水泥砂浆麻面找好，有棱角的地方要事先找好棱角，瓷砖面的图案要事先切好、摆好。然后再开始粘瓷砖，将瓷砖用水浸湿，浸的时间长短要根据水泥麻面的干湿程度决定。然后，在瓷砖的背面抹上糊状素灰浆再粘在炕墙上，要用手轻轻敲动直至实声或达到要求的平面为止；要注意瓷砖粘在炕墙上后，缝隙要对齐，图案要找好，表面要平整。炕墙瓷砖镶好后，7d 以内养生期不能烧火，以保证瓷砖的牢固性。

4.2.4 烟囱的设计、砌筑与维修

4.2.4.1 烟囱的作用

1. 烟囱的好处

烟囱对于新式节能炕的热效能起到重要作用，是早已被人们所认识到的。但在烧无烟煤的地区，特别是一些使用手提煤炉的地方，仍然没有安装烟囱的习惯。

烟囱的好处，最明显的是能将有害气体排出室外，可以保护室内环境，有利于人体健康。其次，有烟囱的炉灶，起火快、火势旺。试验表明：有烟囱的炉灶，起火时间不过 15min；没有烟囱的炉灶，起火时间需要 25min，最慢的得 40min 左右；烧一壶 3.75kg 的开水，前者平均只需 20min 左右，后者则需 30min 以上。

2. 烟囱抽力的形成

烟囱抽力是由空气柱和烟气柱压差形成的，就像一个"U"形气压表，分正压和负压。烟囱内的烟气温度越高，其比容就越大，而密度也就越小，比重就越轻，故作用在灶膛内的压力也就小；而外界空气柱由于温度低、密度大，作用在灶膛内的压力就大于烟气柱的压力，这样，烟囱就形成了一定抽力。烟囱越高，压差也就越大。

所以，烟囱砌筑要有一定的高度，一般要求高出房脊 0.5m 以上，以不窝风为宜。烟囱的抽力要用烟囱插板控制适中，过大会使过量的冷空气进入灶膛降低燃烧温度，增加排烟热损失；控制过小，烟气流动不畅，就会产生燎烟、闷碳、截柴等现象。

4.2.4.2 烟囱的设计

1. 民用房屋烟囱的砌筑形式

民用平房和小型楼房的烟囱砌筑位置可分为 5 种形式：①前墙烟囱；②后墙烟囱；③山墙烟囱；④间墙烟囱；⑤与房屋主体断开的独立烟囱。这 5 种砌筑形式的烟囱位置如果以防潮、保温、密闭的条件衡定，效果最好的是间墙上的烟囱。

2. 烟囱内部圆形与方形的区别

气体在流动中易走阻力小的圆形。凡明角、暗角都会造成阻力降低流速，产生涡流。通过实践观察，烟囱内的烟气是旋转上升的。烟囱内为方形，受四角的阻碍，使烟气流速

缓慢，影响烟囱的抽力；烟囱内为圆形，没有四角的阻力，烟气旋转上升快，烟囱的抽力就大。所以烟囱内部为圆形与方形在截面相等的情况下，前者就比后者好烧、抽力大、效果好。

3. 烟道、烟囱出口截面的确定

烟道、烟囱出口截面的确定可按下列公式计算：

$$F = \frac{GV_0\,(1+t/273)\,a}{360V}$$

式中：G——燃料消耗量，kg/h；

V_0——温度为 0℃时，燃料所生成的气体体积，m^3/kg。而 $V_0=0.89Q_g/1000+1.65\,m^3$/kg；$Q_g$ 为燃料热值，kcal/kg；

t——烟气温度（可近似取 100℃）；

a——过剩空气系数（可取 1.2～1.4）；

V——烟气流速（在烟囱内可取 1.5～2.0m/s）。

在灶喉眼烟道内火炕进烟口处，烟气温度高，烟气大，流速可按 3～5m/s 确定断面。烟气在炕内流速逐渐变缓，并要进行热量传递交换。在火炕的出烟口处由于烟气温度降低，烟气减少，确定烟气流速均为 1.5～2.0m/s。

在确定烟道断面时，应考虑到挂灰的影响。一般烟道按每边挂灰 1cm 来加大烟囱内径断面即可。实践证明，方形烟囱烟道断面以不小于 120mm×180mm，圆形烟囱烟道直径以不小于 160mm 为宜。

4. 烟囱高度的确定与计算

烟囱高度的计算方法是：

$$H = \frac{R}{B\,[\,1/\,(273+t_1)\,-1/\,(273+t_{qi})\,]}$$

式中：R——克服炕灶和烟囱等总阻力，kg/m^2；

B——当地大气压力，mmHg；

t_1——室外空气温度，℃；

t_{qi}——烟囱内烟气平均温度，℃。

5. 烟囱插板的作用与几种形式

（1）烟囱插板的作用。因为烟囱上增设插板后，不仅起到了火炕保温、热得时间长、减少了炕内的热量流失的作用，而且，由于炕内保持了一定的温度，在次日点火时就好烧，上火快，火炕热得也快，炕热又屋暖。

有些烟囱，由于无插板控制，所以炕内的热量在几个小时内就流失了，人们感觉下半夜炕就不热了，就是这个道理。由于炕内的热量流失，温度不断下降，因此，炕梢就出现了结冰、上霜的现象，当次日点火时，就会出现冒烟、上火慢、闷炭的结果。由于炕凉，当次日烧火后炕热得也就慢，室内温度也就低，那么要想提高火炕和室内的温度就得多烧燃料，又浪费了能源。

因此，烟囱插板在好烧热炕、满足群众需要、节约能源方面起到了一定的作用。

（2）烟囱插板的几种形式。由于各家各户的火炕位置、条件需要、室内设施的不同，以及地区和个人的习惯不一样，烟囱插板设的位置也就不同。常见的烟囱插板位置多设在烟囱下部的火炕排烟口处或烟囱中部，使之开关方便的位置；还有设在室外的烟囱顶部的。

推拉式烟囱插板。这种烟囱插板，一般都设在烟囱下部的火炕排烟口处和烟囱中间的位置上。使用这种烟插板，可以根据外界风力的大小，调整插板插进的长短，使之控制烟气的流量。

轴型翻板式烟囱插板。这种插板也是常设在烟囱下部的火炕排烟口处和烟囱中部。根据烟囱结内部构不同，又分为圆形和方形插板两种。这两种轴型翻板式烟插板，是根据外部活动钮的水平角度的大小来掌握烟插板的缝隙控制烟气流量的。特点：使用严密、美观，不影响抽力和砌筑质量。

滑轮升降式烟囱盖板。这种形式一般都设在烟囱的顶部，常见于土、砖平房的地区。这种保温盖板是以调节烟囱顶端盖板升降的高低来控制烟气流量实现火炕保温的。优点是可减少烟囱上霜和避免雨水滴入烟囱内。

6. 使用烟囱插板应注意的问题

烟囱插板如果使用不得当，会起到相反的效果，甚至会影响燃料燃烧和造成煤气中毒。

（1）控制烟气流量时要适当。根据外界风速变化掌握好烟插板插进的长短，控制好烟气流量。如果外界无风或风小，而烟插板插进大，就会影响烟气流量，使炉灶出现燎烟、闷烟、燃料燃烧效果不好等现象。如果外界风大，而烟插板插进小，就会控制不住烟气流量，同样得不到好的节能效果。

（2）要防止煤气中毒。虽然是烟囱插板控制了烟气流量和火炕的温度，但如果炉灶内的燃料没完全熄灭，就过早地把烟囱插板插上，就会有煤气中毒的可能。凡设有烟囱插板的炉灶，必须在炉灶内确实无烟时，才能把烟囱插板插严。第二天早上要先打开烟囱插板，再去点燃炉灶内的燃料。

4.2.4.3 烟囱的砌筑

1. 烟囱砌筑的质量标准

（1）要挑选质量好的优质砖，砖要浸湿，灰缝要饱满。

（2）烟囱内部要垂直。

（3）烟囱内部要光滑，减少烟气流动的阻力。

（4）烟囱上下要严密。

（5）烟囱要有一定的高度，一般以高于房脊 0.5m 以上为好。

2. 烟囱内在砌筑中安放瓦管的要求

（1）要选用无裂痕的陶瓷管做烟囱内管，安放时要把陶瓷管的喇叭头向上，两个陶瓷管的接合处要用水泥砂浆压实、密封。

（2）从下到上陶瓷连接都要垂直。

（3）陶瓷管的周围与烟囱砖体的缝隙，要用水泥砂浆和小碎砖块灌满捣实。

（4）烟囱最顶部的一节陶瓷管的喇叭头要用手锤打掉，使烟囱出口面平整。

3. 烟囱在砌筑时的保温与防潮

烟囱保持一定的温度和减少潮气温度的影响，是增加烟囱抽力的重要条件。因此，在砌筑烟囱时，要注意烟囱的保温和防潮。

为解决烟囱的保温，砌筑烟囱时，可在烟囱的墙体内增设保温层，保温层又分实心保温和空心保温两种。实心保温处理是在砌筑陶瓷时，在管与砖墙间隔的空隙和在烟囱墙体内留出的空隙中，填入保温材料。如糠壳灰、干细炉渣、膨胀珍珠岩等。

空心保温处理是在砌筑烟囱时，使烟囱的内壁砖体与烟囱管的外壁留出 30～50mm 的密闭空间，就可起到用空气保温的作用。

为了使烟囱保温效果更好，可将烟囱设计在室内间墙上。这样，可排除一些因外界与烟囱的冷热温差所带来的不良影响。

4.2.4.4 烟囱的维修与故障的排除

1. 烟囱出现毛病的检查方法

（1）反照法：在烟囱底部，用一面小镜子反照烟囱顶部，根据小镜子里面反映的几种不同现象，就能对烟囱的毛病作出正确的判断。小镜子里面反映出一个与烟囱内孔相同的亮光，边线整齐，说明烟囱内部就是垂直、光滑、无障碍的，这是正常的烟囱。如果小镜子里面出现烟囱的半孔或小月牙形的亮光，用手放入烟囱内又有凉风感，说明烟囱内部弯曲，粗细不均，影响烟气的上升速度，抽力较小。若镜子里面出现一个模糊不清的亮光时，亮光的边线又出进不齐，说明烟囱内壁有出进不齐的砖头、灰浆块、烟油块，或积存的烟灰较多等，用手摸时烟囱内壁又有黄水，进一步证明烟气流动时阻力大、流速慢、抽力小，在无风天时炉灶就会往外冒烟。如果小镜子里面根本就没有一点亮，而用手放入烟囱内又一点凉风也没有，说明烟囱内堵塞，可采取措施排除烟囱内的障碍，使烟囱畅通。

（2）烟、火法：当检查烟囱是否抽力大、抽力小，是否畅通、堵塞时，也可用一张报纸、一把杂草、一支烟在烟囱底部点燃试验。根据观察烟、火的情况，就可判断出烟囱的抽力大小。如果烟火一个劲儿地往烟囱内进，并发出呼呼的响声，用烟卷试验，烟头见红火，烟气直接进入烟囱内，说明烟囱内畅通、抽力大；如果是一半烟火进入烟囱，一半烟火冒在外面，说明烟囱内湿度大、粗细不匀、弯曲、有障碍、密闭不严，烟囱的抽力就小，造成排烟慢，炉灶有时冒烟；若是烟火一点也不往烟囱内进，用烟头试验，烟头的烟是垂直上升，摇晃不定，说明烟囱堵塞，应排除障碍，使烟囱达到畅通。

2. 排除烟囱内毛病的处理措施

（1）杆透法：在维修烟囱的时候，发现烟囱内比较垂直，挂灰较多或因砖头、灰浆块、瓦块等造成的堵塞，可用木杆或钢筋在烟囱上面把烟灰和堵塞的砖瓦块等物清除掉，使烟囱内畅通。

（2）拉拽法：烟囱内弯曲而烟灰又挂得较多时，可用一根绳子或铁丝，从外面烟囱出口放到烟囱根部，在烟囱根部可将一把茅草或旧布条绑在绳子或铁丝头上，然后用力向上拉至出口，便可把烟灰拉掉，使烟囱内清除干净。

（3）火烧法：使用陶瓷管做烟囱内壁的烟囱，内壁挂的烟灰、烟垢都是液油体，粘在陶瓷管内壁上，年积月累形成厚层，缩小了烟囱内径，影响了烟气流动。此情况用杆透法、拉拽法无法彻底清除，可将引火物放在烟囱根部，点燃烧上 10～30min，使烟囱内的烟油层充分燃烧，直至自然脱落为止，使烟囱恢复原来的空间。

如果在冬季，烟囱内挂冰，上霜，夏季挂水、湿度大、潮气多，而造成炉灶闷炭、截柴、无抽力、冒烟影响炉灶好烧时，也可采用这种方法在烟囱根部加热，使烟囱内干燥，炉灶即可好烧。

（4）剖腹法：烟囱内如掉进了砖头、瓦块、水泥块等或在烟囱内出现硬堵的现象时，而采用杆透法、拉拽法、火烧法又无法解决的情况下，便可用木杆或绳子从烟囱上口往下量出堵塞的地方，再从外面量好尺寸，做好标记，然后在此位置上打开一个孔，把堵塞物排除掉，使烟囱畅通后，再用灰浆把孔砌抹好，达到严密平整。

3. 烟囱冒黑烟的原因

常言道："烟囱冒黑烟，炉灶不好烧。"

（1）锅灶通风效果不好，燃料得不到足够的氧气进行完全燃烧；

（2）锅灶砌体内无保温层、不严密，热量散失大，使灶膛内温度低，燃烧差；

（3）炕内结构不合理，障碍多、阻力大，造成排烟不畅，影响燃烧效果；

（4）烟囱不严密、过细、抽力较小。

以上 4 种原因造成锅灶内燃料燃烧不充分，使大量的可燃气体随烟气跑掉了，因此，烟囱就冒黑烟。

4. 烟囱冒黄烟的原因

常言道："烟囱冒黄烟，烟气湿度大。"

（1）炕内湿度大，潮气多；

（2）烟囱内有黄水、烟油、上霜潮湿等；

（3）间断烧火，特别是无风天；

（4）烧湿煤、湿柴草等燃料。

特别是夏季，无风、气压低，又因为天热间断烧火，使炕内温度低、潮气大，常会出现"黄烟满地爬"的情景。

5. 烟囱内径粗细不均对排烟的影响

烟囱内径如果有粗有细，烟气在烟囱内流动就会有时扩散，有时收缩，影响烟气流速。当使用吹风机时，烟气多，外界又没风，烟囱细的地方就满足不了烟气流量的需要，造成烟气停顿和流动缓慢，使炉灶闷碳、燎烟、不爱起火。因此，烟囱内径粗细不均影响排烟，减小流速，对炉灶好烧、火炕全热、节柴省煤等都是不利的。

4.3 新式节能炕的使用和故障排除

4.3.1 新式节能炕的使用与节能

4.3.1.1 新式节能炕炕梢烟插板的作用

新式节能炕为了火炕保温，减少热量损失，在火炕炕梢出烟口处必须安装烟插板。烟插板在安装时可按以下操作方法进行：首先将选好和开关灵活的烟插板放在火炕出烟口处，底部用水泥砂灰垫平，两边待砌炕内围墙时用砖轻轻挤住，烟插板的顶部高度不得高于两边围墙高度，可略低于5mm，烟插板的拉杆可从炕墙处引到外侧，要求两头的接触点必须水平，在炕梢炕墙外侧可做成环形或丁字形，以便开、推方便，安装完后，不要乱动，避免造成松动，影响水泥凝固效果。

4.3.1.2 新式节能炕炕头暖风箱的应用

为了解决新式节能炕的炕头过热问题，避免烧坏炕席、失火等现象，一般都在炕头烟气集中点上放上双层砖，用来调节这种过热现象。这样处理，虽然解决了炕头的局部过热，但是炕头的热量却不能充分利用，只能存在炕内。为了有效利用炕头的余热，提高室内温度，采用暖风箱代替炕头的双层砖，在实践中收到了很好的效果。

暖风箱设有冷风和热风口。冷风口从炕内通过间墙留在外屋，长度可根据间墙的宽度而定。热风口与炕面表层一平或缩进墙内，出口升高1m以上，可加快对流排热风的速度。当炉灶点火后，暖风箱马上受热，就开始了空气对流。冷风从外屋的冷风口进入暖风箱，在暖风箱内经过受热后，就随着暖风箱上层的斜度上升到最高点，而暖风箱的最高点就是热风口。只要炉灶内不停止燃烧，热风就不断地排到室内。这样，暖风箱不仅调节了炕头的过热现象，也提高了室内温度。

4.3.1.3 新式节能炕炕头余热热饭

为节省更多的燃料，我们提出了"每天少做一顿饭，可是还要吃热饭"的做法。为了解决这个问题，我们采用了炕头热饭法。

在春末、秋初和夏季时，为了防止炕热屋热，影响睡眠和休息，各家做好饭后，就不再多烧火了。对双职工的住户，中午休息时间又短，如果点火做饭又来不及，只好吃些凉饭。为了解决中午不做饭和不再吃凉饭的问题，在炕头处烟气集中点上，安上了一个 500mm×300mm×120mm（长×宽×高）的铁制热饭箱，上面有活动盖；这个长方形铁箱可用 2~5mm 厚的铁板制作，上面的活动盖为了防止热量流失，可用双层铁板焊出，中间留出 10mm 的空隙，然后放进干细炉渣，倒实、焊好，作为保温层。其他部分都下入炕内，当活动盖盖严后与炕面表层一平。

当每天早上做饭时，可把中午的饭菜都带出来，然后放进炕头热饭箱内，少添一点水，盖严后上面可再放上一个小被，中午回来时，即可吃到不用烧火的热乎饭菜了。

炕头热饭箱不热饭时可以热水；在冬季还可敞盖让它往室内散热，又提高了室内温度。这样，既调节了炕头局部过热的现象，又做到了利用余热，方便了农民，节省了能源。

4.3.1.4 新式节能炕的科学设计与效果

新式节能炕也是有效利用烟气余热的一种好办法。有些火炕的炕洞下，都垫上了很厚的一层土或炉渣，使炕内的热量，一部分从炕面传导到室内，另一部分储存在炕洞土内，因此火炕的热利用率很低，大部分热量都从炕内四面墙、垫洞土及烟气中流失和跑掉了，而造成了炕凉、室内温度低，所以就得多烧燃料，才能满足室内与火炕的需要，这样又浪费了能源。

新式节能炕能达到双层散热，使炕内垫土中的热量都能从架空部分散到室内。炕内的四面墙，尤其是冷墙部分又都增设了保温层，减少了吸热；改革了炕内结构，使烟气分布均匀，达到了火炕普遍热，扩大了在室内的散热面积；同时，又增加了炉眼插板和烟囱插板。所以，控制了炕内对流，达到了保温目的，解决了炕热问题，又提高了室内温度，同时还美化了室内环境。

4.3.1.5 利用炕墙散热的砌筑形式及效果

火墙式新式节能炕保证了燃料燃烧产生的热量能充分利用，解决了供热效率低的问题，同时提高了整个供暖系统散热的均匀性。新型火墙式新式节能炕的结构，主要措施包括增设挡板等，并对改进后的火墙式新式节能炕进行测试，结果表明炕墙的温度能够提高 20℃ 且炕面温度分布均匀。增设火墙有利于提升室内热舒适度和提高火炕供暖热效率，但随着我国逐步加强对可持续发展与清洁能源应用的要求，以替代不可再生能源，如煤炭等为燃料的供暖技术正逐渐被限制使用，所以要对新式节能炕供暖技术进行进一步的改进，并保证新式节能炕供暖的舒适性。

炕墙散热是用一炉设两个炉眼烟道，同时解决室内采暖和炕热。炕墙散热的利用，可采用炕墙火墙式、炕墙方形烟道式、炕墙炉筒式、炕墙槽形铁板式4种处理方法，都是利用烟气余热解决室内采暖。

1. 炕墙火墙式

炕墙火墙的高度是500mm（与一般炕墙的高度一致），宽是240mm，可用1/4的立砖打斗砌火墙的两侧墙。当烟气由炉内的进烟口进入火墙后，通过炕墙火墙到炕梢，再由炕梢火墙上的出烟口进入火炕的横向汇合烟道，从烟囱排出。砌炕墙时，要求炕头到炕梢有1.5%的坡度。

2. 炕墙方形烟道式

炕墙方形烟道是用5mm厚的铁板焊成一个宽120mm，高240～370mm的长方形烟道，如果是铸造成型的就更好。在砌炕墙时，方形烟道要有一定坡度，炕头烟道进烟口与间墙所留的炉灶进烟口要对齐对严（要高于炉盘），还要严格密闭。方形烟道的出烟口要与炕梢的横向汇合烟道对齐，以便合理排烟。炕墙的其余部分要用砖找齐，达到炕墙500mm（8层砖）的高度即可。

3. 炕墙炉筒式

选用3～4节炉筒，接在一起。把原炕墙往里缩进240mm，这样，原火炕的洞数就少了一个炕洞，而炕沿还是安在原炕墙的位置上。为了稳定炕沿，可在炕沿中间放一个小柱固定。然后把炉筒贴在炕墙外侧，形成炕头低炕梢高的坡度。炕头的炉筒口要与间墙的斜式炉眼接严密闭，炕梢的炉筒口要在靠间墙的一块活砖上，然后把与炕内横向汇合烟道接触的一侧面剪掉，再靠严密闭。如果炉筒堵塞时，可把炕梢的那块活砖拿掉，用长草、线头、破布等固定在从炕头炉眼处引进来的铁线上，然后拉出，清完炉筒的烟灰后，再把活砖放进原来位置，靠紧密闭。为了炕沿下安炉筒后美观或避免烤坏衣服、烫坏小孩，可在炕沿下安装一个散热网。

4. 炕墙槽形铁板式

是用2～5mm厚的铁板，焊成宽120mm，高250mm的槽形，中间要固定几个支柱，由里向外砌在炕墙上。也可用废旧的方形暖气片，可顺式冲开，分别把各半散热片朝外砌在炕墙上。炕墙槽形铁板式安装是利用炕内与室内的温差向室内逐渐散热，满足室内采暖的需要。

以上4种方法都要求炉灶砌双喉眼烟道，都要用炉眼插板控制，根据日常需要可随时调节室内温度和火炕温度。

利用炕墙散热是当前解决室内取暖的一种新方法。对那些每年冬季在屋内搭炉子取暖，而夏季暖和时就扒掉或安不上土暖气的家庭，这个方法尤其适用。这种取暖方式节省了材料和燃料，不吸火，不影响燃烧，做到一炉两用，采暖方便，热量来得快，清洁卫生，并节省了室内占地面积，是一举多得的采暖方式。

4.3.1.6　倒卷帘火抗砌两个炉灶喉眼的作用

当烟囱位置与炉灶位置在一侧面或一个间墙上的时候，就可以搭倒卷帘（回洞）火炕。由于倒卷帘火炕的烟囱位置与炉灶位置都在一个侧面，就可把炉灶砌成两个炉灶喉眼烟道，一个炉眼烟道通往火炕，另一个炉眼烟道可直接通往烟囱，分别用炉眼插板控制。冬季可让烟气直接进入火炕，夏季可让烟气直接进入烟囱。这样，既解决了冬、夏季炉灶不好烧问题，又解决了室内冷热调整的难题。

4.3.1.7　炕内搭的炉子在一个角上时的科学处理

在炕内一角搭的炉子，由于炉子占去火炕一定的位置，一般都是 500mm×500mm，因此，在火炕内就出现了两个炕洞的死角，如处理不好，火炕就不能满炕热。为了解决这种火炕的缺点，可采用双炉眼烟道的结构（在炉体墙对炕的两个侧面留出），分别用插板控制的方法，解决了烟气的流向。同时采用船头形分烟法和斜砖式分烟法相结合，使上下各洞烟气分布适宜。并在这两个炉眼的烟气集中处加上了双层砖面、炕内垫土亦是步步升高的阶梯形垫土法，使烟气紧贴着炕面流动，使炕头、炕梢、炕上、炕下的温度均匀，达到满炕热。

4.3.1.8　高效节能炕炕面盘管

近年来，随着新式节能炕技术的发展，出现了炕面盘管等新技术的应用，以达到增加散热性、迅速取暖的效果。新式节能炕炕面盘管是在做好炕床后，在炕面预留出适当的空间方便安置相应数量水管，在与高效节能炉具相连的进水管上接一个三通并加装阀门，这样能起到控制进水、方便调节水流量的作用，最后将高效节能炉具与回水管相接即可（图 4-7）。

图 4-7　炕面盘管示意图

4.3.1.9　床式新式节能炕

随着生活水平逐渐提高，新式节能炕未来的发展方向是具有美观、轻体、组装、可移动等特点的新式床式节能炕，符合标准化设计、工厂化生产、商品化销售的发展特点。

4.3.2　新式节能炕常见故障及处理方法

4.3.2.1　新式节能炕没有抽力或抽力小

1. 新式节能炕没有抽力或抽力小的原因

（1）新式节能炕的炕体不严密，有透气之处。

（2）烟囱不严密或高度不够。

2. 解决方法

（1）新式节能炕在砌筑上要求是非常严格的，炕体部分不允许出现一点漏烟现象；尤其是新式节能炕的底板面。新式节能炕的炕体如果漏气不但没有抽力，还会使烟气跑到室内造成环境污染或煤气中毒；新式节能炕如底板漏烟，解决问题的措施只有一个，就是重新按要求搭砌新式节能炕。

（2）如果烟囱上下不严密要及时将烟囱抹严密；高度不够的要加高烟囱，使之高于房脊 0.5m 以上。

4.3.2.2　新式节能炕凉得快

1. 新式节能炕凉得快的原因

（1）炕梢出烟口过大，又未设炕梢烟插板。

（2）炕洞过深，有储存冷空气的地方。

（3）炕面过薄，蓄热量不够。

（4）两个炉灶的新式节能炕未设灶门或不烧火的灶未堵严。

2. 解决方法

（1）新式节能炕的炕梢出烟口要求是 180mm×200mm（高 × 宽），并要求必须安装活动的烟插板控制烟量。

（2）新式节能炕的炕洞深度要求是 180mm 以内为最好，如果过深就会增加冷空气的储量，降低炕内的温度。

（3）新式节能炕的抹炕面要求抹砂泥平均厚度为 50mm，这是蓄热效果最佳厚度，这样才能达到 8~10h 的人体需要的温度。

（4）新式节能炕连接的炉灶，不论一个还是两个，都必须安装灶门或喉眼插板，当停火后或睡觉前必须将灶门或插板关严，使炕内的热量散到室内和起到保温作用。

4.3.2.3　造成煤气中毒的原因与抢救措施

1. 引起煤气中毒的原因

（1）火炕的炕面砖及炕洞里积存的烟瘤子过多，炕洞里湿潮气太大，烟囱挂的烟瘤经风吹雨淋下落到烟囱底下，造成烟囱根部堵塞。

（2）初次烧火或间断烧火，炕里冷气过多。这样，炕洞里的潮气和积存的烟瘤遇火，迅速产生大量的一氧化碳气体，加上烟囱底下被堵塞，空气对流不畅，一氧化碳跑不出去，便挤向室内。

（3）三九天，外面温度过低，烟囱外冷内热，产生挂烟霜，堵住烟囱眼。

（4）炕面四周有裂缝，烟囱不严密、抽力小，也会造成一氧化碳向室内排放。

煤气里含有多种有毒气体，其中引起中毒的主要气体是一氧化碳。所谓煤气中毒，就是指一氧化碳中毒。当空气中的一氧化碳含量增多，被人吸入后，就与血中红细胞的血红蛋白结合，引起中毒。中毒后，由于全身组织缺氧，人就会出现头晕、头疼、眼花、四肢无力、恶心、呕吐等症状。严重时可不省人事，甚至导致死亡。

2. 抢救煤气中毒的主要办法

立即打开门窗通风换气，马上把患者送到通风良好的地方，轻的 2~3h 后就会好转，重的应立即送往医院抢救。如发现较晚，患者心跳、呼吸已停止，应立即边做体外心脏按压和人工呼吸，边送医院抢救。

4.4　新式太阳能炕的特点和应用

4.4.1　新式太阳能炕采暖原理

至今为止，广大北方地区的采暖仍以燃烧化石燃料和生物质燃料为主，虽然兼有一些使用电能的采暖设备，但燃料燃烧进行采暖的比例过大，仍然会造成大量的能源浪费和污染问题。随着社会进步和农村生活水平的提高，新式节能炕技术也是不断发展提高，将太阳能热水供暖技术和相变材料储热技术应用到新式节能炕供暖系统中是未来新式节能炕的发展趋势。

太阳能这一自然资源分布广泛且易于获取，在我国北方农村地区推广太阳能极具优势，太阳能是一种清洁能源，与化石能源、薪柴等常规能源相比具有很多优点。首先，太阳能具有普遍性，阳光照射之处均可利用太阳能；其次是清洁性，太阳能清洁无污染，太阳能热利用的过程中不会产生污染气体；最后，太阳能具有长久性，太阳能是可再生能源，辐射能量巨大，且取之不尽，用之不竭，根据2017年度《BP世界能源统计年鉴》统计，在2016年，我国非化石能源消费中消费增长最快的是太阳能消费量，达到71.5%，太阳能在我国能源结构中有着重要地位。为了改善农村冬季使用清洁能源取暖，改善居住环境，降低劳动强度和提高生活条件，将新式节能炕供暖与太阳能采暖技术相结合可使太阳能得到有效利用。由于广大农村地区住户分散，采暖要求与城市采暖标准要求不同，因此使用单独的太阳能采暖系统，不仅能够解决用户的采暖需求，而且能够极大程度地降低燃料燃烧带来的污染。太阳能本身存在的间歇性和不稳定性使太阳能采暖具有周期性和不确定性，应采取有效手段将太阳能与火炕供暖技术更好地结合起来。有学者发现相变材料能充分利用不稳定、不持续的热量，将相变材料添加进火炕能够有效解决热量供应在时间和空间上不匹配的矛盾，实现对炕体以及室内环境的持续加热。将太阳能蓄热池与火炕相结合，利用蓄热池散发的热量为房间供暖。

利用太阳能炕和空气集热器复合采暖技术，可满足农村住宅建筑冬季供暖的需要。白天利用空气集热器自然循环加热室内空气，同时利用太阳能热水器进行蓄热，晚间对室内炕面进行加热采暖，提高室内舒适度。该技术的应用取得了居住舒适、节约成本、降低能耗和保护环境的效果，具有广泛的社会意义。

新式太阳能炕与低温地板辐射采暖的设计原理相似，低温地板辐射采暖具有空间温度场分布合理，水温要求较低，表面温度分布均匀等优点。太阳能供暖热水系统主要由太阳能集热器、储热水箱、低温地板辐射供暖系统、循环泵、控制系统、辅助加热装置、生活用水点等组成。太阳能供暖热水系统以太阳能作为能源，以平板式太阳能集热器为主，辅以辅助热源，除了在冬季。将太阳能与低温地板辐射采暖以及炕系统相结合，则能在形成清洁能源采暖、降低能耗的同时，改善传统火炕存在的室内污染严重、操作不安全、温度分布均匀性差等问题。于是，本文中提出了一种太阳能炕系统，它能够将主动式太阳能采暖与传统火炕的采暖模式相结合，同时保留了炕系统采暖的优点。太阳能炕系统的屋顶集热系统吸收太阳能加热水箱中的水，当需要供暖时，将蓄热水箱中的热水输送到炕体中的管路对炕体进行加热。太阳能系统利用了蓄热水箱的储热特性和炕体结构的蓄热，将白天时段的太阳能进行储存，并在恰当的时候加以利用，能够解决太阳能利用的间歇性问题。同时，利用炕体的天然的蓄热特性，可以达到室内采暖的一种贮放热的平衡，从而维持一个长期的采暖效果。在炕支撑面上铺设绝热层和铝箔反射层，主要作用是加强太阳能炕的保温性能，使热量尽量向炕面方向辐射；铺设钢丝网片，用于固定循环管路。以水为热媒，通过主动循环对炕加热，新式太阳能炕采暖系统如图4-8所示。

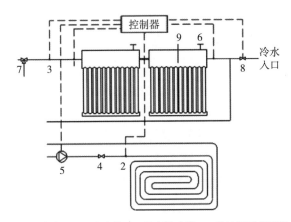

1.集热器水箱底部温度传感器　2.炕盘管入口温度传感器　3.防冻温度传感器　4.截止阀
5.水泵　6.水箱顶部排气阀　7.三通阀　8.电磁阀　9.水位计

图4-8　新式太阳能炕热水供暖系统示意图

对于太阳能集热器的选择，考虑到传统火炕的应用范围和适用性，本研究中在北方地区采用了真空管太阳能集热器，以减小热损。使用合适大小的水箱储存热水，水箱的保温性能应达到要求的标准。通过热水对炕体进行加热，需要在炕内对管路的铺设进行设计。为了保证炕面温度分布的均匀性，水管铺设采用回字形，热水流经炕体温度会下降，回字形的管路铺设，使整个炕面的水管排列是接近出口的管路和接近入口的管路交替分布，热中和的效果可以保证炕面温度分布更为均匀。同时，这种管路铺设方法也可以保证进水和出水在炕的同一端，便于外部供回水系统的连通与布置。炕体管路层以草泥或沙子进行填充，可以增强导热。从蓄热水箱连接到炕体的水循环的管路应进行保温处理，以减少因管路造成的热量损失。水箱内应配有辅助热源，使系统能够在太阳光照不理想的情况时仍可以保证采暖需求。同时也要考虑到水箱内水的温度会达到很高的温度，因此在循环系统中采取了高温保护措施，当水温过高时将停止循环，以保护管路等不被损坏。

在非采暖季，由于集热器和水箱的设计，仅需在管路上添加支路，即可实现一般太阳能热水器提供生活热水的功能，进一步减少建筑的能耗。切断炕体的供水也可以使太阳能炕系统在非采暖季不会对房间造成热负荷。太阳能炕系统的炕体拥有良好的蓄热特性。通过热水供给至炕体的热量，会通过炕体的蓄热特性储存起来，再通过其蓄热特性缓慢地将热量释放至室内，使室内达到一个长时间的采暖效果

由于集热器的集热性能有限，而冬季的供暖需求量大，我们需要通过控制热水供暖循环的运行模式，来保证室内温度的稳定性，并保证夜间居民睡眠具有良好的热舒适性。

4.4.2　新式太阳能炕的施工安装

4.4.2.1　太阳能集热器的安装

太阳能炕系统可以分为集热器及水箱、管路以及炕体三部分。太阳能集热器为真空管集热器，使用了两台真空管集热器作为太阳能炕系统的热源，总集热面积为 5m²，水箱总容积为 360L，集热器朝正南方向安装在屋面上，集热器支架与地面的夹角为 45°，在其中设有辅助热源，以保证在阴雨天气里系统的使用。管路连通整个太阳能炕系统，为了减少热损，在设计时对室外的管路部分包裹了保温材料，并增加电加热以防止管路在冬季冻结造成系统损坏。集热器水箱、尾座应牢靠固定在集热器支架上，并确保水箱、尾座摆放整齐、一致、无歪斜。太阳能集热器与炕体之间的管道部分预先埋在卫生间北墙。

4.4.2.2　新式太阳能炕的施工

新式太阳能炕使用的炕体长 2.1m，宽 1.8m，高约为 0.6m。炕体约厚 20cm，与一般新式节能炕不同的是，新式太阳能炕炕面结构一般由支撑层、绝热层（上部铺设加热管）、填充层和面层组成。支撑层由 4 块 0.75m×0.65m×0.1m 的钢筋网片水泥预制板组成。绝热层采用 20mm 厚的 XPS 挤塑聚苯乙烯保温板，反射膜采用无纺布加筋铝箔。采暖加热管布置采用回字形铺设，加热管铺设的平均间距为 20cm。用扎带将加热管绑扎在铺设于绝热层表面的钢丝网上，加热管固定点间距为 0.4~0.6m，弯曲处间距为 0.2~0.3m，炕边四周高度砌筑至 0.45m，填充层采用 60mm 厚粗草泥。面层用 10mm 厚水泥砂浆找平压面抹光。除室内部盘管，室外所有 PP-R 管及阀门等附件均须做保温处理。

4.4.2.3　循环水泵的安装

首先检查水泵的型号是否与图示相符合。循环水泵安装在回水管路上，有利于水泵在较低温度下工作，增加水泵使用寿命，水泵的进出水口安装方向应正确；水泵前后应安装阀门，便于检修；水泵出水口处装止回阀，停泵时保护水泵不受冲击；水泵周围应按要求留有足够的空间；水泵运转前应选择吸入式或灌入式方式注满水，以防止水泵干转损坏水泵。

4.4.2.4　控制系统安装与设置

温度传感器安装：热水管路防冻探头应安装在室外距水箱最远的部位；太阳能温度探头应插入同排最后一个集热器出水端的联箱内；供回水温度探头应安装在采暖供回水管路上。电磁阀：应按照电磁阀接线图连接单相电磁阀，同时连接接地保护线。接线盒内压线不得有外露毛刺，在保证不损伤电线的情况下压紧螺丝拧得越紧越好。接线盒的外部采取防水处理措施，接线盒外部导线加装波纹管，做好防护处理。电控箱：应安装在防雨、防震、灰尘较小的地方。挂墙式电控箱应垂直贴墙悬挂，一般底边应距地面 1.4m；

引入电控箱内电线应做好编号，电线整顺有序排列，避免相互交叉，并处理好电缆线的受拉应力，不得使所接的端子受到明显的机械应力。白天集热控制（8:00—16:00）：对循化泵按照集热器底部温度与室内炕盘管入口温度温差进行控制，超过10℃时开启供热循环水泵，低于5℃时停止循环水泵。晚上供热控制（16:00至次日8:00）：设定时间对供热循环水泵进行开启，当时间到达16:00开启供热循环水泵；利用水箱底部温度控制水泵的停止，当温度低于35℃停止水泵运行。防冻控制：当水系统内暴露在室外处水温低于5℃，循环水泵开始运行，水温高于10℃循环水泵停止运行。补水控制：当水箱内水位计低于设定值时，电磁阀打开进行补水。

4.4.2.5　太阳能空气集热器安装

太阳能空气集热器是一种以空气为热媒的太阳能加热装置，可广泛地应用于太阳能采暖、通风、除湿等领域。采用非渗透型空气集热器，表面涂选择性吸收涂层，其结构简单，无腐蚀防冻等问题，成本适中。空气集热器选择安装在南墙上，不会增加屋面负荷，也可节省安装费用。

在夏季遮挡部分墙面，降低建筑物吸收的太阳辐射，在冬季对建筑有一定的保温作用。空气集热器安装在南墙，一台集热器安装空间为1.2m×2.2m（宽×高），一户安装两台集热器；空气循环孔高10cm，宽50cm，左（右）侧缘和集热板左（右）侧平齐；按照安装图把提前做好的空气循环孔预埋在南墙上，对正空气集热器的上下孔洞，将空气集热器固定在南墙面上，做好上下循环孔的密封即可。

4.4.3　新式太阳能炕使用和发展趋势

太阳能热水供暖系统应用到新式节能炕供暖系统中能使火炕供暖更清洁、更舒适，说明了太阳能空气供暖技术简单且易于操作，同时可以保证供暖的舒适性。太阳能集热墙与新式节能炕相结合组成了新型供暖系统，从供暖效果、经济性等方面对该系统进行评价分析，指出该系统可将室内温度维持在16℃以上且能节约50%的燃料。结合太阳能空气集热的火炕供暖技术，既能满足北方地区的供热需求并能减少污染，又能提高室内的热舒适度。

新式节能炕和新式太阳能炕可以改进火炕内部结构及做好农宅围护结构保温措施，能从一定程度上改善火炕的供暖效果。通过对新式太阳能炕供暖技术应用的分析表明：新式太阳能炕较传统火炕在室内热舒适度和火炕供暖热效率等方面均有所提高。随着我国对可再生能源的开发利用程度逐渐扩大和农村经济的发展，将太阳能采暖应用到新式节能炕供暖中是未来火炕供暖技术发展的方向。相比于太阳能热水采暖，太阳能空气采暖具有无与伦比的优点，在我国北方农村地区更为适用，故太阳能空气采暖与新式节能炕供暖技术相结合是未来的主要研究方向。太阳能与新式节能炕供暖相结合不仅能加强北方农村地区对清洁能源的使用，还能保证火炕供暖的舒适性。

　　建立了一种因地制宜、符合民情的采暖系统。它集太阳能采暖的优点于一体，吸收了传统火炕的采暖形式，克服了单一太阳能采暖系统运行的缺陷。同时，系统的设计充分考虑到了北方乡村地区居民使用的简便性和可行性，保证了长期运行的可靠性；对系统的控制策略进行了优化，减少了居民的操作，增强了采暖的效果。新式太阳能炕供暖系统在农村建筑中应用时室内热舒适性最好、室内空气质量较好，对环境无污染。虽然太阳能地板辐射供暖系统初始投资较高，但年运行费用最低。随着农村地区经济社会的发展和人民生活水平的提高，太阳能地板辐射供暖系统必将拥有广阔的发展前景。由于太阳能采暖系统可以根据建筑特点与建筑很好地融合在一起，该系统也是对太阳能采暖在北方地区的应用的有益探索。

4.5　新式节能炕的未来发展

4.5.1　新式节能炕发展的配套政策

　　(1) 2008 年 4 月 1 日起施行的《中华人民共和国节约能源法》第五十九条明确规定：按照科学规划、有序开发的原则推广节能型的农村住宅和炉灶等。

　　(2) 支持建设生物天然气工程和大型农村沼气工程，向小城镇和新农村社区集中供应高品质生物质清洁燃气，开展多余燃气高值高效利用。因地制宜发展太阳能、小型风能、农村绿色小水电、省柴节煤炉灶炕。

　　——《全国农村经济发展"十三五"规划》(发改农经〔2016〕2257 号，2016 年 10 月 27 日)

　　(3) 实施沼气集中供气，推进农村省柴节煤炉灶炕升级换代，推广清洁炉灶、可再生能源和产品。

　　——《全国农业可持续发展规划 (2015—2030 年)》(农计发〔2015〕145 号，2015 年 5 月 27 日)

　　(4) 稳步实施清洁燃煤供暖。城乡接合部和农村地区无法采用清洁能源替代散烧煤取暖的，重点利用"洁净型煤 + 环保炊具"替代散烧煤取暖，推广环保炊事采暖炉具、吊炕、热水空调和暖气"四位一体"供暖模式。力争 2020 年供暖面积达到 1000 万 m²。

　　——《辽宁省人民政府办公厅关于印发辽宁省推进清洁取暖三年滚动计划 (2018—2020 年) 的通知》(辽政办发〔2017〕116 号，2017 年 10 月 21 日)

4.5.2 新式节能炕的效益分析

4.5.2.1 适用范围

该技术适合我国北方农村所有需要取暖的地区。

4.5.2.2 效益分析

1. 经济效益显著

每铺新式节能炕造价 2000 元左右。每铺炕年节约标准煤 691kg，按照现在煤价每吨 600 元以上计算，年可节支 400 元以上。5 年即可收回成本。目前全国新式节能炕年可节约资金 64.5 亿元。

2. 农村节能减排效果显著

省柴节煤炉灶炕的推广使用，节约了薪柴、秸秆和煤炭等传统能源，减少了污染物排放，节能减排效果明显。与传统的炉灶炕相比，已推广的省柴节煤炉灶炕热效率，炉由 20% 提高到 35%，灶由 10% 提高到 25%，炕由 30% 提高到 45%，均提高 15 个百分点；每台（铺）炉灶炕平均节约燃料 1/3~1/2；在全部能够正常使用的条件下，已推广的省柴节煤炉灶炕年节能能力达到 802.46 万 t 标准煤，对转变能源资源浪费状况、缓解能源供需矛盾、保障国家能源安全发挥了有效作用。同时，按照以煤炭（不包括煤气）为主要炊事用能的农户占总农户数的 26.1%（引自《中国第二次全国农业普查资料汇编：综合卷》）的比重计算，已推广的省柴节煤炉灶炕，每年可减排 2102.45 万 t CO_2、6.82 万 t SO_2。省柴节煤炉灶炕推广应用替代煤等常规能源，是解决中国农村能源问题、避免能源紧缺制约经济社会发展的必由之路。

3. 农民生活质量有效改善

推广使用省柴节煤炉灶炕，有丰富而又切实的社会效益：一是有利于农民成为全球参与人口最多、成效最为显著、独具中国特色的节能减排行动的一员。随着经济社会的发展和农民生活水平的提高，农村能源需求将大幅度增加，采取降低能耗、开发生物质成型燃料等方式，保证生活用能品质，可在一定程度上缓解国家能源紧张的压力；二是省柴节煤炉灶炕的推广应用，明显降低了农户厨房和居室内 CO、烟尘和颗粒物等的含量，改善了农户室内空气质量和农民健康状况。减少呼吸道疾病、眼病、地氟病等疾病的发生率，提高群众的健康水平；三是省柴节煤炉灶炕的推广应用，减少了农村砍柴刈草之苦，大大改变了缺柴地区农民每年因打柴、运煤四处奔波，占用大量劳动时间的状况；减轻了农民特别是农村妇女炊事劳动强度，使农家的炊事采暖活动也变得卫生、便捷；四是有利于发展农村可再生能源和清洁能源产业，促进农村劳动力就业，增加农民收入，转变农村经济增长方式，发展循环农业；五是有利于作为建设新农村的有力抓手，改变了

"室外柴草成堆，室内乱堆柴草"这一千百年来落后的农村面貌，美化、净化了农家环境，引导富裕起来的农民告别"抱着柴禾上小楼""室内现代化、室外脏乱差"的生活，极大地促进了农村"家居温暖清洁化"和"村容整洁"，并进一步改善了农民的精神风貌，激发了其追求幸福生活的热情，成为农民迈入小康生活、社会主义新农村建设不可或缺的重要内容。

4. 农村生态环境得以保护

长期的能源短缺使一些地区山林植被遭到大面积破坏，秸秆还田量不足，生态功能下降，土地退化严重。"灶王口中夺青山，居安思危建家园。"基层干部和群众在总结经验教训的基础上形象地提出"要想保山就得少砍，要想少砍就得少烧，要想少烧就得改炕灶"。推广省柴节煤炉灶炕，有效遏制了乱砍滥伐现象，促进秸秆还田，保护和改善了生态环境，增强了农业可持续发展能力。据《中国第二次全国农业普查资料汇编：综合卷》提供的数据，在全国农村居民炊事取暖使用的能源中，主要使用柴草的农户占60.2%。另据农业部农村地区能源消费状况统计分析，按折合标准煤数量计算，2010年全国农村秸秆燃用量与薪柴燃用量之比约为2∶1。因此，目前我国以薪柴为主要生活用能的农户约占总农户数的1/5。据此比例推算，全国已推广的省柴节煤炉灶炕，每年可节约薪柴2650万t，相当于中部地区350万公顷薪炭林一年的产柴量，对保护森林植被，有效发挥其涵养水源、固土、保肥、释氧和防风等生态作用具有重要意义。生物质成型燃料的应用，拓展了农林副产物综合利用途径，延长了农林加工业产业链条，促进了农林业循环经济发展。

推广使用省柴节煤炉灶炕，可有效减少薪柴消耗，减少林木樵采，起到保护林草资源、防止乱砍滥伐造成的植被减少、水土流失，改善生态环境，巩固生态建设成果的作用。按照目前我国广大农村炉、灶、炕平均热效率30%、20%和40%计算，对于以薪柴为主要燃料的农户，使用一个新式节能炕，如果综合热效率达到65%，每年可节约薪柴1.5t以上，相当于保护7.5亩以上的森林。按照以薪柴为主要生活用能的农户占总农户数的1/5计算，项目完成后，每年可减少薪柴消耗800万t左右，相当于保护森林4000多万亩。

火炕是北方先民在与冬季寒冷气候做斗争的过程中，依照自身需求、就地取材、顺应天时创制而出的独特取暖设施。其设计及演进过程蕴含着朴素而又深刻的造物文化原理，践行了中国古代先人尊崇的"道法自然，天人合一"的系统和谐思想。对其现代视角的解读，不但能让我们从其结构、功能以及设计思想等层面直接获取设计灵感，还能为当代人认清设计本质、解决当前设计难题提供全新视角和创意源泉。长期的火炕使用历史已经使以火炕为中心的起居生活方式成为北方民俗的重要组成部分。

随着农村经济的发展和农民生活水平的不断提高，农民在房屋建筑及室内环境上必然有更高的要求。在这种新农村环境下，当前推广的新式节能炕先进技术要是再由技工进行手工砌筑，已经远远满足不了实际的需求，通过标准化设计、工厂化生产，多种类型、美观大方、节能低碳、清洁卫生的新式节能炕新产品，将成为今后新式节能炕升级换代的新趋势。农民生活质量的改善为炉灶炕升级换代打开了需求市场，伴随经济社会的发展，提高生活质量和健康水平成为未来农民努力的方向，改善厨房卫生条件、提高室内空气质量以及提升家庭健康状况已成为新时代农民最为迫切的诉求。农民更高层次的新需要将成为今后新式节能炕升级换代的强大动力。

目前，虽然有些北方居民已不再视火炕为居室标配，但大量现存以及新建的火炕仍不时提醒人们，火炕并不仅仅是一种取暖设施，它的身上还承载着北方人民对传统生活习俗的深深眷恋。对民族、地域文化的敬畏研究、扬弃不仅能让我们乃至我们的后代明确自己的民族之根，同时也能夯实我们认识、研究、吸收其他民族、地域优秀文化的基础。

4.5.3 新式节能炕的未来发展

1. 改善柴灶的燃烧性能

俗话说"三分灶七分烧"，炕灶的燃烧效率大大决定了火炕的取暖效果。省柴灶合理改进了灶膛的吊火高度，充分利用火焰高温区，柴草燃烧充分，炉灶上火快。通道中镶嵌储灰盒，可通过调节储灰盒在通风道的嵌入深浅来控制进风量，改变火力大小，并利用火星余热将冷空气提前预热。抽屉式储灰盒便于及时清理，保证灶台整洁卫生。省柴灶上沿四周铺设了暗烟道，高温废烟在此回旋，余温得以再次利用。炉膛排烟口设置一道拦火圈，调整烟气流动方向和大小，可延迟火焰燃烧的时间。此策在延续柴灶文脉的基础上进行改进，体现出绿色建筑关注的节能理念。

2. 改善炕面的蓄热性能

相变蓄热火炕由火炕本体和相变蓄热炕面构成，火炕本体采用新式节能炕，相变蓄热炕面是将石蜡封装在设有预制凹槽的混凝土炕面板上。炕面的构造做法是预制成截面为40mm×40mm的凹槽，选用耐腐蚀性的镀锌薄板将石蜡封装在混凝土预制凹槽中，上部用约15mm厚的木板盖好，用混凝土抹平缝隙，上铺约20mm厚的草泥灰即可。火炕燃烧时余热暂时存储于石蜡中，火炕熄火后，炕面温度下降，石蜡开始释放热量，充分利用炕面板蓄热材料的蓄热性能，实现热能的储存与转移，达到延时供暖的效果。此策略延续了火炕的文脉，又降低供热能耗，彰显绿色理念。

新式节能炕将来可能作为我国北方农村建筑供暖的主要途径，是综合考虑炕在技术、应用、历史、文化等方面的作用和影响的基础上得到的结论，关系到我国未来农村能源的可持续发展。然而，目前炕在性能、使用上仍存在很大的缺陷和历史的局限性，如炕的热性能仍需改善、热源类型还需开发、使用生物质燃烧引起的室内空气污染问题急需解决等。加强炕可持续发展的研究，进一步改进炕的热性能和舒适性，使其有机地融入农村建筑中来改善居住环境以满足现代生活的需要，符合国家"节能减排"政策。此外，由对新式节能炕研究产生的对中国传统文化的思考，值得在解决农村建筑能源问题和社会主义新农村建设工作中借鉴。

参考文献

[1] 郭继业. 省柴节煤灶炕 [M]. 北京：中国农业出版社，2002：35-80.

[2] 李金平，王磊，甄箫斐，等. 西北农宅太阳能联合燃煤锅炉供暖的室内热环境 [J]. 兰州理工大学学报，2018，44（3）：62-67.

[3] 李金平，李红博，郑健，等. 架空炕与传统落地炕热性能对比试验 [J]. 农业工程学报，2017，33（14）：210-216.

[4] 江清阳，何伟，季杰，等. 太阳能炕的蓄热特性研究及其对睡眠热舒适度的影响 [J]. 中国科学技术大学学报，2012，42（4）：335-344.

[5] 胡莉莉. 农村节能吊炕的热效益分析与应用研究 [D]. 兰州：兰州大学，2012：14-45.

[6] 方修睦，王芳，李桂文. 火炕热工性能评价指标及检测方法研 [J]. 建筑科学，2014，30（6）：118-123.

[7] 徐洪波，焦庆余，徐国堂. 高效预制组装架空火炕的研究 [J]. 农业工程学报，1991，27（3）：81-86.

[8] 冯国会，王茜，李刚，等. 太阳能炕采暖系统的试验研究 [J]. 可再生能源，2013，03：11-13.

[9] 徐策，王宗山，端木琳. 炕面温度非均一的火炕热传递模型 [J]. 建筑热能通风空调，2016（1）：19-22.

[10] 李刚，李小龙，李世鹏，等. 太阳能辅助火炕供暖系统热工性能 [J]. 沈阳建筑大学学报（自然科学版），2014，02：305-311.

[11] 王丹，徐聪智，李桂文，等. 改善火炕炕面温度分布技术模拟 [J]. 哈尔滨工业大学学报，2012，44（4）：80-84.

[12] 郭继业. 高效美化的新型炕灶——北方高效预制组装架空炕灶 [J]. 农民科技培训，2002，04：9-11.

5　生物质成型燃料应用技术

5.1　概述

根据国际能源机构（IEA）的定义，生物质（biomass）广义是指通过光合作用而形成的各种有机体，包括所有的动植物和微生物，而在农林业生产中生物质可狭义理解为农林业生产过程中除粮食、果实以外的秸秆、树木等木质纤维素，农产品加工业下脚料，农林废弃物等物质。生物质能是太阳能以化学能形式储存在生物质中的能量形式，它一直是人类赖以生存的重要能源之一，是仅次于煤炭、石油、天然气的第四大能源，在整个能源系统中占有重要的地位。

生物质成型燃料应用技术是指在一定条件下，通过机械加工等方式将松散细碎的、具有一定粒度的生物质经过挤压成为质地致密形状规则的粒状或块状物，使之成为方便运输、贮藏，燃烧特性明显改善的商品燃料的一种技术。

常规状态下的生物质堆积密度低，以玉米秸秆为例，其堆积密度一般为 $100 \sim 120kg/m^3$，经机械加工成型以后堆积密度可以提升至 $1000 \sim 1400kg/m^3$，密度增加了 10 倍以上，与中质烟煤密度相当，大大方便其运输和贮藏。同时，压缩成型的生物质燃料燃烧特性得到明显改善，其低位发热值可以达到 $13 \sim 20MJ/kg$，燃烧稳定，火力持久，实验表明压缩成型的生物质燃料在专用锅炉燃烧时，炉膛温度可达 1000℃以上，稳定燃烧温度也可集中在 600~900℃，排放的二氧化硫、颗粒物等污染物低于煤，黑烟很少，是替代煤炭的理想产品。此外，生物质成型燃料也是农村炊事用燃料的理想选择，使用普通炉灶燃烧秸秆热效率为 10%~15%，而利用专用燃烧炉灶燃烧生物质成型燃料其热效率一般可以达到 30%~45%，燃烧效率提升 2~3 倍。

美国和日本是世界上最早开发利用生物质成型燃料的国家，20 世纪 30 年代美国就开始致力于生物质成型燃料应用技术的研发，主要研制开发了以螺旋挤压式为代表的生物质成型燃料加工设备，并研制了相关燃烧设备，到20世纪80年代，生物质成型燃料在美国逐渐形成规模，先后建立了十几家生物质成型燃料加工厂，年生产能力10余万 t，并开始将生物质燃料作为重要的资源进行加工出口，进入21世纪，美国通过了《生物质研究法》等法律法规，以促进以生物质成型燃料技术为代表的生物质能源技术发展。日本对农作物秸秆等生物质成型燃料及设备的研发同样始于20世纪30年代，研究以机械驱动活塞方式加工生物质成型燃料为代表的机械设备，用于农作物秸秆及木材加工废弃物等生物质加工处理，20世纪40年代，日本推出了以螺旋挤压式为代表的生物质成型燃料加工设备，用于加工棒状生物质成型燃料，20世纪80年代，日本从美国引进了颗粒状生物质燃料成型设备，并逐渐形成规模，有10余家企业将生物质成型燃料形成产业化生产，1985年日本生物质成型燃料家庭平均消耗量达到700余 kg，日本生物质成型燃料行业发展同时带动了周边泰国、印度等亚洲国家该行业的发展。欧洲生物质成型燃料研发应用始于20世纪70年代，德国、法国、荷兰、瑞典、比利时、意大利、丹麦等国家开始应用环模式颗粒机、活塞式成型机及配套燃烧设备等生物质成型燃料及加工设备，目的是将可再生的农作物秸秆等生物质可再生资源应用在燃料及发电方面，并建成了一批生物质成型燃料生产厂，1995年前后欧洲一些国家大力推进生物质成型燃料产业化发展，实现了标准化生产，并开始出口生物质成型燃料技术和设备，并建成生物质成型燃料发电厂。瑞典的生物质成型燃料人均使用量更是达到了160kg。欧洲有百余家具备一定规模的生物质成型燃料加工厂。2010年瑞典与德国的公司合作在美国建成当时世界最大的生物质颗粒成型燃料加工厂。

我国生物质成型燃料技术研究始于20世纪80年代，通过组织几家科研院所、大专院校科技攻关的同时引进国外先进机型，经消化、吸收，研制出适合我国国情的生物质成型燃料加工机械设备，用以生产棒状、块状或颗粒生物质成型燃料。经过多年的研究试验，国内的生物质成型燃料技术及生产设备已经发展成熟，螺旋挤压成型、活塞冲压成型和模辊碾压成型等生物质成型燃料加工技术在国内均有较为广泛的应用，而且配套的锅炉、燃烧器、炊事炉具等产品也日趋完善。特别是进入21世纪后，生物质成型燃料行业既有《中华人民共和国可再生能源法》等法律法规支持，又有《可再生能源中长期发展规划》等政策支持，还有相关国家、行业标准等技术文件支持，成为我国生物质能源发展新方向，得到了快速发展壮大，逐渐形成了较为完整的产业链。生物质成型燃料技术的出现为高效再利用农业废弃物、农作物秸秆等提供了一个很好的途径，把农、林业中的废弃物转化成能源，使资源得到综合利用，并减少了对环境的污染。成型燃料可作为生物质汽化炉、高效燃烧炉和小型锅炉的燃料，也可以进一步碳化，作为冶金、化工等行业的还原剂、添加剂等。

5.2 生物质固化成型技术流程

5.2.1 生物质固化成型原理

生物质固化成型原料的材质主要由纤维素、半纤维素和木质素构成。木质素在70~110℃时开始软化，具有一定的黏度，当温度达到200~300℃时熔融成为黏度较高的胶黏剂，在此温度条件下施加外力，分子间的内聚力增强，可将它与纤维素紧密黏结，生物质变得致密均匀，同时体积大大减小，密度大幅增加。当外部压力取消时，由于纤维分子相互缠绕，形成致密的结构形状，冷却后硬度增加，生物质完成固化成型。

在生物质燃料特别是农作物秸秆中都存在大量的木质素，因此，通过机械挤压产生高温、高压即可将其固化成型。当然，也存在木质素含量较低的生物质原料，此类生物质原料可以考虑采用与木质素较高的生物质混合调质或是添加人工黏合剂的方式（如木质素、磺酸钙、膨润土或石灰等），再通过机械施加高压力的方式使生物质致密成型。

5.2.2 生物质成型燃料工艺流程及设备

生物质成型燃料加工工艺见图5-1、图5-2。首先，生物质原料经机械粉碎（或铡切、揉丝）成粉状、块状或丝状，然后经混合调质，再经干燥调整至适宜压制的水分，进行机械压制，致密成生物质成型燃料（根据压制机械不同可为颗粒状、棒状或块状），此后经筛分、冷却、称量、包装得到生物质成型燃料成品。

生物质成型燃料生产线主要设备见表5-1。

表5-1　生物质成型燃料主要设备

	工序	设备	简介
1	粉碎	粉碎机、揉丝（碎）机、铡草机	将体积较大的生物质原料通过机械铡、切根、揉、打等方式，破碎成丝状或颗粒状的机械设备。原料物理特性不同及压制设备需要原料最佳粒度，在3种类型粉碎设备中选择一类的一台或多台，若原料粒度适宜直接压块成型则可不选配
2	混合	混合机	通过搅拌等方式将原料混合均匀的机械设备。原料种类较多，或水分差异较大，或需要添加黏合剂可选配

	工序	设备	简介
3	干燥	干燥机	通过燃料加热空气降低物料水分的机械设备。需降低生物质原料水分时可选配，以滚筒式干燥机最为常见，也可考虑自然风干
4	压块	压块机或制粒机	将生物质原料通过高温、高压挤压成块状或颗粒状的设备。根据工作原理不同可分为螺旋挤压式、活塞冲压式和模辊碾压式三大类，可根据原料不同及成品要求不同选配一类中的一台或多台，是整套生产线的核心设备
5	筛分	筛选设备	将生物质成型燃料筛分，将未成型的生物质除去的机械设备
6	冷却	冷却装置	将生物质成型燃料通过自然降温或物理通风等方式进行冷却的装置。冷却后的成型燃料品质特别是坚实度会加强
7	输送	皮带输送机、螺旋输送机、斗式输送机、风送设备等	将生物质原料、半成品、成型燃料输送至指定工序的机械设备，根据物料物理性质不同在不同工艺过程可选用风送、皮带、螺旋等不同输送方式
8	包装	包装设备	将生物质成型燃料包装成袋的机械设备
9	其他	电控设备	整个生产线的自动化控制设备
		清选设备	经筛选、磁选等方式将生物质原料中杂质去除的机械设备。原料含杂较多须选配
		除尘设备	除去工作场所粉尘的设备，工作场所密闭、产生粉尘较多须选配

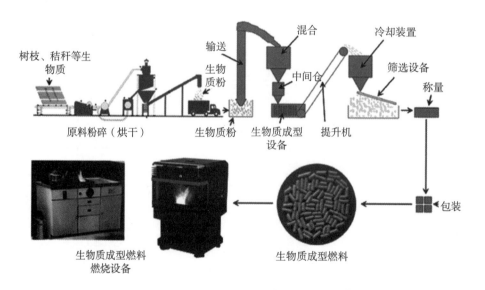

图 5-1 生物质成型燃料加工应用示意图

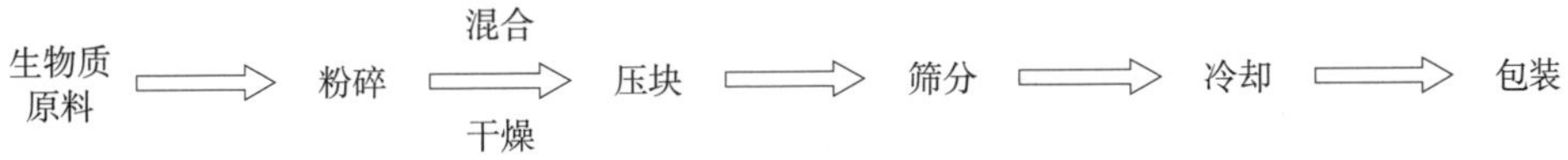

生物质原料 ⟹ 粉碎 ⟹ 混合 干燥 ⟹ 压块 ⟹ 筛分 ⟹ 冷却 ⟹ 包装

图 5-2 生物质成型燃料加工工艺

5.2.3 生物质固化成型条件

5.2.3.1 原料粒度

粒度即颗粒的大小，可以用空间范围的尺寸表示，原料的粒度是影响生物质压缩成型的重要因素之一。因此，将生物质粉碎是成型前的基本条件，尤其是对于植物秸秆类生物质原料，其粉碎质量的好坏直接影响到成型设备性能及成型成品质量。通常情况，原料粒度过大时，成型设备将不能有效工作，会出现能耗大、生产率低等情况，同时也易产生堵塞模具现象。原料粒度适宜时，流动性越好，在相同工作条件下成型越紧密，成品密度越大，同时成型设备能够出现较佳的能耗及生产率表现。当原料粒度过小时，由于原料黏性大，流动性反而下降，易导致成型块的强度降低、密度小、成型率低等现象，同时消耗及生产率表现也会变差。不同形式的压制设备及不同的模具孔径均有适宜的原料粒度范围，一般按照成型设备的操作说明选择即可。

5.2.3.2 原料水分

原料水分即原料含有水的比率，也是影响生物质压缩成型的重要条件之一，如果原料水分过高，压缩成型过程中会产生大量水蒸气，一方面导致成品体积增加、强度降低、成品表面开裂等现象，另一方面水蒸气在压缩设备中向上排出导致进料不畅甚至导致无法成型。如果原料水分过低，会导致压缩设备中温度过高，木质素熔融效果差，起不到黏合剂作用，导致成型效果差，此外，高温也会导致成品表面碳化、龟裂甚至是自燃。一般说来，原料水分在 10% ~ 15% 是较适宜的成型水分，当然，也要视原料的种类、压缩设备的类型及压模孔径的具体情况而定。

5.2.3.3 成型温度

成型温度对生物质成型过程、成品质量和设备生产率都有一定影响。将生物质原料加热到一定温度才能使其中的木质素熔融成为黏合剂，同时原料在成型设备内摩擦压缩出现碳化层，降低表面黏度便于成品从模具中排出。一般说来，当原料在压缩设备中时，工作温度控制在 220 ~ 260℃ 是较为理想的。温度过高或过低都会导致不易成型、能耗增加等现象。成型设备升温过程主要是靠原料和模具、模辊等通过摩擦产生的，也有部分设备安装了电加热装置促进设备升温。

5.2.4　生物质燃料固化成型技术的3种形式

根据生物质燃料固化成型技术（设备）的成型原理不同，可以分为螺旋挤压式、活塞冲压式及模辊碾压式等三大类成型方式。

5.2.4.1　螺旋挤压式成型技术（设备）

世界上最早研发应用螺旋挤压式成型技术的是美国，螺旋挤压式成型设备（图 5-3、图 5-4）主要由电动机、进料机构、压缩螺杆、成型套筒、电加热装置等组成。作业时，粉碎后的生物质原料通过进料机构进入成型设备，电动机带动压缩螺杆旋转，将原料推入成型套筒，由于压缩比不断增大，原料在高温高压的作用下压缩成型，排出压缩套筒，形成生物质成型燃料。螺杆螺旋挤压式成型设备加工的燃料形状为棒状，长度多为 300~500mm，截面直径多为 50~70mm，成品密度较高，一般可达 1100~1400kg/m³，由于燃料密度及单体质量大，因此，具有较好的燃烧效果，目前国内应用该项技术进行机制炭等炭化燃料的生产较多。

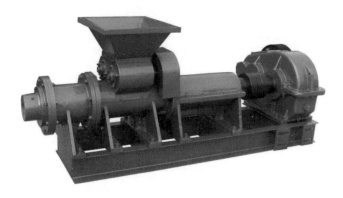

图 5-3　螺旋挤压式成型设备

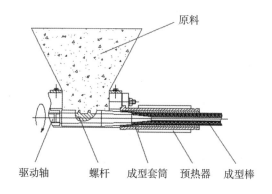

驱动轴　　螺杆　　成型套筒　预热器　成型棒

图 5-4　螺旋挤压式成型设备结构

螺旋挤压式成型技术（设备）的主要优点有：①入机原料粒度可以相对较大，前期粉碎生物质成本相对较低；②成品密度高，对于植物秸秆、花生壳、稻壳等多数生物质原料，加工的成型燃料密度均可达到 $1100 \sim 1400 kg/m^3$；③成品质量较好，成品的单体质量大，并有较强的硬度，不易松散，坚实度好，燃烧稳定持久。

螺旋挤压式成型技术（设备）也有较为显著的缺点：①主要部件使用寿命短，核心部件螺杆与套筒作业表面虽然均要过热处理增加了一定耐磨性，但由于作业时要在高温高压下反复与物料摩擦，且出料位置单一，会导致螺杆和套筒磨损较快，进而使螺杆与套筒失去成型必需的配合，导致无法成型作业，国产现有的螺杆与套筒的平均使用寿命仅为 500h 左右；②耗能较大，由于螺旋挤压式成型设备加工生物质原料成型条件是高温高压，而这种高温高压需要通过原料反复摩擦预热及电加热设备共同完成，此外，粉碎原料也需要耗电，因此，每加工 1t 生物质成型燃料通常需要 $90 kW \cdot h$ 以上的电量；③原料水分要求高，通常需要较低的入机水分，螺旋挤压式成型设备入机物料水分在 $8\% \sim 14\%$ 才能取得良好的成型，效果若水分过大，汽化的水蒸气在压缩室内无法释放造成压缩室内压力过大，导致"放炮"现象，或者因成品内外水分不均造成表面开裂现象等，因此，通常需要选配干燥设备进行物料的烘干，不仅增加了加工成本，也使得这种设备难以进行移动式作业。

5.2.4.2 活塞冲压式成型技术（设备）

活塞冲压式成型技术起源于日本，活塞冲压式成型设备（图 5-5、图 5-6），可分为液压驱动和机械驱动两种形式，主要由电动机、活塞、成型压缩筒及电加热装置等构成，作业时，活塞在电动机带动的机械或液压设备驱动下进行往复运动，粉碎后的生物质原料在活塞推动下和电加热装置的作用下产生高温、高压环境，再在成型压缩筒内挤压成型排出机外。采用活塞冲压式成型设备加工的成型燃料外形以圆柱形棒状居多，也有少数截面为四方形、六边形等，成型燃料截面直径 $30 \sim 80mm$，密度多为 $800 \sim 1200 kg/m^3$。

活塞冲压式成型技术（设备）的主要优点有：①成型受原料水分影响较小，多数机型可适用于 20% 左右水分的原料成型作业，节约了原料干燥成本；②可不用电加热等辅助加热设备，相对节能；③原料成型原理较螺杆成型设备摩擦小，靠挤压成型，因此，成型部件寿命相对较长。

活塞冲压式成型技术（设备）的主要缺点有：①成型燃料密度相对较低，坚实度较差，容易松散，不适宜碳化；②间歇式作业，生产效率较低；③靠间断式冲击成型，因此，作业时容易出现不平衡现象，会产生较大的震动，设备需要经常检修。

图 5-5　活塞冲压式成型设备

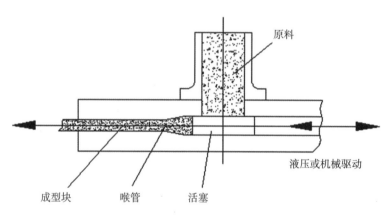

图 5-6　活塞冲压式成型设备结构

5.2.4.3　模辊碾压式成型技术（设备）

　　模辊碾压式成型技术起源于美国，是在颗粒饲料生产的基础上发展而来的，该技术在我国也因颗粒饲料机械设备企业基础较好，具备较好的转型生产模辊碾压式成型设备条件，因此，模辊碾压式成型设备是目前我国应用最广的生物质成型燃料加工方式。模辊碾压式成型设备按照结构形式可分为环模成型设备和平模成型设备，其中环模成型设备又有卧式和立式两种形式（图 5-7～图 5-11）。几种形式成型设备虽然结构有区别，但基本工作原理类似。成型设备主要由电动机、减速机、喂料器、齿轮箱、压辊、压模等组成。作业时，通过喂料器将粉碎后的生物质原料送入由压模和压辊组成的压制室，通过电机带动压辊的转动，将物料压入模孔，物料在高温高压的作用下形成具有一定密度的颗粒饲料后从排料口排出，形成生物质成型燃料。同一压模有很多成型孔，其中以 6～15mm 的圆孔居多，因此，模辊碾压式成型设备以加工颗粒状生物质成型燃料为主，少数设备压模孔径可达 30mm，也有少数方孔成型设备。

　　模辊碾压式成型技术（设备）的主要优点有：①生产效率高，无论平模成型设备还是环模成型设备，压模成型孔数量大，比较适合较大生产率生产；②成品密度范围广，可调节，可以通过压模与压辊间隙调节实现成型燃料的密度调节；③能耗相对较低，一般不需电加热装置，加上出料顺畅，因此，耗电量相对较低；④原料含水率要求较宽，原料含水率在10%～30%均能成型作业，个别机型在40%含水率也能完成成型作业；⑤一机多用，由于与颗粒饲料压制机结构几乎相同，更换压模等少数部件即可进行颗粒饲料压制生产。

模辊碾压式成型技术（设备）的主要缺点有：①压模寿命低，由于单位面积的孔数增加，压模的强度会有所下降，也增加了热处理的难度，会影响到压模使用寿命；②由于单体成型燃料体积和质量小，颗粒燃料相比棒状燃料燃烧效果较差，特别是燃烧持久性差距明显；③由于压模孔径小，对原料粒度要求较高，需要相对较细的生物质原料，加工成本有所增加。

图 5-7 卧式环模模辊碾压成型设备

图 5-8 立式环模模辊碾压成型设备

图 5-9　平模模辊碾压成型设备

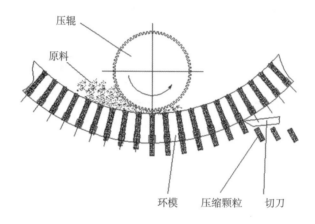

图 5-10　环模模辊碾压成型工作原理

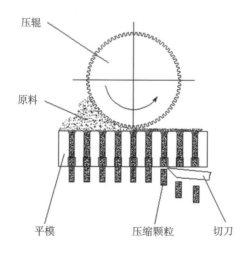

图 5-11　平模模辊碾压成型工作原理

5.2.4.4　3种生物质成型燃料技术（设备）共性问题

现有的3种生物质成型燃料技术（设备）各有各的优势与特点，但也存在共性问题需要不断地完善，目前行业内公认的共性问题有：①加工能耗高，影响到生物质成型燃料的经济效益，加工工艺决定了生物质成型燃料加工需要粉碎、烘干后再通过高温高压挤压成型，需要消耗大量的电能完成作业，使得成型燃料的价格居高不下，影响到产品竞争力；②易损件寿命低，也无形中增加了成型燃料成本，3种技术的核心工作部件的工作强度都很大，易产生磨损，需要经常更换，而从经济效益讲，使用更高品质金属材质生产易损件虽然可以增加使用寿命，但大幅度增加了部件的成本，理论研究尚可，但缺少实际意义，需要在不断地实际生产与科研中探索找到最佳的经济效益点；③加工环境较为恶劣，一是生物质原料破碎、压制环节都产生较高的噪声，以《农作物秸秆压缩成型机》（JB/T 12826—2016）标准为例，规定 37~160kW 的压制机噪声值为 90dB（A），此功率范围是目前我国主流压制机产品动力范围，也就是说大部分产品出厂时的噪声值在 90dB（A）左右，需要指出的是，产品标准是对出厂产品的技术规定，产品使用一段时间后，性能会有一定程度的下降，噪声值也会随之增加，加上生产线中粉碎的噪声也很大，因此，对操作者身心会造成很大的危害；二是作业场所粉尘较大，生物质原料粉碎后，如保存不当会产生粉尘，而且是可燃粉尘，一方面操作者有吸入粉尘危害身体健康的隐患，另一方面会存在火灾甚至是粉尘爆炸的安全隐患，因此，建厂时一定要结合企业自身生产条件考虑通风除尘，必要时要配备除尘系统，生产作业时一定要做好防火工作。

5.2.5　我国生物质成型燃料标准体系情况

标准的定义是"为了在一定的范围内获得最佳秩序，经协商一致制定并由公认机构批准，共同使用的和重复使用的一种规范性文件"。标准是行业内各相关方生产、经营、流通等的环节共同遵循的技术文件，因此，标准的整体质量水平通常是行业整体水平的体现。我国自20世纪80年代起开始研发生产生物质成型燃料，长期以来标准的发展一直落后于产品的发展，起初仅有《生物质燃料发热量测试方法》（NY/T 12—1985）等少数标准。2010年前后，随着生物质成型燃料行业快速发展，行业规模越来越大，相关产品也日渐成熟，国家开始致力于该行业标准体系的建设，生物质成型燃料及其配套产品的标准逐渐完善。到目前为止（统计截至2020年3月），据不完全统计，生物质成型燃料及其配套产品直接相关的国家、行业或地方标准有85项，其中国家标准13项，行业标准40项，地方标准32项。其中，2010年以后颁布实施的标准可以占到九成以上。标准类型涵盖基础标准、产品标准、方法标准、管理技术标准、环境保护标准、安全卫生标准等方面。此外，还有众多周边产品的相关技术标准，可以说我国的生物质成型燃料标准体系已经初步形成。

5.2.5.1 国家标准

现有生物质成型燃料相关国家标准 13 项，详见表 5-2，其中，基础标准 1 项，《生物质术语》（GB/T 30366—2013）；产品标准 1 项，《玉米秸秆颗粒》（GB/T 35835—2018）；方法标准 11 项，主要是《固体生物质燃料检验通则》（GB/T 21923—2008）、《固体生物质燃料发热量测定方法》（GB/T 30727—2014）等生物质成型燃料重要理化指标检验的方法标准。

表 5-2　生物质成型燃料相关国家标准

序号	标准名称	标准类别
1	《生物质术语》（GB/T 30366—2013）	基础标准
2	《玉米秸秆颗粒》（GB/T 35835—2018）	产品标准
3	《固体生物质燃料检验通则》（GB/T 21923—2008）	方法标准
4	《固体生物质燃料样品制备方法》（GB/T 28730—2012）	方法标准
5	《体生物质燃料工业分析方法》（GB/T 28731—2012 固）	方法标准
6	《固体生物质燃料全硫测定方法》（GB/T 28732—2012）	方法标准
7	《固体生物质燃料全水分测定方法》（GB/T 28733—2012）	方法标准
8	《固体生物质燃料中碳氢测定方法》（GB/T 28734—2012）	方法标准
9	《固体生物质燃料灰成分测定方法》（GB/T 30725—2014）	方法标准
10	《固体生物质燃料灰熔融性的测定方法》（GB/T 30726—2014）	方法标准
11	《固体生物质燃料发热量测定方法》（GB/T 30727—2014）	方法标准
12	《固体生物质燃料中氮的测定方法》（GB/T 30728—2014）	方法标准
13	《固体生物质燃料中氯的测定方法》（GB/T 30729—2014）	方法标准

5.2.5.2 行业标准

现有生物质成型燃料相关行业标准 40 项，详见表 5-3，其中，农业农村部归口的农业行业标准 23 项，国家能源局归口的能源行业标准 16 项，工业和信息化部归口的机械行业标准 1 项。标准类型涵盖了基础标准、产品标准、方法标准和管理标准等四类标准。其中，农业行业标准和能源行业标准体系最为健全，也有一定互补性。其中，既包括生物质成型燃料的基础类行业标准、管理类行业标准如《生物质固体成型燃料术语》（NY/T 1915—2010）、《生物质成型燃料工程设计规范》（NY/T 2881—2015）；也包括生物质成型燃料产品标准及其检测方法，如《生物质固体成型燃料技术条件》（NY/T 1878—2010）、《生物质燃料发热量测试方法》（NY/T 12—1985）；还包括加工生物质成型燃料机械设备的标准及检测方法，如《活塞冲压式棒状生物质燃料成型设备技术条件》（NB/T 34020—2014）、《生物质燃料成型机 质量评价技术规范》（NY/T 2705—2015）；另外还包括燃烧生物质成型燃料锅炉及燃烧器的标准，如《生物质成型燃料锅炉》（NB/T 47062—2017）、《生物质颗粒燃料燃烧器》（NB/T 34026—2015）等；此外涉及生物质成型燃料的机械行业标准虽然只有一项，《农作物秸秆压缩成型机》（JB/T 12826—2016），但非常有代表性，该标准适用于平模式、环模式、冲压式和挤压式秸秆压缩成型设备，可以说涵盖了现有的生物质成型燃料加工设备全部形式。生物质成型燃料相关行业标准体系数量大、种类全、覆盖面广，可以说是目前生物质成型燃料标准体系的中坚力量。

表 5-3　生物质成型燃料相关行业标准

序号	标准名称	标准类别
1	《生物质锅炉供热成型燃料术语》（NB/T 34063—2018）	基础标准
2	《生物质固体成型燃料术语》（NY/T 1915—2010）	基础标准
3	《民用生物质固体成型燃料采暖炉具通用技术条件》（NB/T 34006—2011）	产品标准
4	《环模式块状生物质燃料成型设备技术条件》（NB/T 34018—2014）	产品标准
5	《平模式块状生物质燃料成型设备技术条件》（NB/T 34019—2014）	产品标准
6	《活塞冲压式棒状生物质燃料成型设备技术条件》（NB/T 34020—2014）	产品标准
7	《生物质成型燃料质量分级》（NB/T 34024—2015）	产品标准
8	《生物质颗粒燃料燃烧器》（NB/T 34026—2015）	产品标准
9	《生物质成型燃料锅炉》（NB/T 47062—2017）	产品标准
10	《生物质固体成型燃料技术条件》（NY/T 1878—2010）	产品标准
11	《生物质固体成型燃料成型设备技术条件》（NY/T 1882—2010）	产品标准
12	《秸秆颗粒饲料压制机质量评价技术规范》（NY/T 1930—2010）	产品标准
13	《户用生物质炊事炉具通用技术条件》（NY/T 2369—2013）	产品标准
14	《生物质燃料成型机 质量评价技术规范》（NY/T 2705—2015）	产品标准
15	《生物质固体成型燃料质量分级》（NY/T 2909—2016）	产品标准
16	《生物质成型燃料原料技术条件》（NY/T 3021—2016）	产品标准
17	《农作物秸秆压缩成型机》（JB/T 12826—2016）	产品标准
18	《生物质汽化集中供气净化装置性能测试方法》（NB/T 34004—2011）	方法标准
19	《生物质固体燃料结渣性试验方法》（NB/T 34025—2015）	方法标准
20	《生物质锅炉供热成型燃料试验方法通则》（NB/T 34065—2018）	方法标准

序号	标准名称	标准类别
21	《生物质燃料发热量测试方法》（NY/T 12—1985）	方法标准
22	《生物质固体成型燃料采样方法》（NY/T 1879—2010）	方法标准
23	《生物质固体成型燃料样品制备方法》（NY/T 1880—2010）	方法标准
24	《生物质固体成型燃料试验方法 第1部分：通则》（NY/T 1881.1—2010）	方法标准
25	《生物质固体成型燃料试验方法 第2部分：全水分》（NY/T 1881.2—2010）	方法标准
26	《生物质固体成型燃料试验方法 第3部分：一般分析样品水分》（NY/T 1881.3—2010）	方法标准
27	《生物质固体成型燃料试验方法 第4部分：挥发分》（NY/T 1881.4—2010）	方法标准
28	《生物质固体成型燃料试验方法 第5部分：灰分》（NY/T 1881.5—2010）	方法标准
29	《生物质固体成型燃料试验方法 第6部分：堆积密度》（NY/T 1881.6—2010）	方法标准
30	《生物质固体成型燃料试验方法 第7部分：密度》（NY/T 1881.7—2010）	方法标准
31	《生物质固体成型燃料试验方法 第8部分：机械耐久性》（NY/T 1881.8—2010）	方法标准
32	《生物质固体成型燃料成型设备试验方法》（NY/T 1883—2010）	方法标准
33	《户用生物质炊事炉具性能试验方法》（NY/T 2370—2013）	方法标准
34	《生物质成型燃料锅炉房设计规范》（NB/T 10240—2019）	管理标准
35	《生物质成型燃料供热工程可行性研究报告编制规程》（NB/T 34039—2017）	管理标准
35	《生物质锅炉供热成型燃料贮运技术规范》（NB/T 34061—2018）	管理标准
37	《生物质锅炉供热成型燃料工程设计规范》（NB/T 34062—2018）	管理标准
38	《生物质锅炉供热成型燃料工程运行管理规范》（NB/T 34064—2018）	管理标准
39	《生物质成型燃料工程运行管理规范》（NY/T 2880—2015）	管理标准
40	《生物质成型燃料工程设计规范》（NY/T 2881—2015）	管理标准

5.2.5.3　地方标准

目前，我国有15个省份颁布实施了生物质成型燃料或相关产品的地方标准，共计32项，详见表5-4，涵盖基础标准、环境保护标准、安全卫生标准、产品标准、方法标准和管理标准等6类标准，是国家标准和行业标准的有力补充。比较有代表性的标准有天津市的《生物质成型燃料锅炉大气污染物排放标准》（DB12/765—2018）、吉林省的《生物质成型燃料锅炉大气污染物排放标准》（DB22/T 2581—2016）等涉及环境保护的标准，为国内首创，同时天津市的该项地方标准是国内唯一涉及生物质成型燃料相关的强制性标准；

四川省的《生物质固体成型燃料压制机安全技术要求》(DB51/T 1868—2014)、江苏省的《秸秆成型机安全操作规程》(DB32/T3570—2019) 是国内少数的生物质成型燃料加工设备的安全卫生类标准；辽宁省的 DB21/T 2904—2018《秸秆颗粒加工成套设备质量评价技术规范》，是国内唯一的生物质成型燃料加工成套设备的产品标准。各地的地方标准关注点不同，又各有所长，形成了百家齐放的局面，对我国生物质燃料标准体系完善有着积极的促进作用。

表 5-4 生物质成型燃料相关地方标准

序号	标准名称	省份	标准类别
1	《生物质成型燃料锅炉大气污染物排放标准》(DB12/ 765—2018)	天津	环境保护
2	《生物质成型燃料》(DB12/T 663—2016)	天津	产品标准
3	《生物质成型燃料》(DB13/T 1175—2010)	河北	产品标准
4	《生物质成型燃料炉具》(DB13/T 1407—2011)	河北	产品标准
5	《生物质压缩成型设备》(DB13/T 1538—2012)	河北	产品标准
6	《生物质颗粒燃料燃烧器》(DB13/T 2080—2014)	河北	产品标准
7	《生物质固体成型燃料技术条件》(DB21/T 2786—2017)	辽宁	产品标准
8	《冲压式棒状生物质燃料成型机质量评价技术规范》(DB21/T 2922—2018)	辽宁	产品标准
9	《环模颗粒状生物质燃料压制机能耗限值》(DB21/T 2924—2018)	辽宁	产品标准
10	《秸秆、牧草饲料压块》(DB21/T 1651—2008)	辽宁	产品标准
11	《秸秆颗粒加工成套设备质量评价技术规范》(DB21/T 2904—2018)	辽宁	产品标准
12	《生物质成型燃料锅炉大气污染物排放标准》(DB22/T 2581—2016)	吉林	环境保护
13	《秸秆成型机作业质量评价技术规范》(DB32/T 2139—2012)	江苏	管理标准
14	《秸秆成型机安全操作规程》(DB32/T 3570—2019)	江苏	安全卫生
15	《生物质成型燃料锅炉安全节能管理要求》(DB33/T 2097—2018)	浙江	管理标准
16	《固体生物质燃料中碳氢的测定方法——电量重量法》(DB34/T 3069—2017)	安徽	方法标准
17	《生物质固体成型燃料》(DB35/T 1398—2013)	福建	产品标准
18	《燃生物质成型燃料工业锅炉能效限定值》(DB35/T 1588—2016)	福建	产品标准
19	《生物质成型燃料》(DB37/T 1496—2009)	山东	产品标准
20	《生物质压块成型设备通用技术条件》(DB37/T 1754—2010)	山东	产品标准

序号	标准名称	省份	标准类别
21	《玉米秸秆压块饲料生产技术规程》（DB41/T 1536—2018）	河南	管理标准
22	《生物质成型燃料热风炉》（DB43/T 1148—2015）	湖南	产品标准
23	《生物质成型燃料工业锅炉技术条件》（DB43/T 1177—2016）	湖南	产品标准
24	《家用生物质、型煤炉灶》（DB43/T 804—2013）	湖南	产品标准
25	《工业锅炉用生物质成型燃料》（DB44/T 1052—2018）	广东	产品标准
26	《生物质成型燃料工业锅炉技术条件》（DB44/T 1510—2014）	广东	产品标准
27	《生物质成型燃料》（DB51/T 1685—2013）	四川	产品标准
28	《生物质固体成型燃料压制机安全技术要求》（DB51/T 1868—2014）	四川	安全卫生
29	《工业锅炉用生物质固体成型燃料》（DB52/T 1421—2019）	贵州	产品标准
30	《烟用生物质颗粒燃料 第1部分：生产技术规程》（DB53/T 869—2018）	云南	管理标准
31	《烟用生物质颗粒燃料 第2部分：质量要求》（DB53/T 948—2019）	云南	产品标准
32	《烟用生物质颗粒燃料烘烤操作管理规程》（DB53/T 949—2019）	云南	管理标准

5.2.5.4 存在问题

综上所述，我国生物质成型燃料标准体系已经初步建成，但是，由于该行业属于新兴行业，发展时间较短，目前国家标准及行业标准中安全卫生类标准和环境保护类标准尚属空白，同时，仍是以推荐性标准为主，缺少强制性标准。此外，行业标准及地方标准存在一定的交叉，标准间的协调统一等问题还需要进一步完善。从生物质成型燃料加工设备标准看，现有行业标准多数关注的是单机设备，而从发展角度看，成套加工设备才是未来的发展方向。因此，虽然我国生物质成型燃料标准体系已经初步建成，但还需要不断地完善。

5.2.6 生物质成型燃料主要用途及燃烧性能

生物质成型燃料可用于区域供热、中小型热水锅炉、农村一家一户炊事炉及采暖炉等。

生物质成型燃料燃烧过程与煤相似，可分为干燥、挥发物析出、着火燃烧和焦炭着火燃烧等过程。首先燃料被干燥加热，然后开始析出挥发物，当氧气及温度达到燃烧要求挥发物开始着火燃烧，形成离开成型燃料一定距离的光亮的火焰；此时氧气消耗于挥发物燃烧，达不到燃料表面，因此，燃料表面呈暗黑色，中心温度约为600℃，但由于燃料周围燃烧，中心很快被烤热，因此在挥发物燃烧之余燃料内部开始迅速燃烧。从挥发物析出燃烧到挥发物基本烧尽约占全部燃烧时间的 1/10。当燃料内部燃烧时，温度逐渐上升到最高值，而后进入稳定状态，燃料表面出现极短的蓝色火焰，这主要是一氧化碳燃烧形成的，燃料内部燃烧的时间可占到整个燃烧时间的九成左右。

相比于松散的生物质原料，生物质成型燃料使燃烧过程有了很大改观，主要优点有：①由于密度大大增加，限制了挥发物的快速逸出，燃烧反应大部分只在燃料表面进行，燃烧开始阶段类似于"颗粒燃烧"模型，增加了挥发物燃烧时间，同时缓解了空气供给矛盾，使燃烧充分，黑烟大大减少，未燃烧挥发物少。②由于压缩致密作用，挥发物逸出后，燃料仍然保持紧密的结构，不会在气流的作用下解体，保证了燃料的燃烧热被充分利用，不仅增加了燃烧时间而且能够达到相对较高的炉温。③整个燃烧过程的氧气需求量相对稳定，没有大起大落，使得燃烧过程相对稳定。

5.2.7 生物质成型燃料理化特性

生物质成型燃料具有两个基本特性，即物理特性和化学特性。其中化学特性包括 Cl、N、S、K 和重金属含量等；物理特性包括热值、含水率、灰分熔点和一些直观特性。生物质成型燃料特性及其对产品质量、环境的影响见表 5-5。

表 5-5　生物质成型燃料的特性及其影响

参数	对产品质量和环境的影响
含水率	可存贮性，热值，损失率，自燃
热值	可利用性，工程设计依据
Cl	HCl，对换热器有腐蚀作用
N	NO_x、HCN 的排放
S	SO_x 的排放
K	对换热器有腐蚀作用，降低灰分熔点
Mg、Ca 和 P	提高灰分熔点，影响灰分的使用
重金属	污染环境，影响灰分的使用和处理
灰分含量	含尘量，灰分的处理费用
灰分熔点	结焦影响使用安全性
堆积密度	运输和存贮的成本、配送方案的设计
实际密度	燃烧特性（包括传热率和汽化特性）
成型燃料尺寸	可流动性

5.2.8 生物质成型燃料效益分析

我国北方冬天取暖比较常见的就是燃煤、薪柴和农作物秸秆。煤与石油一样是不可再生的化石资源，其价格随着储存量不断减少会不断升高，如果不加以保护总会有枯竭的一天，充分利用可再生的生物质能源，将其资源化、产业化、商品化，为城乡提供高品质可再生清洁能源，可以减少环境污染，具有良好的经济效益、生态环保效益和社会效益，对保障我国的能源安全、促进经济社会的可持续发展等方面发挥重要作用。

5.2.8.1 经济效益

生物质原料的价格有地区差异，与各地的农作物的种植结构、资源数量及运输成本有关，因此，加工成生物质成型燃料的成本也有一定差异。以最为普遍的农作物秸秆为例，多年前很多被在田间焚烧掉，随着秸秆利用面的普及，秸秆真正变成了资源，回收价格在50~200元不等（与离田距离、原料水分等因素相关）。一般情况下，生产 1t 成型燃料需要电费 80~100 元，人工费 60~90 元，原料费用 190~210 元（一般 1.2t~1.3t 原料可加工 1t 成型燃料，秸秆到厂价格按 160 元/t 计算），合计 330~400 元。此外还应考虑设备折旧费、房屋等固定资产使用费、压模等易损件更换费、税费等费用，在没有补贴的情况下，每吨生物质成型燃料价格在 450~500 元，仅能在一些有一定规模的生物质成型燃料加工企业微利运营，与煤相比经济效益处于劣势。因此仅靠市场机制进行调控和发展生物质成型燃料是非常困难的。

5.2.8.2 生态环境效益

生物质成型燃料属于可再生清洁能源。一般说来，1t 燃煤排放约 2t 的二氧化碳，而生物质成型燃料环境效益非常显著，因为植物在生长的过程中需要吸收空气中的二氧化碳，因此，生物质成型燃料在燃烧过程中是释放的二氧化碳的排放量等同于生长时吸收二氧化碳含量，即净排放量基本为零，氮氧化物排放量约为燃煤的 1/5，二氧化硫排放量约为燃煤的 1/10，此外，生物质成型颜料燃烧后的残渣（成分为草木灰）可以作为加工肥料的原料，不仅不会带来污染，还可变废为宝，具有良好的生态效益。

5.2.8.3 社会效益

根据调查研究，我国产值为 100 亿元人民币的生物质能源工业可以提供 100 多万个就业岗位。折算到日产 15t 的生物质成型燃料生产线就可以提供 10 多个就业机会，同时还可以带动设备制造业、运输业、设备维修等相关产业发展，此外，农民产生的秸秆等生物质也可变废为宝，增加收入，为社会稳定作出贡献。

5.2.9 生物质成型燃料技术优点

5.2.9.1 应用便利，易于贮运

将生物质通过固化成型生产成型燃料的方法与其他方法生产生物质能相比较，具有生产工艺、设备简单，易于操作，生产设备对各种原料的适应性强及固化成型的燃料便于贮运（可长时间存贮和长途运输）和易于实现产业化生产和大规模使用等特点。另外，对现有燃烧设备，包括锅炉、炉灶等，经简单改造即可使用。成型燃料使用起来方便，特别对我国北方高寒地区，炕灶是冬季主要的取暖形式，在广大农村有传统的使用习惯，成型燃料也易于被老百姓所接受。

5.2.9.2 替代煤炭，保护生态环境

目前中国的 GDP 已达到 100 万亿元，能源需求 25 亿 ~ 30 亿 t 标准煤，其中仅石油缺口达 1.6 亿 ~ 2.2 亿 t。大量燃烧一次性能源，排放大量的二氧化硫和二氧化碳等，对环境造成污染，加剧了地球温室效应。我国目前农作物秸秆年产量约为 8 亿 t，折合标准煤 4 亿 t，如果其中半数作为燃料使用，约折合 2 亿 t 标准煤，长期以来，我国北方粮食收获后都要下很大力气抓秸秆露天焚烧工作，如果这些原料都能固化成型有效开发利用，替代原煤，对于有效缓解能源紧张、治理有机废弃物污染、保护生态环境、促进人与自然和谐发展都具有重要意义。

5.2.9.3 提高能源利用率

直接燃烧生物质（以玉米秸秆为例）的热效率仅为 10% ~ 15%，而生物质制成颗粒以后，使用生物质成型燃料专用炉，经燃烧器（包括炉、灶等）燃烧，其热效率一般可以达到 30% ~ 50%，热效率提高 2 ~ 3 倍，近年，随着新型生物质成型燃料炉具的研发应用，设备热效率也随之提升，节约了大量能源。

5.3 相关法规

法规是对法律、法令、条例、规则、章程等法定文件的总称。在我国现行法规中与生物质成型燃料相关的法规按照层次可分为对"秸秆综合利用""生物质能源"和"秸秆禁烧"相关内容的法规。

5.3.1 明文规定"秸秆综合利用"的法规

（1）我国最早出台秸秆综合利用规定的法律是 2002 年修订的《中华人民共和国农业法》。该法规定了"农产品采收后的秸秆及其剩余物质应当综合利用，妥善处理，防止造成环境污染和生态破坏"。2009 年第 1 次修正和 2012 年第 2 次修正的《中华人民共和国农业法》均保留了上述规定。

（2）2008 年颁布并于 2018 年修正的《中华人民共和国循环经济促进法》规定"国家鼓励和支持农业生产者和相关企业采用先进或者实用技术对农作物秸秆综合利用"。

（3）2014 年修订的《中华人民共和国环境保护法》规定"各级人民政府及其农业等有关部门和机构应当指导农业生产经营者科学处置农作物秸秆等农业废弃物，防治农业面源污染"。

（4）2015 年修订的《中华人民共和国大气污染防治法》规定"各级人民政府及其农业行政等有关部门应当鼓励和支持采用先进适用技术，对秸秆进行肥料化、饲料化、能源化、工业原料化、食用菌基料化等综合利用，加大对秸秆还田、收集一体化农业机械的财政补贴力度"。同时规定"县级人民政府应当组织建立秸秆收贮运和综合服务体系，采用财政补贴等措施支持农村集体经济组织、农民专业合作社、企业等开展秸秆收贮运和综合利用服务"。

（5）2018 年颁布实施的《中华人民共和国土壤污染防治法》提出"国家鼓励和支持农业生产者采取'综合利用秸秆、移除高富集污染物秸秆'等农业清洁生产方式"。

5.3.2 明文规定"生物质能源"的法规

（1）《中华人民共和国可再生能源法》2005 年颁布实施，并于 2009 年修订。第二条第一款规定"本法所称可再生能源，是指风能、太阳能、水能、生物质能、地热能、海洋能等非化石能源"。第三款规定"通过低效率炉灶直接燃烧方式利用秸秆、薪柴、粪便等，不适用本法"。

第九条规定"编制可再生能源开发利用规划，应当遵循因地制宜、统筹兼顾、合理布局、有序发展的原则，对风能、太阳能、水能、生物质能、地热能、海洋能等可再生能源的开发利用作出统筹安排"。

第十八条规定"国家鼓励和支持农村地区的可再生能源开发利用"。

（2）《中华人民共和国节约能源法》1997 年颁布实施，并分别于 2007 年、2016 年和 2018 年修订（或修正）。第七条第三款规定"国家鼓励、支持开发和利用新能源、可再生能源",第五十九条第三款规定"国家鼓励、支持在农村大力发展沼气,推广生物质能、太阳能和风能等可再生能源利用技术"。

(3)《中华人民共和国电力法》1995 年颁布实施,并分别于 2009 年、2015 年和 2018 年修订(或修正)。第五条第二款规定"国家鼓励和支持利用可再生能源和清洁能源发电"。第四十八条第二款规定"国家鼓励和支持农村利用太阳能、风能、地热能、生物质能和其他能源进行农村电源建设,增加农村电力供应"。

5.3.3 "农作物秸秆禁烧"相关法规

(1)《中华人民共和国大气污染防治法》第七十七条规定"省、自治区、直辖市人民政府应当划定区域,禁止露天焚烧秸秆、落叶等产生烟尘污染的物质"。第一百一十九条规定"违反本法规定,在人口集中地区对树木、花草喷洒剧毒、高毒农药,或者露天焚烧秸秆、落叶等产生烟尘污染的物质的,由县级以上地方人民政府确定的监督管理部门责令改正,并可以处五百元以上二千元以下的罚款"。第一百二十七条规定"违反本法规定,构成犯罪的,依法追究刑事责任"。

(2)《中华人民共和国固体废物污染环境防治法》第二十条第二款规定禁止在人口集中地区、机场周围、交通干线附近以及当地人民政府划定的区域露天焚烧秸秆。

5.4 配套政策

5.4.1 财政部农业部秸秆综合利用试点项目

为贯彻落实习近平生态文明思想,打好污染防治攻坚战,根据中央关于加强生态文明建设的战略部署,2016 年农业部办公厅、财政部办公厅联合发布了《关于开展农作物秸秆综合利用试点促进耕地质量提升工作的通知》(农办财〔2016〕39 号),明确提出,自 2016 年起中央财政支持环京津冀地区、东北地区等省份开展秸秆综合利用试点。农作物秸秆综合利用采取"以奖代补"方式,中央财政根据试点省份秸秆量、秸秆综合利用率等情况予以适当补助,补助资金由各省统筹安排,用于支持秸秆综合利用的重点领域和关键环节,以完善利用制度、出台扶持政策、强化保障措施为推进手段,激发秸秆还田、离田、加工利用等环节市场主体活力,建立健全政府、企业与农民三方共赢的利益链接机制,不断提高秸秆综合利用水平。2019 年,在全面总结农作物秸秆综合利用 3 年试点工作经验的基础上，中央财政在全国范围内全面推开农作物秸秆综合利用工作。

2016年秸秆综合利用项目安排在河北、山西、内蒙古、吉林、黑龙江、江苏、安徽、山东、河南等10省区，涵盖了我国北方大部分省区，采用整县推进开展秸秆综合利用试点。试点主要任务：一是采取强力措施严禁秸秆露天焚烧；二是坚持农用为主推进秸秆综合利用；三是提高秸秆工业化利用水平；四是充分发挥社会化服务主治作用。以2016年为例中央共安排10亿元资金用于上述10省区秸秆综合利用试点（表5-6）。明确提出"通过开展综合利用率达到90%以上或在上半年基础提高5个百分点，杜绝露天焚烧；秸秆直接还田和过腹还田水平大幅提升；耕地土壤有机质含量平均提高1%，耕地质量明显提升；秸秆能源率利用得到加强"。

表5-6 2016年秸秆综合利用试点情况

序号	省份	中央资金安排（万元）	试点县（市、区、旗）	
			数量	名称
1	河北省	16000	11	三河市、平泉县、围场县、威县、望都县、卢龙县、永年市、赤城县、滦县、故城县、鹿泉区
2	山西省	14000	13	忻府区、朔城区、平遥县、芮城县、文水县、原平市、闻喜县、应县、盂县、尧都区、寿阳县、襄垣县、阳曲县
3	内蒙古自治区	14000	5	扎赉特旗、科尔沁右翼前旗、科尔沁右翼中旗、突泉县、乌兰浩特市
4	辽宁省	8000	6	浑南区、于洪区、康平县、法库县、阜新蒙古族自治县、彰武县
5	吉林省	8000	8	农安县、德惠市、榆树市、九台区、双阳区、梨树县、公主岭市、伊通县
6	黑龙江省	8000	18	呼兰区、阿城区、松北区、宾县、巴彦县、双城区、五常市、拜泉县、桦南县、东风区、林甸县、肇源县、安达市、肇东市、兰西县、青冈县、绥棱县、碑林区
7	江苏省	8000	9	六合区、沛县、睢宁县、启东市、海门市、金湖县、东台市、高邮市、兴化市
8	安徽省	8000	5	凤阳县、灵璧县、寿县、临泉县、霍邱县
9	山东省	8000	7	滨城区、曲阜市、岱岳区、兰陵县、诸城市、成武县、齐河县

序号	省份	中央资金安排（万元）	试点县（市、区、旗）	
			数量	名称
10	河南省	8000	8	新密市、孟津县、洛宁县、卫辉市、淇县、沁阳市、修武县、光山县
合计		100000	90	/

可以看到，2016—2019 年按照整县推进、多元利用、政府扶持、市场运作原则，各地共建设 477 个整县推进的秸秆综合利用试点县，所有试点县秸秆综合利用率均达到 90% 或比上年增长 5 个百分点。截至 2019 年底，全国秸秆综合利用率达到约 86%，基本形成了肥料化利用为主，饲料化、燃料化稳步推进，基料化、原料化为辅的综合利用格局。而此项政策惠及我国北方大部分省份，极大地促进了试点地区秸秆综合利用发展。而且此项政策试点不断进行动态调整，2017 年，全国农作物综合利用中央财政资金补助增长到 13 亿元，并根据 2016 年试点县绩效评价结果，暂时取消了得分后三位的山西、河南、河北 3 省的中央财政扶持，同时，增补了四川、陕西两省作为秸秆综合利用试点省，另外根据试点绩效评价结果对保留下来的 7 省区中央财政补助资金额度进行了调整。各省也根据实际情况不断调整试点县，以带动更多地区的秸秆综合利用发展，以辽宁省为例，2016—2020 年累计开展了 51 个县（市、区）的秸秆综合利用试点县（表 5-7），试点内生物质成型燃料应用技术作为秸秆五化利用的一部分，得到了较好的支持和发展，虽然没有做到普惠，但覆盖面也非常大，也有很大的支持力度，是近年来我国北方地区生物质成型燃料应用的主要政策支持，为秸秆综合利用打下了坚实的基础。

表5-7 2016—2020 年辽宁省秸秆综合利用试点情况

年度	试点县（市、区）	
	数量	名称
2016	6	阜蒙县、彰武县、康平县、法库县、于洪区、浑南区
2017	11	康平县、法库县、海城市、清原县、黑山县、阜蒙县、铁岭县、昌图县、凌源市、盘山县、兴城市
2018	11	辽中区、海城市、凤城市、黑山县、阜蒙县、彰武县、灯塔市、西丰县、建平县、朝阳县、绥中县
2019	9	海城市、新宾县、黑山县、北镇市、阜蒙县、昌图县、建平县、大洼区、兴城市

续表

年度	试点县（市、区）	
	数量	名称
2020	14	苏家屯区、台安县、抚顺县、东港市、义县、凌海市、辽阳县、开原市、建平县、朝阳县、盘山县、大洼区、兴城市、建昌市

5.4.2　农机购机补贴政策

从 2004 年开始，我国实施了农机购机补贴政策，以充分调动和保护农民使用农业机械的积极性，促进农机装备结构优化、农机化作业能力和水平提升。每年国家用于支持农民购置农机的补贴规模从 2004 年的 7000 万元，逐渐发展到每年 200 亿元水平，其中 2016 年更是达到了 237.5 亿元的历史最高水平。从政策实施角度讲，国家定期制定"农机购置补贴实施指导意见"，给出指南，各省结合自身实际制定本省"农机购置补贴机具补贴额一览表"并负责具体实施。从"2018—2020 年全国通用类农业机械中央财政资金最高补贴额一览表"看，生物质成型设备并不在指南的通用类产品之中，但全国 31 个省、直辖市、自治区（不含港澳台）中，有 24 个省份将生物质成型燃料加工设备列入农机购机补贴范围，由于生物质成型燃料加工设备未在通用类产品之中，各省的补贴产品种类、补贴额差异较大。各省生物质成型燃料加工设备补贴具体情况见表 5-8。可以看出，我国大部分省份，特别是北方的大部分省份，生物质成型燃料加工设备都在农机购机补贴范围之内，农民按相关要求购置补贴范围内的机械，可以得到一定数量的补贴，虽然补贴额度各省、各个类型产品会有所不同，但是只要是按照相关要求购机的农民均可享受到，从某种意义上讲是一种普惠。

表 5-8　省级生物质成型燃料加工设备补贴一览表

（2020 年 3 月统计）

序号	省份（直辖市）	产品类别	产品名称	参数	补贴额（元）
1	北京	/	/	/	无
2	上海	/	/	/	无
3	天津	农业废弃物利用处理设备—废弃物处理设备	秸秆压块（粒、棒）机	1t/h≤生产率＜2t/h	10000
				生产率≥2t/h	20000
4	重庆	畜牧机械—饲料（草）加工机械设备	颗粒饲料压制机	环模直径≥250mm，动力：电机，功率≥17kW	3000

序号	省份（直辖市）	产品类别	产品名称	参数	补贴额（元）
5	河北	畜牧机械—饲料（草）加工机械设备	颗粒饲料压制机	平模直径≥200mm	700
				200mm≤环模直径＜250mm，电机功率＜17kW	3000
				环模直径≥250mm，电机功率≥17kW	6000
		农业废弃物利用处理设备—废弃物处理设备	秸秆压块（粒、棒）机	1t/h≤生产率＜2t/h	10000
				生产率≥2t/h	24000
6	山西	畜牧机械—饲料（草）加工机械设备	颗粒饲料压制机	平模直径≥200mm	700
				200mm≤环模直径＜250mm，电机功率＜17kW	2900
				环模直径≥250mm，电机功率≥17kW	5800
			压块机	0.5t/h≤生产率＜1t/h	5100
				1t/h≤生产率＜2t/h	6400
				生产率≥2t/h	12800
7	辽宁	畜牧机械—饲料（草）加工机械设备	颗粒饲料压制机	环模直径≥250mm，电机功率≥17kW	8900
				平模直径≥200mm	1100
			压块机	0.5t/h≤生产率＜1t/h	8000
				1t/h≤生产率＜2t/h	12000
				生产率≥2t/h	25000
8	吉林	畜牧机械—饲料（草）加工机械设备	压块机	1t/h≤生产率＜2t/h	10800
				生产率≥2t/h	27000
			颗粒饲料压制机	平模直径≥200mm	700
				200mm≤环模直径＜250mm，电机功率＜17kW	3000
				环模直径≥250mm，电机功率≥17kW	9950

续表

序号	省份（直辖市）	产品类别	产品名称	参数	补贴额（元）
8	吉林	农业废弃物利用处理设备—废弃物处理设备	秸秆压块（粒、棒）机	0.5t/h≤生产率＜1t/h	5000
				1t/h≤生产率＜2t/h	10000
				生产率≥2t/h	15000
9	黑龙江	农业废弃物利用处理设备—废弃物处理设备	秸秆压块（粒、棒）机	0.5t/h≤生产率＜1t/h	5000
				1t/h≤生产率＜2t/h	10000
				生产率≥2t/h	15000
10	江苏	农业废弃物利用处理设备—废弃物处理设备	秸秆压块（粒、棒）机	0.5t/h≤生产率＜1t/h	6000
				1t/h≤生产率＜2t/h	20000
				生产率≥2t/h	30000
11	浙江	畜牧机械—饲料（草）加工机械设备	颗粒饲料压制机	平模直径≥200mm	1100
				200mm≤环模直径＜250mm，电机功率＜17kW	4500
				环模直径≥250mm，电机功率≥17kW	9200
		农业废弃物利用处理设备—废弃物处理设备	秸秆压块（粒、棒）机	1t/h≤生产率＜2t/h	12000
				生产率≥2t/h	25000
12	安徽	畜牧机械—饲料（草）加工机械设备	颗粒饲料压制机	平模直径≥200mm	1100
				200mm≤环模直径＜250mm，电机功率＜17kW	4200
				环模直径≥250mm，电机功率≥17kW	10000
		农业废弃物利用处理设备—废弃物处理设备	秸秆压块（粒、棒）机	功率≥35kW，环（平）模直径≥350mm	20000
				功率≥90kW，环（平）模直径≥500mm	30000
13	福建	畜牧机械—饲料（草）加工机械设备	颗粒饲料压制机	平模直径≥200mm	1100
				200mm≤环模直径＜250mm，电机功率＜17kW	4500

续表

序号	省份（直辖市）	产品类别	产品名称	参数	补贴额（元）
13	福建			环模直径≥250mm，电机功率≥17kW	7600
14	江西	农业废弃物利用处理设备—废弃物处理设备	秸秆压块（粒、棒）机	0.5t/h≤生产率＜2t/h	17200
				生产率≥2t/h	25600
15	山东	畜牧机械—饲料（草）加工机械设备	颗粒饲料压制机	平模直径≥200mm	830
				200mm≤环模直径＜250mm，电机功率＜17kW	3410
				环模直径≥250mm，电机功率≥17kW	7030
		农业废弃物利用处理设备—废弃物处理设备	秸秆压块（粒、棒）机	生产率＜1t/h	5000
				1t/h≤生产率＜2t/h	10000
				生产率≥2t/h	15000
16	河南	农业废弃物利用处理设备—废弃物处理设备	秸秆压块（粒、棒）机	1t/h≤生产率＜2t/h	13300
				生产率≥2t/h	30000
17	湖北	畜牧机械—饲料（草）加工机械设备	颗粒饲料压制机	平模直径＜200mm	500
				平模直径≥200mm	900
				200mm≤环模直径＜300mm	4800
				环模直径≥300mm，电机功率≥22kW	9600
		农业废弃物利用处理设备—废弃物处理设备	秸秆压块（粒、棒）机	1t/h≤生产率＜2t/h	33700
				生产率≥2t/h	41000
18	湖南	/	/	/	无
19	广东	/	/	/	无
20	海南	畜牧机械—饲料（草）加工机械设备	颗粒饲料压制机	平模直径≥200mm	1100
				200mm≤环模直径＜250mm，电机功率＜17kW	4500
				环模直径≥250mm，电机功率≥17kW	9900

续表

序号	省份（直辖市）	产品类别	产品名称	参数	补贴额（元）
20	海南		压块机	0.5t/h≤生产率＜1t/h	8000
				1t/h≤生产率＜2t/h	12000
				生产率≥2t/h	25000
		农业废弃物利用处理设备—废弃物处理设备	秸秆压块（粒、棒）机	0.2t/h≤生产率＜0.5t/h	6000
				0.5t/h≤生产率＜1.5t/h	18000
				1.5t/h≤生产率＜2t/h；50kW≤功率＜100kW	33700
				生产率≥2t/h；功率≥100kW	41000
21	四川	畜牧机械—饲料（草）加工机械设备	颗粒饲料压制机	环模直径≥250mm；动力：电机功率≥18.5kW	3000
22	贵州	畜牧机械—饲料（草）加工机械设备	颗粒饲料压制机	平模直径≥200mm	1100
				200mm≤环模直径＜250mm，电机功率＜17kW	2500
				环模直径≥250mm，电机功率≥17kW	5000
		农业废弃物利用处理设备—废弃物处理设备	秸秆压块（粒、棒）机	生产率＜1t/h	8000
				1t/h≤生产率＜2t/h	12000
				生产率≥2t/h	25000
23	云南	农业废弃物利用处理设备—废弃物处理设备	秸秆压块（粒、棒）机	0.2t/h≤生产率＜0.5t/h	6000
				0.5t/h≤生产率＜1.5t/h	8000
				生产率≥1.5t/h；带破碎功能的成套压块（粒、棒）设备	15000
24	陕西	畜牧机械—饲料（草）加工机械设备	颗粒饲料压制机	环模直径≥250mm，电机功率≥17kW	10200
25	甘肃	畜牧机械—饲料（草）加工机械设备	颗粒饲料压制机	平模直径≥200mm	1100
				200mm≤环模直径＜250mm，电机功率＜17kW	4500

续表

序号	省份（直辖市）	产品类别	产品名称	参数	补贴额（元）
25	甘肃			环模直径≥250mm，电机功率≥17kW	10000
		农业废弃物利用处理设备—废弃物处理设备	秸秆压块（粒、棒）机	生产率＜0.5t/h	6000
				0.5t/h≤生产率＜1.5t/h	18000
				生产率≥1.5t/h；带破碎功能的成套压块（粒、棒）设备	50000
26	青海	畜牧机械—饲料（草）加工机械设备	压块机	0.5t/h≤生产率＜1t/h	9800
				1t/h≤生产率＜2t/h	14400
				生产率≥2t/h	30000
			颗粒饲料压制机	平模直径≥200mm	1100
				200mm≤环模直径＜250mm，电机功率＜17kW	4500
				环模直径≥250mm，电机功率≥17kW	10000
		农业废弃物利用处理设备—废弃物处理设备	秸秆压块（粒、棒）机	生产率＜0.5t/h	6000
				0.5t/h≤生产率＜1.5t/h	18000
				生产率≥1.5t/h	50000
27	内蒙古	/	/	/	无
28	广西	/	/	/	无
29	西藏	/	/	/	无
30	宁夏	畜牧机械—饲料（草）加工机械设备	颗粒饲料压制机	环模直径≥250mm，电机功率≥17kW	8000
			压块机	0.5t/h≤生产率＜1t/h	8000
				1t/h≤生产率＜2t/h	12000
				生产率≥2t/h	25000

续表

序号	省份（直辖市）	产品类别	产品名称	参数	补贴额（元）
30	宁夏	农业废弃物利用处理设备—废弃物处理设备	秸秆压块（粒、棒）机	生产率＜0.5t/h	8000
				0.5t/h≤生产率＜1.5t/h	12000
				生产率≥1.5t/h；带破碎功能的成套压块（粒、棒）设备	25000
31	新疆	畜牧机械—饲料（草）加工机械设备	颗粒饲料压制机	平模直径≥200mm	1100
				环模直径≥250mm，电机功率≥17kW	9900

通过表5-8可以看到各省对生物质成型燃料加工设备补贴情况有以下特点：一是目前各省对生物质成型燃料设备补贴的多是单机产品，仅有个别省份将成套加工设备列入补贴范围，因此农民在购机时存在一定麻烦，需要再购进配套设备才能生产；二是各省在生物质成型燃料设备补贴产品分类中做法差异也较大，有的将产品列入"畜牧机械—饲料（草）加工机械设备"，有的将产品列入"畜牧机械—饲料（草）加工机械设备"，还有的将产品列入"农业废弃物利用处理设备—废弃物处理设备"，产品名称也有"秸秆压块（粒、棒）机""颗粒饲料压制机""压块机"等，对购机的农民产生一定程度的困扰，上述问题是因为各省农业农村主管部门对《农业机械产品分类》（NY/T 1640—2015）标准理解不同造成的，据了解NY/T 1640—2015标准将在近期修订，随着新标准的颁布会逐步解决此类问题，现阶段农民购机时需要认真甄别自己想要购置的产品类型；三是各省生物质成型燃料加工设备的补贴额度差异很大，从500元到50000元不等，同一产品在不同省份补贴额甚至会相差上万元，可以看出各省对此类产品重视程度差距是非常大的。

综上所述，虽然此项政策应用在生物质成型设备行业还需要不断完善，但不管怎样讲，此项政策辐射面积广，持续时间长，同时极大地促进了农民购买机械设备的热情，农民也得到了真正的实惠，从某种意义上讲，农机购机补贴政策是近年生物质成型燃料设备在我国的发展推动最为有效的政策。

5.5 生物质成型燃料典型生产模型

基于近期在辽宁省朝阳市北票市调研数据，提出生物质成型燃料加工项目典型案例，项目模型为玉米秸秆颗粒加工（其他形式生物质燃料供参考），设计了两种运作方式：一是企业化模式运作模式，二是社会化模式运作模式。

5.5.1 企业化模式

5.5.1.1 建设模型

以建年处理 1 万 t 玉米秸秆加工厂为例。

（1）建厂规模：年处理 1 万 t 秸秆，生产 9000t 秸秆生物质成型颗粒燃料。

（2）主要建设内容：①土建，建厂用地 20 亩。②厂房约 500m²，用于半成品原料储存简易库房约 5000m²，产成品库房约 2500m²，其他用房约 1000m²，料场约 3000m²。

（3）设备：①环膜生物质颗粒制粒机 2 套，（日产 18～20t），②配套水电设施、粉碎设备、输送机、除尘设备、厂内小型运输车辆（拖拉机）等。

5.5.1.2 预计投资

预计总投资 1365 万元，其中：固定资产投资 1165 万元，流动资金 200 万元。

（1）征地 20 亩，约需 320 万元。（县城级别土地）。

（2）建设项目投资 670 万元，其中：厂房 500m²，造价约 1000 元 /m²，需 50 万元；成品库房 2500m²，造价约 800 元 /m²，需 200 万元；简易库房 5000m²，造价 600 元 /m²，需 300 万元；其他用房 1000m²，造价 1200 元 /m²，需 120 万元。

（3）设备投资 160 万元；其中环膜生物质颗粒制粒机 2 台套（不是电控操作设备约 35 万元，电控操作设备约 40 万元）。此项目按 20 万元 1 台套计算，2 台套 40 万元。水、电配套设施包括变电所等 90 万元。安装试车 15 万元，场内运输车辆 2 台 15 万元。

（4）其他费用 15 万元（规划费、设计费等费用）。

5.5.1.3 生产加工

（1）产品成本：成本由秸秆原料、人员工资、能源费（水、电费、运费）、财务费用、管理费用等组成。

（2）成本计算：①原料收购环节，由于玉米秸秆在收割后大部分农户都弃于田地里。

企业从千家万户农民手里收购原料,如何收购这个环节非常重要;如果直接收购秸秆,将会给企业带来储存、消防、运输等问题。以储存为例,储存秸秆和储存粉碎后的秸秆成本相差很大,而且要占很大的场地。运输以载重 10t 车辆计算,如果运输玉米秸秆每车只能运输 2t~4t,如果运输粉碎后的半成品可装 6t~8t。收购环节的成本是决定生产成本的重要环节,也可以说是玉米秸秆综合利用能否推广开来的重要环节。②收购玉米秸秆粉碎后半成品 400 元 /t(工厂交货价)。加工 1t 生物质成型燃料平均需要耗电 120kW·h,电费 72 元,人员工资 40 元 /t,财务费用 10 元 /t,管理费用 12 元 /t,水费 5 元 /t,机械设备修理费 15 元 /t。加工 1t 生物质成型燃料生产成本约为 554 元,由此可见,收购环节可降低很大成本。

5.5.1.4 成品销售

(1)销售价格:每吨秸秆生物质成型颗粒燃料成本加上最低 10% 的销售费用,销售成本达到 609.4 元 /t,加上 8%~10% 的企业利润,销售价格为 670~680 元。企业所得利润非常低,按此速度收回投资时间太长。

(2)市场价格和农民接受的价格:1.38~1.5t 秸秆生物质成型颗粒燃料相当于 1t 煤热值。秸秆生物质成型颗粒燃料燃烧密度为 0.8~1.4,热值为 3200~6000kcal/kg(13400~25120kJ/kg),灰分为 0.5%,含硫量在 5% 以下。燃烧率达 95% 以上。标准煤热值 7000kcal/kg(29306kJ/kg),1t 秸秆的能量相当于 0.5t 标准煤。玉米秸秆的热值为煤的 0.7~0.8 倍,即 1.25t 的秸秆生物质成型颗粒燃料相当于 1t 煤的热值。如果秸秆生物质成型颗粒燃料在配套的燃式生物质燃烧炉中燃烧,其燃烧效率是燃煤锅炉的 1.3~1.5 倍。因此,1t 秸秆生物质成型颗粒燃料的热量利用率与 1t 煤的热量利用率相当。

目前,市场煤的价格 3500kcal 的价格在 300 元 /t 左右,5000kcal 的价格在 500 元 /t 左右。秸秆生物质成型颗粒燃料不占价格优势,即使每吨收购成本下降 200 元,销售价格还是在 400 元左右,仍不占优势,这是企业必须要看到和想到的。这也是此项目能否发展起来的关键。

5.5.2 社会模式

由政府和乡镇部门利用公共资源和社会资金建玉米秸秆生物质成型颗粒燃料项目。

(1)在玉米秸秆集中的乡镇布点,如在方圆覆盖 50km 范围内建厂。规模 5000~6000t,每户按一个采暖季用 1.5t 秸秆生物质成型颗粒燃料计算,可供 3000~4000 户,覆盖 1~2 个中小乡镇。

(2)各乡镇可利用闲置的中小学及公益闲置土地,土地租金低于征地费用,节省征地费用。该规模用地 15~20 亩,租金按每亩 2 万元计算,每年 30 万~40 万元。设备 1

台套 20 万元，水、电配套设备 45 万元，其他费用 7 万元，建厂房 300m²、库房 2500～3000m²，其他用房 100m²。总投资控制在 350 万～500 万元。

(3) 生产成本：

①就近直接收购玉米秸秆到企业加工成秸秆粉方式。成本 250～300 元/t，人工、电费等约 100 元/t，其他费用 40 元/t。按较低标准计算吨成本 440 元左右。

②农户用秸秆兑换秸秆生物质成型颗粒燃料方式。设想农户用 3t 玉米秸秆兑换 1～1.5t 秸秆生物质成型颗粒燃料，3t 玉米秸秆是 6 亩地玉米生产的秸秆。通过计算可知 3t 玉米秸秆最多加工 2.7t 秸秆生物质成型颗粒燃料，这 3t 玉米秸秆加工成 2.7t 燃烧颗粒加工成本：需用电 480kW·h，电费 259.2 元，人工 240 元，其他费用 120 元，3t 秸秆加工成 2.7t 秸秆生物质成型颗粒燃料总成本 619 元，不包括原料成本，每吨成本 300 元。企业需拿出 1.5t 给农户，按生产成本计算 415 元，企业剩 1.2t，如果销售价格达到 500 元，企业几乎没有利润，农民未必能接受。

另外，也可考虑来料加工的运行模式，即企业仅作为来料加工厂，收取农民一定数量加工费，为农民提供生物质成型燃料加工服务，农户用玉米秸秆带料加工，每吨加工费成本 300 元左右，企业加上 10% 的利润，加工费 330 元左右，达到企业与农民共赢的目的。

5.6 生物质成型燃料在北方农村典型应用模式

目前，生物质成型燃料在我国北方农村地区主要用于供暖、炊事和农业生产三大方面，作为煤炭的替代品，生物质成型燃料产业循环经济示意如图 5-12。

173

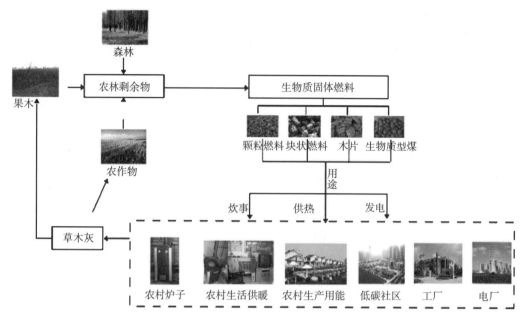

图 5-12 生物质成型燃料产业循环经济示意

5.6.1 农村生活供暖

5.6.1.1 农村家庭供暖

通过燃烧生物质成型燃料，产生烟气，加热火炕，或者通过加热水为地热系统（或暖气）提供热量，以满足农村家庭一家一户冬季供暖需求。通常使用生物质成型燃料采暖炉或炊事采暖两用炉（图 5-13）。

图 5-13 农村家庭使用生物质成型燃料供暖炉

5.6.1.2 乡镇集中供暖

通过生物质成型燃料专用锅炉，燃烧生物质成型燃料，配合供热管网，在冬季对乡镇住宅、医院、学校等进行集中供暖（图 5-14）。

图 5-14 采用生物质成型燃料的锅炉

5.6.2 农村炊事燃料

替代燃煤作为农村炊事、生活主要燃料。采用生物质炊事炉（图 5-15）。

图 5-15 生物质成型燃料炊事用具

5.6.3 农业生产热源

5.6.3.1 烘干行业热源

通过生物质成型燃料专用锅炉产生热烟气，再经过列管等形式的换热器产生热空气，应用到粮食烘干及果蔬烘干行业（图5-16、图5-17）。

图5-16 采用生物质成型燃料的粮食烘干机

图5-17 采用生物质成型燃料的果蔬烘干机

5.6.3.2 农业养殖种植供暖

通过生物质成型燃料专用热风炉或锅炉，为农村大棚等设施农业，养殖业棚舍提供供暖，满足农业养殖、种植生产需要（图5-18）。

图 5-18　使用生物质成型燃料为养殖种植供暖

5.6.4　典型生物质成型燃料加工设备介绍

1. 9KJWH-360 型制粒机

外观如图 5-19 所示。

图 5-19　9KJWH-360 型制粒机

辽宁现代生物质新能源开发有限公司研发的生物质成型燃料加工设备，主要技术规格如下：

结构形式：卧式环膜；

外形尺寸（长 × 宽 × 高）：2230mm × 850mm × 1850mm；

主电动机配套动力：55kW；

压模直径：ϕ360mm；

压模宽度：180mm；

主轴转速：209r/min；

压辊数量：2 个；

模孔尺寸规格：ϕ8mm；

额定纯工作小时生产率：1000kg/h。

2.9JK-6500 型秸秆压块机

外观如图 5-20 所示。

图5-20　9JK-6500 型秸秆压块机

河北明宏新能源有限公司研发的生物质成型燃料加工设备，主要技术规格如下：

结构形式：立式环膜；

主电动机配套动力：185kW；

压模直径：ϕ1830mm；

压模有效宽度：30mm；

压辊数量：2个；

模孔尺寸规格：32mm×32mm；

模孔数量：120个；

额定纯工作小时生产率：5000～7000kg/h。

3.9SKLJH470型生物质秸秆制粒机

外观如图5-21所示。

图5-21 9SKLJH470型生物质秸秆制粒机

安徽鼎梁科技能源股份有限公司研发的生物质成型燃料加工设备，主要技术规格如下：

结构形式：立式环膜；

外形尺寸（长×宽×高）：2125mm×1090mm×1270mm；

主电动机配套动力：55kW；

压模直径：ϕ470mm；

压模有效宽度：58mm；

压辊数量：2个；

模孔尺寸规格：φ9mm；

模孔数量：90个；

额定纯工作小时生产率：700kg/h。

4. 11FJY-2A型秸秆压棒机

外观如图5-22所示。

图5-22　11FJY-2A型秸秆压棒机

河南皓农农业工程有限公司研发的生物质成型燃料加工设备，主要技术规格如下：

结构形式：立式平膜；

外形尺寸（长 × 宽 × 高）：2600mm × 1000mm × 1920mm；

主电动机配套动力：55kW；

压模直径：φ500mm；

压模有效宽度：320mm（2个）；

压辊数量：4个（2套）；

模孔尺寸规格：φ29mm；

模孔数量：69个；

额定纯工作小时生产率：2000kg/h。

5. 9YHP-2000 型生物质成型机

外观如图 5-23 所示。

图 5-23　9YHP-2000 型生物质成型机

唐山鸿田生物质科技开发有限公司研发的生物质成型燃料加工设备，主要技术规格如下：

结构形式：立式环膜；

外形尺寸（长 × 宽 × 高）：3570mm × 1850mm × 1870mm；

主电动机配套动力：2 台 30kW，共计 60kW；

整机质量：4500kg；

压模直径：ϕ610mm；

主轴转速：172 r/min；

压辊数量：2 个；

模孔尺寸规格：32mm × 32mm；

模孔数量：45 个；

额定纯工作小时生产率：2000kg/h。

6.9KWH-220 型颗粒饲料压制机

外观如图 5-24 所示。

图 5-24　9KWH-220 型颗粒饲料压制机

宜昌天工智能机械股份有限公司研发的生物质成型燃料加工设备，主要技术规格如下：

结构形式：卧式环膜；

外形尺寸（长 × 宽 × 高）：1045mm × 1260mm × 1260mm；

主电动机配套动力：15kW；

压模直径：ϕ220mm；

压模宽度：100mm；

压辊转速：1180r/min；

压模转速：456r/min；

压辊数量：2 个；

模孔尺寸规格：ϕ1.5～6.0mm；

额定纯工作小时生产率：400kg/h。

5.6.5 世界领先的秸秆颗粒联合收获设备

科罗尼 Premos 5000 型颗粒联合收获机是全球首创的移动式颗粒联合收获机（图 5-25～图 5-27），曾在 2015 年德国汉诺威国际农机展会上斩获创新金奖。该机作业过程中，能将所有收获的茎秆（苜蓿、稻草、麦秸、干草等）以特殊的工艺压缩和塑型，最终制成密度高达 $600～700 kg/m^3$ 的颗粒，降低运输和仓储成本，这是现有其他技术无法比拟的。

图 5-25 科罗尼 Premos 5000 型颗粒联合收获机作业 1

图 5-26 科罗尼 Premos 5000 型颗粒联合收获机作业 2

图 5-27　科罗尼 Premos 5000 型颗粒联合收获机作业 3

科罗尼 Premos 5000 型颗粒收获机作业效率达 5000kg/h，生产的秸秆颗粒可作多种用途。作为优质的燃烧材料，2.5kg 干草颗粒可代替 1L 煤油；可作为田间抛撒物，250g 干草颗粒可吸收 1L 水分；可作为饲料，苜蓿、饲草制成的干草颗粒可以直接作为饲料进行饲喂，并且干草颗粒含尘量极低，也可以放入猪圈舍，增加动物的运动量，从而提高肉质。

该机的工作原理为，机器前方有带齿的镇压辊，为后方的捡拾器提供均匀的捡拾条件，平顺的秸秆被无凸轮捡拾器捡拾起来，然后经过输送搅龙将秸秆输送到喂入运输带上，经过运输带秸秆到达双压模辊处，也就是在该处秸秆被压成紧实的颗粒。颗粒经过机器内部的螺旋传送装置，被输送到分离滚筒，在这里泥土和异物被分离出来。清选后的颗粒掉落在下方的传送带上，而后输送到颗粒料箱（图 5-28）。

图 5-28　科罗尼 Premos 5000 型颗粒联合收获机工作原理

科罗尼 Premos 5000 型颗粒收获机已经由黑龙江农垦畜牧工程技术装备有限公司和中垦瑞海农牧机械（北京）有限公司首次引进中国，在内蒙古阿鲁科尔沁旗进行了苜蓿草颗粒田间收获测试作业，取得了极佳的作业效果。为我国高端农机装备的发展，以及牧草产业机械化水平的提高、秸秆的综合利用起到积极的促进作用。

5.7 生物质成型燃料生产及使用环节注意事项

5.7.1 生物质成型燃料生产注意事项

（1）操作人员使用前应经过培训，仔细阅读使用说明书，并理解使用说明书中安全操作要求和安全标志所提示的内容，下列情况之一的人员不得操作设备：①孕妇、未成年人和不具备完全行为能力的；②饮酒或服用国家管制的精神药品和麻醉药品的；③患有妨碍安全操作疾病或过度疲劳的。

（2）作业场所应宽敞、通风、远离火源，并留有退避空间，工作场地应配有可靠的灭火设备，必要时应配备除尘设备。

（3）设备均应固定在坚实、平坦的地基上，安全装置应齐全，功能应正常，电源线宜采用铜导线，电源线及相关电器元件可承载的电流值应不低于电动机的额定电流，电源开关应安装在操作者的活动范围内，电源开关和操作区域之间不应有障碍物，电机应安装可靠的接地线和过载保护装置。

（4）操作人员应衣着紧凑，并扎紧领口、袖口，留长发的应盘绕发辫并戴工作帽。操作人员应沟通顺畅，非操作人员不得进入工作场所。

（5）每次作业前应检查各设备配合情况，如粉碎长度是否符合压制设备要求，并做相应调整，原料水分是否符合压制设备要求，并采用适当的方式调节水分（烘干、晾晒、着水或混合）。

（6）对有电加热功能的设备，每次作业前应先进行加热，然后对各设备应进行 2~3min 空运转，运转应正常、平稳、无异常声响，发现异常应立即停机，切断动力，并按照使用说明书进行调整。

（7）发现下列异常情况之一时，应立即切断动力，待设备完全停止运转后方可进行清理和检查：①喂料口、粉碎室、压制室、出料口等部位堵塞；②旋转件崩损脱落；③各部位紧固件松动；④机架扭曲、开裂；⑤突然出现异常声响；⑥产生大量粉尘；⑦主轴转速异常升高；⑧突然断电；⑨其他异常现象。

（8）排除故障后，应清空设备室内的全部物料，并将排除故障时拆卸的安全防护装置恢复，确认安全后方可重新启动。

（9）作业后应进行空运转，待设备内部物料全部排除后，方可停机，停机后，应及时清理设备内外的残留物和附着物，并按照使用说明进行维护保养。

（10）更换零部件、易损件时应按使用说明书要求或在有经验的维修人员指导下进行。

5.7.2 生物质成型燃料使用注意事项

（1）生物质成型燃料具有较高的挥发分含量，特别是农作物秸秆，其挥发分一般在76%~86%，其储存了超过2/3的热量，且一般在200~300℃时开始析出。如果此时无法提供足够的助燃氧气，则未燃尽的挥发分被气流带出，形成黑烟，传统的燃煤锅炉设计方法和操作规程并不适应生物质成型燃料，需要配备专用炉具才能适应其燃烧特点。

（2）灰分含量较高，以秸秆类为代表的生物质原料之中的灰分含量通常较高，因此生物质成型燃料也具备这一特征，其灰分沉积速度一般远超过煤燃烧产生的灰分，有的甚至超过煤一个数量级。此外，积灰中通常存在大量的氯化钾等氯化物，也是使用中需要注意的问题。

（3）结焦现象较为严重，以秸秆类为代表的生物质原料生长过程，会吸收包含了一定含量的碱金属元素（包括K、Na、Ca等），其以盐或者氧化物的形式存在于生物质机体内部，燃烧后存在于灰分等杂质中。当秸秆类生物质固体成型燃料燃烧时达到的温度远远高于灰熔点温度范围时，燃烧产生的灰分灰全部或者部分发生熔化，导致结焦率较高，试验表明玉米秸秆生物质颗粒燃料的结焦率达到50%以上，远高于燃煤锅炉结焦，这不仅影响了燃烧设备的性能，甚至会危及燃烧设备的安全。因此，生物质成型燃料使用的锅炉需要考虑除焦问题，也是不能与燃煤炉通用的原因。

（4）氮氧化物排放量较高，生物质成型燃料燃烧设备产生的 NO_x 主要是由燃烧中的 N 元素氧化产生，既来自气相燃烧，也来自固定碳燃烧过程。其他 NO_x 可能是某些特定条件由空气中 N 元素形成的。生物质燃烧排放的最主要 NO_x 是 NO，它在大气中会转化为 NO_2，因此，生物质成型燃料燃烧炉对应的除尘系统应予以考虑。

5.8 生物质成型燃料应用技术前景分析与发展对策

5.8.1 生物质成型燃料应用技术的前景分析

先进的技术优势和良好的经济性构成了生物质固化技术装备进入市场的基本动力。以往由于人们对其不完全了解使其推广受到相当程度的限制，可以预见，随着该技术装备一些关键问题的解决和保护自然生态环境意识的日益加强，市场覆盖率将逐渐扩大，同时必须清楚地认识到，由于多种因素影响，短期内不能期望出现全国性推广热潮。

农作物秸秆资源量大质优的农区是发展重点方向。据测算，我国农作物秸秆年产量8亿t，折算煤约4亿t，是一笔巨大的能源储备。目前农村生活能源中，秸秆燃料消费居首位，远大于煤炭和薪柴所占比重。在农村用煤难以有大量增加的情况下，用秸秆生产成型燃料是可行的。另外，工业中大量使用的化铁炉、锅炉，升火时需耗用大量劈柴点火，劈柴售价远比煤高，这也是商品化生产成型燃料的应用途径。

林木资源丰富而又相对集中的地区也是重点需求市场。林区树木分布成片，每年存有大量的林业采伐废弃物，如枝丫、小径木、板片、木屑等，一般占木材采伐量的30%左右，目前转化利用量仅占10%，余下多为粗放利用或废弃。如果将其中少部分木屑用来生产木炭，既可解决某些地区居民取暖问题又可外销用于工农业生产和日常生活，这对改变部分林区过量采伐，保持生态平衡有一定作用。生物质固化装备推广潜力较大的林区，主要分布在黑龙江、吉林、福建、浙江等省份和内蒙古自治区。

制材和木制品加工企业也是生物质成型燃料发展潜在的增长点。制材和木制品加工厂每年产生大量的木屑、刨花，大部分廉价售出或粗放使用，如用其生产机制木炭或成型燃料，可获取可观的经济效益，并可解决部分职工的就业问题。因此，制材、家具、地板等工厂是生物质成型燃料技术装备颇具潜力的市场。

综上所述，生物质成型燃料在重点领域是有一定发展前景的。

5.8.2 生物质成型燃料应用技术发展对策

1. 降低生产成本

生物质成型燃料生产在原料的干燥、粉碎、除尘、成型、冷却等各个阶段都需要消耗较多的能量，这也正是其生产成本较高的重要原因，限制了生物质成型燃料的市场竞争力。调查表明，目前我国有不少生物质成型燃料生产企业采用螺旋挤压成型设备，其产品吨料电耗一般在 90～120kW·h/t，在产品主要部件磨损后能耗会进一步增加，个别厂家可达到 130kW·h/t 以上，不仅与国际先进产品差距明显，与国内新型产品也有较大差距。就目前煤炭价格而言，生物质成型燃料在价格上是处于劣势的，如果可以把螺旋挤压成型燃料设备加工生物质原料吨料电耗控制在 70kW·h/t 左右，每吨生物质成型燃料生产成本至少可下降 25～35 元，可以进一步提升生物质成型燃料的市场竞争力。因此，降低能耗是生物质成型燃料应用技术发展最为急需解决的问题。

2. 加强技术研发

我国成型燃料设备发展到今天，几乎是研发单位自发行为，国家投入甚少，其结果是研发进度较慢、科研人员流失、关键技术无法突破、产品规格单一、缺乏产品竞争力。因此，必须加大各种基础性研究工作的力度，对于技术或工艺有欠缺的设备集中力量进行攻关，重点解决能耗高和关键部件使用寿命短的问题。生物质成型燃料关键技术问题如能尽快得到解决，其市场覆盖面将会逐渐增大。

3. 走产业化发展之路

在生物质成型燃料应用技术推广应用过程中，走产业化的道路是一个必要的选择。生物质从成型到利用的整个过程都可以形成产业化生产。目前，我国生物质成型燃料已经初步具备了产业化发展的基础，经过多年的努力，产品主要部件的使用寿命已经有了一定程度的提升，部分产品能耗也有了一定程度的下降，《可再生能源中长期发展规划》的发布实施，为生物质成型燃料指明了发展方向。随着越来越多的城市禁止或控制煤炭使用，生物质成型燃料有望成为煤炭的主要替代燃料之一。另外，在某些特殊领域如生物质发电、陶瓷生产、钢铁生产等行业，生物质成型燃料是十分有前途，尤其是利用生物质成型燃料进一步加工机制木炭，将会获得可观的利润。

4. 合理收集利用生物质资源

生物质资源尤其是农作物秸秆，多数原料结构松散体积大，收集不便，不宜长距离运输。加工生物质成型燃料各项成本中，运输成本是最为不确定的因素，为节约生物质成型原料生产成本，在建厂布点时应满足如下两点要求：一是要选择在秸秆等生物质资源分布区投资建厂，既可以节约运输成本，又能保证原材料充足供应；二是建厂布点的密度不易太高，厂与厂之间不宜太近，以免争用生物质原料，哄抬价格，为工厂带来不必要的损失。此外，近年国内外研发方向是在田间配合粮食收获，通过移动式联合作业机械设备，将秸秆打碎直接在田间压制成颗粒状生物质成型燃料的技术，该项技术可以将离田运输成本降至最低，如能研发成功并适合大面积推广，将成为该行业革命性技术成果，将进一步提升生物质成型燃料的市场竞争力。

参考文献

[1] 毕于运，寇建平，王道龙，等 . 中国秸秆资源综合利用技术 [M]. 北京：中国农业科学技术出版社，2008.

[2] 毕于运，王亚静 . 国家法规与政策——农作物秸秆综合利用和禁烧管理 [M]. 北京：中国农业科学技术出版社，2019.

[3] 毕于运，王亚静 . 经验与启示——发达国家农作物秸秆计划焚烧与综合利用 [M]. 北京：中国农业科学技术出版社，2017.

6 分布式光伏发电技术

6.1 概述

6.1.1 光伏发电技术的发展概况

1839 年，法国物理学家贝克勒尔做实验时，发现在导电液中的两种金属电极用光照射时电流会加强，由此发现了"光生伏特效应"。1930 年，朗格首次提出用"光伏效应"制造太阳能电池，将太阳能转换成电能。1932 年奥杜博特和斯托拉制成世界上第一块"硫化镉"太阳能电池，9 年后奥尔在元素硅上发现光伏效应。1954 年美国贝尔实验室的恰宾、富勒和皮尔松合作开发出效率为 6% 的单晶硅太阳能电池，这是世界上第一块具有应用价值的太阳能转换电池，同年威克也首次发现了砷化镍有光伏效应，并在玻璃上沉积硫化镍薄膜，制成太阳能电池。由此，太阳光能转化电能的实用光伏发电技术诞生并开始发展起来。

20 世纪 70 年代后，现代工业飞速发展，全球能源危机和大气污染问题开始显现，并日趋严重。传统的化石能源燃料消费量剧增，储量日益减少，同时对环境的危害却日益突出。另外，由于资源分布的不均衡，经济发展水平不同步，全球约有 1/3 的人口甚至得不到正常的能源供应。因此可再生能源便成为人们获取能源的一个重要方向，因此，世界各国都对可再生能源产生了极大兴趣，希望可再生能源的应用能够丰富能源利用结构，平衡能源分布，实现长远和可持续的发展。其中太阳能的利用，由于具有独特的优势，成为人们重视的重要领域。太阳辐射能作为重要的可再生能源是非常丰富的，取之不尽、用之不竭；而且对于环境来说无污染、廉价，随处可见，能够满足人类自由利用的需求。根据有关测算，太阳每秒钟到达地面的能量高达 80 万 kW，假如把地球表面 0.1% 的太阳能转化为电能，转化率 5%，每年发电量都能达到 40 倍世界能耗。正是由于太阳能的这些独特优势，20 世纪 80 年代后，太阳能电池的种类不断增多，应用范围日益广阔，市场规模也逐步扩大。

6.1.2 光伏行业发展概况

能源消耗与环境污染问题是制约世界经济和社会可持续发展的两个主要问题。自工业革命以来，全世界经济飞速发展，石油、天然气和煤炭等化石能源的消费剧增，生态环境保护压力日趋增大，迫使世界各国必须认真考虑并采取有效的应对措施。节能减排、绿色发展、各种可再生能源开发利用已成为世界各国的重要发展战略。

1. 国外光伏产业发展情况

20 世纪 90 年代后，光伏发电技术快速发展，到 2006 年，世界上已经建成了商业运营的 10 多座兆瓦级光伏发电系统和 6 个兆瓦级的联网光伏电站。其中，美国是最早制定光伏发电的发展规划的西方国家。美国 1997 年又提出了"百万屋顶"计划。东亚的日本于 1992 年启动了新阳光计划，到 2003 年日本光伏组件生产量猛增，占比达到世界的50%，在光伏组件生产领域世界前十的大厂商中，日本有 4 家。欧洲的德国也在同一时期开始大力发展光伏太阳能产业，制定了《可再生能源法》，法律规定了光伏发电上网电价，直接推动了光伏产业和市场的蓬勃发展，因此，德国成为继日本之后世界光伏发电发展最快的国家。瑞士、法国、意大利、西班牙、芬兰等国，纷纷出台光伏发展计划，并投入巨资进行技术开发和加速工业化进程。至今光伏产业以令世人惊叹的超高速度向前发展。在 21 世纪的前 15 年，全球累计装机容量自 1250MW 升至 304300MW，年增长率测算达到 40.98%。进入 21 世纪，德国颁布《可再生能源法》（EEG），为德国光伏产业的快速发展奠定了坚实的法律基础。2004 年，德国对《可再生能源法》进行首次修订，大幅提高了光伏电站标杆电价的水平，得益于收益率的提升，资本大量涌入，带动了德国光伏产业快速发展。2000—2012 年，以德国、意大利、西班牙三国为代表的欧洲区域成为全球光伏装机需求的核心地区。受欧债危机爆发的影响，以德国、意大利为代表的欧盟各国迅速削减补贴，欧洲需求迅速萎缩，全球光伏发电新增装机容量增速放缓，光伏产业陷入低谷。2016 年，全球光伏新增装机容量约 73GW，其中中国 34.54GW、美国 14.1GW、日本8.6GW、欧洲 6.9GW、印度 4GW。欧洲等传统市场的份额逐步向中国、美国、印度等市场转移，一批新兴市场，如印度、南非、智利正在加速发展。海外新兴市场的崛起使得光伏产业从依赖欧洲市场向全球化迈进。

2. 我国光伏产业发展情况

我国光伏产业几经曲折，截至目前光伏产业链已经非常成熟且具有竞争力，得益于欧洲光伏装机量快速增长，中国光伏制造业迅速形成规模，在国际上处于领先地位。2003—2007年，我国光伏产业的平均增长率几乎达到190%。2007年中国全面超越日本，成为全球最大的光伏发电设备生产国。2013年，中国陆续出台光伏产业扶持政策，伴随中欧光伏产品贸易纠纷的缓解，中国光伏装机量大增，光伏产品价格开始回升，光伏产业在2013年下半年开始回暖。2013年，中国以国务院24号文为代表的光伏产业支持政策密集出台，配套措施迅速落实，中国因此掀起光伏装机热潮。2013—2016年，中国连续4年光伏发电新增装机容量世界排名第一，2016年新增装机容量34.54GW，同比增长126.31%，占全球新增装机总量市场份额由2008年的0.60%增长到2016年的45.65%，累计装机容量在2016年末达到77.42GW，自2015年超越德国之后持续保持世界第一。中国光伏产业经过市场洗牌、产业升级，产业格局发生了深刻的变化。2016年，中国光伏产业总产值达到3360亿元，同比增长27%，整体运行状况良好，产业规模持续扩大。2016年，我国多晶硅产量19.4万t，占全球总产量37万t的52.43%；硅片产量63GW，占全球总产量69GW的91.30%；太阳能电池产量49GW，占全球总产量69GW的71.01%；电池组件产量达到53GW，占全球总产量72GW的73.61%，产业链各环节生产规模全球占比均超过50%，继续位居全球首位。2016年，我国多晶硅进口约13.6万t，多晶硅自给率已超过50%；光伏电池组件出口约21.3GW，国内新增光伏装机容量约34.54GW，光伏电池组件产量的自我消化率已经超过50%，中国光伏制造的大部分关键设备已实现本土化并逐步推行智能制造，在世界上处于领先水平。同时，中国光伏产品出口面对的国际光伏市场格局也发生了重大变化，中国光伏的国际市场已从发达国家延伸到发展中国家，中国光伏产品出口市场的多元化发展态势明显增强，市场范围已经遍及亚洲、欧洲、美洲和非洲；全球光伏应用市场的重心已从欧洲市场转移至中、美、日等市场，中、美、日、英市场合计已占据了全球市场的70%左右；新兴市场如印度、拉丁美洲诸国及中东地区则亮点纷呈。欧洲市场已从10年前占中国出口市场的70%以上，下降到2015年的20%以下，亚洲市场快速成长并在2016年占比超过了50%。中国光伏产业历经曲折，在各项政府扶持政策的推动下，通过不断的技术创新，产业结构调整，产品持续升级，重新发掘国内外市场，建立了完整的产业链，产业化水平不断提高，国际竞争力持续巩固和增强，确立了全球领先地位。

6.1.3 光伏发电产业发展前景

世界经济和社会的发展离不开能源。在能源发展过程中，人类不断寻找更多种类的能源，保障能源供应，满足经济社会发展对能源的需求，但不同发展阶段的主导能源不同。随着需求的变化和技术的发展，主导能源不断升级。全球能源发展经历了从薪柴时代到煤炭时代，再到油气时代、电气时代的演变过程。20世纪至今，世界能源供应以化石能源为主。在2015年世界能源消费结构中，石油、天然气、煤炭、核能、水电、可再生能源占全球一次能源消费的比重分别为32.94%、23.85%、29.21%、4.44%、6.79%与2.78%。但化石能源在有力支撑经济社会快速发展的同时，也带来了全球性能源环境问题，主要表现为酸雨、臭氧层破坏、温室气体排放等。此外，随着化石能源储量的逐步降低，全球能源危机也日益逼近。为了人类社会的健康可持续发展，有必要采取行动，在满足不断增长的全球能源需求的情况下，减少化石能源的消耗，减少碳排放。因此，调整和改善能源的消费结构，增加清洁能源（低碳或无碳）的应用，实施能源的优化与替代是世界各国都要面对的一项紧迫而重要的工作。巴黎第21届联合国气候变化大会上，各缔约方一致同意通过《巴黎协定》，各方将以"自主贡献"的方式参与全球应对气候变化行动，共同促进温室气体排放的减缓，支持可持续发展。美国计划于2025年实现在2005年基础上减排26%~28%的全经济范围减排目标并将努力减排28%；中国计划到2030年非化石能源占一次能源消费比重提高到20%左右。全球能源体系正加快向低碳化转型，可再生能源规模化利用与常规能源的清洁低碳化将是能源发展的基本趋势，加快发展可再生能源已成为全球能源转型的主流方向。未来能源需求将随着世界经济的发展而增长，化石能源仍将是为世界经济提供动力的主要能量来源，但能源结构将发生转变。可再生能源增长迅速，其将以年均6.6%的增长速度致使其在全球一次能源消费中的比重由2015年的2.78%升至2035年的9%。

1. 光伏发电成本快速下降使光伏市场推广成为可能

光伏能否获得持续发展、大规模发展的关键因素，就在于能否尽早平价上网，产生与其他类型电力相竞争的市场化竞争力。光伏发电系统的价格和发电效率是决定发电成本的关键因素。在技术的推动下，光伏电池效率持续提升。系统发电效率影响因素包括了光伏电池组本身的转化效率、系统使用效率和并入系统电网前的中间损失等，其中，光伏电池组本身的转化效率起着基础性作用，而决定光伏电池组转换效率的是太阳能电池的光电转换效率。近年来，中国太阳能电池与组件规模迅速扩大，光伏电池制造技术进步不断加快，产品质量位居世界前列，商业化产品效率平均每年提升0.3%~0.4%。2015年我国单晶硅和多晶硅太阳能电池转换效率平均分别达到19.5%和18.3%。国家能源局在2016年12月30日公布的《能源技术创新"十三五"规划》中提出将推动高效、低成本晶体硅电池商业化关键技术之研发与应用，要在2020年前将晶硅太阳能电池效率提高到23%以上。

2. 光伏发电系统单位建设成本持续下降

光伏电站初始投资大致可分为光伏组件、并网逆变器、配电设备及电缆、电站建设安装等成本，其中光伏组件投资成本占初始投资的50%~60%。因此，光伏电池组件效率的提升、制造工艺的进步以及原材料价格下降等因素都会导致光伏发电成本的下降。组件是光伏系统最大的成本，而组件的价格变化取决于硅片价格，硅片价格又取决于其上游原料多晶硅，多晶硅价格变动对组件乃至光伏系统的价格变动有着决定性的影响。2000年以前，多晶硅价格基本保持在25美元/kg的水平，随着光伏市场的扩容，在2006年后价格一度飙升到400美元/kg，这导致了全球上马了大量的多晶硅产能。2011年后，多晶硅价格泡沫破裂，近年来维持在14~17美元/kg。目前国内多晶硅先进生产企业的生产成本降至10美元/kg以下，随着硅烷流化床技术的应用，多晶硅生产成本还将进一步降低。此外，在光伏产品生产过程中，随着单炉产出的提升、金钢线切割等技术的推广应用，非硅成本也在不断下降。因此，近几年来太阳能电池组件的成本大幅下降。2010—2015年，世界光伏组件价格累计下降了75%~80%。2016年，我国晶硅太阳能电池组件生产成本已下降至2.5元/W以下。伴随着太阳能电池效率的持续提升和组件成本的大幅下降，再加上光伏发电装机快速增加产生的规模化效应和光伏发电产业链的逐渐完善等因素，不仅光伏组件价格下降，逆变器价格也大幅下滑，光伏电站系统成本降至7元/W，光伏发电成本在"十二五"期间总体降幅超过60%。2016年，我国资源较好的地区的光伏发电成本已下降至0.65元/kW·h水平，不断逼近平价上网。按照《太阳能发展"十三五"规划》，到2020年，中国光伏发电电价水平在2015年基础上下降50%以上，在用电侧实现平价上网。可以预见，随着太阳能光伏发电成本的不断下降，太阳能光伏发电将在能源消费中占据重要的席位，不但能替代部分常规能源，而且有望发展成为能源供应的主体。

3. 光伏发电应用多元化、多样化

目前，我国大型地面电站占据光伏装机总量的80%以上，但近年来，我国政策在鼓励建设光伏电站的同时，积极促进光伏应用不断向其他产业渗透，光伏发电的应用模式因此开始多样化。现阶段，我国光伏电站开发呈现与农业、养殖业、矿业、生态治理相融合的多元化发展趋势，开辟了各种与光伏行业结合应用的新模式。光伏水泵、光伏路灯、光伏树及光伏消费品等光伏应用产品型态逐步多样化。2016年12月16日，国家能源局发布《太阳能发展"十三五"规划》，"十三五"期间，我国按照"创新驱动、产业升级、降低成本、扩大市场、完善体系"的总体思路，大力推动光伏发电多元化应用。

（1）大力推进屋顶分布式光伏发电。"十三五"期间，国家继续开展分布式光伏发电应用示范区建设，到2020年已建成100个分布式光伏应用示范区，园区内80%的新建建筑屋顶、50%的已有建筑屋顶安装光伏发电。在具备开发条件的工业园区、经济开发区、大型工矿企业以及商场学校医院等公共建筑，采取"政府引导、企业自愿、金融支持、社会参与"的方式，统一规划并组织实施屋顶光伏工程。在太阳能资源优良、电网接入消纳条件好的农村地区和小城镇，推进居民屋顶光伏工程，结合新型城镇化建设、旧城镇改造、新农村建设、易地搬迁等统一规划建设屋顶光伏工程，形成若干光伏小镇、光伏新村。

（2）拓展综合利用工程。国家鼓励结合荒山荒地和沿海滩涂综合利用、采煤沉陷区等废弃土地治理、设施农业、渔业养殖等方式，因地制宜开展各类"光伏 +"应用工程，促进光伏发电与其他产业有机融合，通过光伏发电为土地增值利用开拓新途径。探索各类提升农业效益的光伏农业融合发展模式，鼓励结合现代高效农业设施建设光伏电站；在水产养殖条件好的地区，鼓励利用坑塘水面建设渔光一体光伏电站；在符合林业管理规范的前提下，在宜林地、灌木林、稀疏林地合理布局林光互补光伏电站；结合中药材种植、植被保护、生态治理工程，合理配建光伏电站。

（3）创新分布式光伏应用模式。国家将结合电力体制改革开展分布式光伏发电市场化交易，鼓励光伏发电项目靠近电力负荷建设，接入中低压配电网实现电力就近消纳。各类配电网企业将为分布式光伏发电接入电网运行提供服务，优先消纳分布式光伏发电量，建设分布式发电并网运行技术支撑系统并组织分布式电力交易。推行分布式光伏发电项目向电力用户市场化售电模式，向电网企业缴纳的输配电价按照促进分布式光伏就近消纳的原则合理确定。因此，太阳能光伏市场应用将呈现宽领域、多样化的趋势，适应各种需求的光伏产品将不断问世，除了大型并网光伏电站外，与建筑相结合的光伏发电系统、小型光伏系统、离网光伏系统等也将快速兴起。光伏发电具有广阔的前景并将最终占据重要的战略地位。

6.2　分布式光伏发电系统介绍

分布式光伏电站指接入 10kV 及以下电压等级，单个并网点接入容量 6MW 以下，在地理上具有分散性，相互之间不公用并网点的光伏并网发电电站系统。系统由光伏组件、逆变器、电缆、配电箱（配电箱中含空气开关、计量表）组成（图 6-1）。太阳光照射到光伏组件上，产生的直流电通过电缆接入逆变器中，经逆变器将直流电转化为交流电接入配电箱，在配电箱中经过断路器、并网计量表进入电网，完成光伏并网发电。

光伏组件　　　　　　　　逆变器　　　　　　　　电缆

并网计量表　　　　　　　空气开关　　　　　　　配电箱

图 6-1　分布式光伏发电系统

1. 太阳能电池组件

具有封装及内部连接的，能单独提供直流电的输出，最小不可分割的太阳能电池组合装置，单体太阳能电池的输出电压、电流和功率都很小，一般来说，输出电压只有 0.5V 左右，功率只有 1~2W，不能满足作为电源应用的要求。为了提高输出功率，需要将多个单体电池合理地连接起来，封装成组件。由若干个太阳能电池组件或太阳能电池板在机械和电气上按一定方式进行串并联组装在一起并且有固定的支撑结构而构成的直流发电单元，又称为光伏方阵。在需要更大功率的场合，则需要将多个组件连接成方阵，以提供数值更大的电流、电压输出（图 6-2）。

图6-2 太阳能电池组件

2.配电箱

配电箱中一般配置有并网计量表、空气开关（图6-3）。

并网计量表　　　　　　　　空气开关

图6-3 配电箱示意图

3.逆变器

将交流电（AC）变换成直流电（DC）称为整流，完成整流的电路称为整流电路；而将直流电（DC）变换成交流电（AC）称为逆变，完成逆变功能的电路称为逆变电路。实现逆变过程的装置称为逆变器（图 6-4）。工作原理是输入电路为主逆变电路提供可确保其正常工作的直流电压（图 6-5）；输出电路对主逆变电路输出的交流电的质量（包括波形、频率、电压、电流幅值相位等）进行修正、补偿、调理，使之能满足用户要求；控制电路为主逆变电路提供一系列的控制脉冲来控制逆变开关管的导通和关断，配合主逆变电路完成逆变功能。在逆变电路中，控制电路与主逆变电路同样重要。辅助电路将输入电压变换成适合控制电路工作的直流电压，包括多种检测电路。保护电路包括输入过压、欠压保护，输出过压、欠压保护，过载保护，过流和短路保护，过热保护等。

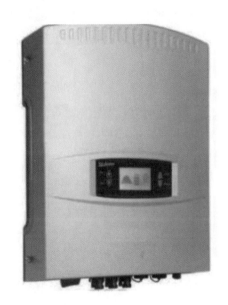

图 6-4　逆变器

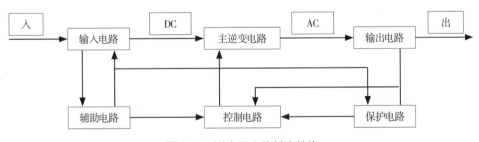

图 6-5　逆变器电路基本结构

现代逆变技术种类很多，其主要分类方式有以下几种。

（1）按逆变器输出能量的去向分类有源逆变器和无源逆变器。对太阳能光伏发电系统来说，在并网型光伏发电系统中需要有源逆变器，而在离网型光伏系统（独立光伏系统）中需要无源逆变器

（2）按逆变器相数分类有单相逆变器、三相逆变器、多相逆变器。

（3）按逆变器输出交流电的频率分类有工频逆变器（50~60Hz）、中频逆变器（数百Hz 至 10kHz）、高频逆变器（10kHz~1MHz）。

（4）按逆变器主电路形式分类有单端式（含正激式和反激式两种）、推挽式、半桥式和全桥式。

（5）按逆变器主开关器件的类型分类有晶闸管（也称可控硅 SCR）逆变、大功率晶体管（GTR）逆变、大功率晶闸管（GTO）逆变、场效应管（VMOSFET）逆变、绝缘门极双极晶体管（IGBT）逆变、MOS 控制晶闸管（MCT）逆变等。

（6）按逆变器稳定输出参量分类有电压型逆变器、电流型逆变器。

（7）按逆变器输出交流电的波形分类有正弦波逆变器、非正弦波（方波、阶梯波、准方波等）逆变器。

（8）按控制方式分类有调频式（PFM）逆变器和脉宽调制式（PWM）逆变器

（9）按逆变开关电路的工作方式分类有谐振式逆变、定频硬开关式逆变和定频软开关式逆变。

4. 汇流箱

在太阳能光伏发电系统中，将一定数量、规格相同的光伏组件串联起来，组成一个个光伏串列，然后再将若干个光伏串列并联汇流后接入的装置。

5. 数据监控系统

因家庭电站用户数众多、地域分散，为了提高运维的及时性，保证用户收益，同时降低运维成本，需配置监控系统。如果光伏系统中没有安装监控系统，当故障发生时，数据得不到及时跟踪，通常故障需要几个月之后才能从电表的读数上反映出来，所以一般光伏系统中应安装监控系统。光伏监控系统具有数据采集、数据传输和系统控制的功能。在设计和选择光伏监控系统时一般应遵循准确度、可靠性、工作容量、抗干扰能力、动作速度、工作频段、通用性和经济性等技术要求。数据采集是监控系统的最前端，是监控系统与光伏系统的连接桥梁。数据采集是指从传感器和其他待测设备等模拟和数字被测单元中自动采集信息的过程，数据采集系统是结合基于计算机的测量软硬件产品来实现的灵活的、用户自定义的测量系统，采集数据的对象要根据具体的光伏系统而定，数据传输包括远程数据传输和近程数据传输。其传输方式很多，而且随着通信技术、计算机技术及 ASIC 技术的发展，新的传输方式还会不断出现。每一种数据传输方式都有它的长处和不足。

（1）有线方式较无线方式可靠性高、传输容量大，无线方式较有线方式灵活方便、设备加运行费用低（在距离较远时）。因此，只要应用或条件允许，尽量应用有线方式。

（2）无线方式：

①卫星通信能覆盖全球任何角落。

② GSM 短信息覆盖范围仅次于卫星，但传输实时性较差。

③ CDPD 由 E-TACS 模拟手机网改造而建。

④ GPRS 目前覆盖范围仅次于 GSM。在大范围通信、实时性要求不太高、数据流量不太大的应用场合将是较佳的平台，应用前景普遍看好。

6.3 分布式光伏并网电站施工

分布式家庭光伏发电系统是一种高科技电源，应当按照系统设计，施工设计（安装设计）、调试设计及运行（使用）维护设计进行。系统容量越大，电流电压越高，越要注意安装、调试及运行维护过程中的人身安全、电气安全结构安全及工程安全问题，尤其需要接受过专业培训的合格工程技术员参与。对于户用光伏发电系统，也需要专业销售人员指导用户根据户用光伏系统的设计自己安装。

6.3.1 安装太阳能光伏发电系统的一般规定

（1）太阳能光伏发电系统的安装应符合设计要求。新建、改建以及扩建中的太阳能光伏发电系统的安装应单独编制施工方案。太阳能光伏发电系统的安装应纳入建筑设备安装施工组织设计，并应包括与主体结构施工、设备安装、建筑及环境相协调的配合方案及安全措施。安装前太阳能光伏发电系统应具备下列条件：设计文件齐备，并已审查通过；施工组织设计或施工方案已经批准；施工场地符合施工组织设计要求；现场水、电、场地、道路等条件能满足正常施工需要；预留基座、孔洞、预埋件、设施应符合设计图纸要求，并已验收合格；既有建筑安装或增设太阳能光伏发电系统，已经建筑设计单位复核认可。

（2）在工程开始施工之前，业主或业主单位需取得相应的审批手续。施工单位的资质、特殊作业人员资质、施工机械、施工材料、计量器具等已报审查完毕。

（3）工程定位测量应具备条件。设备和材料的规格应符合设计要求，不得在工程中使用未经鉴定和不合格的设备材料。对设备进行开箱检查，其合格证、说明书、测试记录、附件、备件等均应齐全。设备和器材的运输、保管应符合规范要求，当产品有特殊要求时，应满足产品要求的专门规定。

（4）太阳能光伏发电系统施工过程中，不应破坏建筑物的结构和建筑物的附属设施，不应影响建筑物在设计使用年限内承受各种荷载的能力。如因施工需要不得已造成局部破损，应在施工后及时修复。

6.3.2 太阳能光伏发电系统的安装

1. 并网接入系统原则

分布式家庭光伏并网电站运营的前提是并网，因此并网电站施工是控制性工程。并网确定原则为电源并入电网后，能够有效输送电力并且能确保电网的安全稳定运行。当公共连接点处并入一个以上的电源时，应总体考虑它们的影响。一般来说，并网接入时，分布式光伏并网电站总容量原则上不宜超过上一级变压器供电区域内最大负荷的25%。分布式光伏并网电站并网点的短路电流与分布式电源额定电流之比不宜低于10，并应具有失压保护功能。接入电压等级宜按照三相输出接入380V电压等级电网，三相输出接入10kV电压等级电网。

2. 开工前准备

在工程开始施工之前，业主或业主单位需取得相应的施工审批手续；施工单位的资质、特殊作业人员资质、施工机械、施工材料、计量器具等均应审查完毕；施工图经过会审；工程定位测量应具备条件；设备和材料的规格应符合设计要求，不得在工程中使用未经鉴定和不合格的设备材料；对设备进行开箱检查，其合格证、说明书、测试记录、附件、备件等均应齐全；设备和器材的运输、保管，应符合规范要求，当产品有特殊要求时，应满足产品要求的专门规定；施工过程中，施工记录齐全，施工流程交接记录齐全。

3. 土建施工

土建工程主要针对水平的安装场地，用来固定光伏支架，为了不破坏既有建筑物的防水层而建设。分布式家庭光伏并网电站位于斜面屋顶不需要土建时，可不采用土建固定的方式。但需要在既有建筑物表面打孔安装，采取有效措施进行二次防水处理，并且固定强度能符合设计强度要求。

需要土建施工时，施工单位应按照《实施工程建设强制性标准监督规定》相关规定，贯彻执行《工程建设标准强制性条文》（2006版电力工程）。

（1）土建施工需用到钢筋、钢材等，则钢筋、钢材其品种、级别、规格和数量应符合设计要求，其质量应符合有关标准的规定。施工方应对土建工程所用水泥品种、标号、级别、包装或散装仓号、出厂日期等进行检查，其质量应符合现行国家标准的规定。土建工程成所用沙子应采用建筑用细砂，不得用粗砂、海砂等影响工程质量的建筑材料。

（2）模板及其支架应根据工程结构形式、荷载大小、地基土类别、施工设备和材料供应等条件进行设计、制作。模板及其支架应具有足够的承载能力、刚度和稳定性，能可靠地承受浇筑混凝土的重量、侧压力以及施工荷载。混凝土应严格按照设计的强度按固定配比进行拌制，混凝土强度检验应符合《混凝土强度检验评定标准》（GB 50107）相关规定；如混凝土中掺用外加剂，相关质量及应用技术应符合现行国家标准《混凝土外加剂》（GB 8076）、《混凝土外加剂应用技术规范》（GB 50119）等规定。混凝土养护应按施工技术方案及时采取有效措施，并应符合下列规定：应在浇筑完毕后的 12h 以内对混凝土加以覆盖并保湿养护；浇水次数应能保持混凝土处于湿润状态；混凝土养护用水应与拌制用水相同；对采用硅酸盐水泥、普通硅酸盐水泥或矿渣硅酸盐水泥拌制的混凝土，不得少于 7d；对掺用缓凝型外加剂或有抗渗要求的混凝土，不得少于 14d；冬季混凝土宜采用塑料薄膜覆盖并保温养护。其全部表面应覆盖严密，并应保持塑料布内有凝结水。现浇混凝土基础浇筑结束后，产生沉降的，需及时进行填充，以保证固定基础强度。

（3）浇混凝土支架基础的施工应先进行场地情况验收，场地应平整，场地内浮土、水、杂物应清除干净。为方便支架固定混凝土基础可浇铸成方形。在浇筑前对支架基础要进行强度和应力设计。支架基础混凝土浇筑前应对基础标高、轴线及模板安装情况做细致的检查并按照施工图纸确认安装位置等，预埋件应按照设计图纸进行安装。基础拆模后，施工单位应对外观质量和尺寸偏差进行检查，并应及时按验收标准对缺陷进行处理。预埋件位置与设计图纸偏差不应超过 ±5mm，外露的金属预埋件应进行防腐防锈处理。在同一支架基础混凝土浇筑时，混凝土浇筑间歇时间不宜超过 2h；超过 2h，则应按照施工缝处理。混凝土浇筑完毕后，应及时采取有效的养护措施。金属支架正式安装前基础混凝土养护应达到 100% 强度。

（4）钢结构基础施工应不损害原建筑物主体结构，并应保证钢结构基础与原建筑物承重结构的连接牢固可靠。接地的扁钢、角钢的焊接处应进行防腐处理。屋面防水工程施工应在钢结构支架施工前结束，钢结构支架施工过程中不应破坏屋面防水层，如根据设计要求不得不破坏原建筑物防水结构时，应根据原防水结构重新进行防水恢复。支架基础的轴线及标高偏差应符合设计规定。

（5）光伏系统应与建筑主体结构连接牢固，在台风、暴雨等恶劣的自然天气过后应检查光伏支架，整体不应有变形、错位、松动。用于固定光伏支架的植筋或膨胀螺栓不应松动，采取预制基座安装的光伏方阵，预制基座应放置平稳、整齐，位置不得移动。光伏支架的主要受力构件、连接构件和连接螺栓不应损坏、松动，焊缝不应开焊，金属材料的防锈涂膜应完整，不应有剥落、锈蚀现象。光伏系统区域内严禁增设相关设施，以免影响光伏系统安全运行。

4. 安装工程

（1）设备运输防护。设备的运输与保管应符合规定。相关设备在吊、运过程中应做好防倾覆、防震和防表面受损等安全措施。必要时可将装置性设备和易损元件拆下单独包装运输。当产品有特殊要求时，应符合产品技术文件的规定。设备安装前检查：包装及密封是否良好，开箱检查型号、规格是否与设计要求相符，附件、备件是否齐全。产品的技术文件是否齐全，外观检查是否完好无损，设备宜存放在室内或能避雨、雪、风、沙的干燥场所，并应做好防护措施。

（2）支架安装。支架安装前检查：①外观及保护层是否完好无损，型号、规格及材质是否符合设计图纸要求，附件、备件是否齐全，产品的技术文件安装说明及安装图是否齐全。②支架宜存放在能避雨、风、雪、沙的场所，存放处不得积水，应做好防潮防锈措施。如存放在滩涂、盐碱等腐蚀性强的场所应做好防腐蚀工作。③保管期间应定期检查，做好防护工作。④支架安装前安装单位应检查混凝土基础是否达到 100% 强度，基础的轴线偏差和高度偏差是否满足要求，预埋件位置偏差是否满足要求，不合格的项目应整改后再进行安装。固定式支架及手动可调支架的安装应符合下列规定：①钢构件拼装前应检查清除飞边、毛刺、焊接飞溅物等，摩擦面应保持干燥、整洁，不宜在雨雪环境中作业，不宜用锐器刮划表面或摩擦损坏表面防锈镀层。②支架的紧固度应符合设计图纸要求及《钢结构工程施工质量验收规范》（GB 50205）中相关章节的要求。③组合式支架宜采用先组合支撑后组合框架及连接件的方式进行安装。④螺栓的连接和紧固应按照厂家说明和设计图纸上要求的数目和顺序穿放，不应强行敲打，不应气割扩孔。⑤支架安装的垂直度和角度应符合设计要求。⑥支架采取紧固工艺，要易于安装，紧固力矩及强度等级应满足设计要求。⑦支架的接地应符合计要求，且与地网连接可靠，导通良好。⑧与地网连接优先使用焊接方式，其次可采取压接方式。⑨采取压接方式的，需不定期检查与地网连接性能是否良好。

（3）组件安装。组件的运输与保管应符合制造厂的专门规定。组件安装前应检查：①支架的安装工作是否通过质量验收，组件的型号、规格应符合设计要求，组件的外观及各部件应完好无损。②安装人员应经过相关安装知识培训和技术交底。组件的安装要求：①光伏组件安装应按照设计图纸进行。②组件压块的力矩值应符合制造厂或设计文件的规定。③组件安装允许偏差应设计要求。④组件连接数量和路径应符合设计要求，组件的串并联方式应在初期设计时确定。⑤组件间接插件应连接牢固，外接电缆同插接件连接处应搪锡。⑥组件间连接线应进行绑扎，整齐、美观。⑦组串连接后开路电压和短路电流应符合设计要求。⑧组件安装和移动的过程中，不应拉扯导线，不应造成玻璃和背板的划伤或破损。⑨组件之间连接线不应承受外力挤压或拉扯。⑩同一组串的正负极不宜短接。⑪组串间跨接线缆如采用架空方式铺设，宜采用 PVC 管进行保护。⑫施工人员安装组件过程中不应在组件上踩踏。⑬进行组件连线施工时，施工人员应穿戴安全防护用品。⑭不得触摸金属带电部位。⑮对组串完成接线但不具备接引条件的部位，应用绝缘胶布包扎好。⑯严禁在雨天进行组件的连线工作。组件接地应符合：①带边框的组件应将边框及其支架可靠接地。②不带边框的组件,其接地方法应符合制造厂要求。③组件接地电阻应符合设计要求。

(4) 汇流箱安装。当光伏电站组串数目较多时,为减少线损与降低造价,需采取汇流箱汇流的方式。汇流箱安装前应做如下准备:①汇流箱的防护等级等技术标准应符合设计文件和合同文件的要求(室外型防护等级不低于 IP65)。②汇流箱内元器件完好,连接线无松动。对于组串开路电压大于 750V 的汇流箱,箱内断路器应为耐压 DC1000V 的直流断路器,并且是 4 极串联方式,对于组串开路电压小于 750V 的汇流箱,箱内断路器应为耐压 DC750V 的直流断路器,并且是三极串联方式。箱内所用熔断器为耐压 1000V 直流熔断器。箱内每路加装防反二极管对每一路进行保护的,熔断器可接在正极或负极中的任一极,箱内没有加装防反二极管对每一路进行保护的,其正极与负极均应加熔断器保护。③安装前汇流箱的所有开关和熔断器应断开。

汇流箱安装应符合:①安装位置应符合设计要求。支架和固定螺栓应为镀锌件或不锈钢材料。②汇流箱的接地应牢固、可靠。接地线的截面应符合设计要求。③汇流箱进线端及出线端与汇流箱接地端绝缘电阻不小于 2MΩ(DC1000V)。④汇流箱组串电缆接引前必须确认组串处于断路状态。⑤汇流箱接线完成后,其底部防水接头应拧紧。

(5) 并网逆变器安装。对于室外安装的并网逆变器防护等级不低于 IP65,对于室内安装的并网逆变器防护等级不低于 IP20。逆变器安装前,建筑工程应具备下列条件:①支架基础应施工完毕,不得渗漏。②室内地面基层应施工完毕,室内沟道无积水、杂物,门、窗安装完毕。③进行装饰时有可能损坏已安装的设备或设备安装后不能再进行装饰的工作应全部结束。④对安装有妨碍的木板、脚手架、杂物等应拆除,场地应清扫干净。⑤混凝土基础及构件达到允许安装的强度,焊接构件的质量符合要求。⑥预埋件及预留孔的位置和尺寸,应符合设计要求,预埋件应牢固。⑦检查所安装逆变器的型号、规格应正确无误,逆变器外观检查完好无损。

逆变器的安装与调整应符合:①采用型钢制作的底座作为固定基础的逆变器,型钢底座安装允许偏差应符合设计要求。型钢底座安装后,其固定应结实,承重和强度应满足要求,型钢底座应可靠接地。②逆变器应按照厂家使用手册的安装要求进行安装,并提前了解安装的注意事项。③逆变器安装在震动场所,应按设计要求采取防震措施。④逆变器与型钢底座之间固定应牢固可靠。⑤逆变器内专用接地排必须可靠接地,机壳等应用裸铜软导线或金属导线与金属构架或接地排可靠接地。逆变器直流侧电缆接线前必须确认汇流箱侧有明显断开点,电缆极性正确、绝缘良好。逆变器交流侧电缆接线前应检查电缆绝缘,校对电缆相序,禁止带电接线。电缆接引完毕后,逆变器本体的预留孔洞及电缆管口应做好防火封堵。

(6) 电气二次系统。光伏电站具有二次系统的二次系统元器件安装及接线除应符合《电气装置安装工程盘、柜及二次回路接线施工及验收规范》(GB 50171) 的相关规定外,还应符合制造厂的专门规定。调度通信设备、综合自动化及远动设备应由专业技术人员或厂家现场服务人员进行安装或指导安装。

（7）其他电气设备安装。光伏电站其他电气设备的安装应符合现行国家有关电气装置安装工程施工及验收规范的要求，并应符合设计文件和生产厂家说明书及订货技术条件的有关要求。安防监控设备的安装应符合《安全防范工程技术规范》（GB 50348）的相关规定。

（8）防雷与接地。光伏电站防雷与接地系统安装应符合《电气装置安装工程接地装置施工及验收规范》（GB 50169）的相关规定和设计文件的要求。地面光伏电站的组件边框、金属支架应与主接地网可靠连接。屋顶光伏系统的组件边框、金属支架应与建筑物接地系统可靠连接。连接方式可采取与接地网或防雷带焊接方式，对于容量 10kW 以下电站可采取压接方式。

（9）线路及电缆。电缆线路的施工应符合《电气装置安装工程电缆线路施工及验收规范》（GB 50168）的相关规定，安防综合布线系统的线缆铺设应符合《建筑与建筑群综合布线系统工程设计规范》（GB/T 50311）的相关规定。通信电缆及光缆的铺设应符合《光缆·第 3-12 部分：室外电缆·房屋布线用管道和直埋通信光缆的详细规范》（IEC60794-3-12—2005）。直流线缆应采用光伏专用线缆，为提高使用寿命可采取埋地铺设或用 PVC 穿线管防护的方式。线路及电缆的施工还应符合设计文件中的相关要求。

6.4 设备和系统调试

在系统调试前应确保混凝土基础和支架系统已施工及安装完毕，光伏组件安装完毕，逆变器安装完毕，直流线缆及交流线缆、失压保护开关安装连接完成，供电公司接入方案已完成，计量电表等安装完成，汇流箱安装完成。在应确认所有事项均已完成或施工完毕并符合相关要求后，即可进入调试环节。

1. 光伏组串调试

光伏组串调试前具备下列条件：①光伏组件调试前所有组件应按照设计文件数量和型号组串并接引完毕。②汇流箱，若有，内防反二极管极性应正确，箱内各回路电缆接引完毕，且标示清晰、准确，确保各回路熔断器在断开位置，断路器在分闸位置，汇流箱及内部防雷模块接地应牢固、可靠，且导通良好，监控回路，若有，应具备调试条件。③调试人员应具备相应电工资格或上岗证并穿戴相应安全防护用品。④调试宜在晴朗天气进行。

光伏组串调试检测项目及要求：①用万用表直流档确定组串的极性正确。②检查直流各连接电缆，确保电缆无短路和破损。③为确保安全和提高使用寿命，线缆宜采用PVC套管。在并网发电情况下，使用钳形万用表对组串电流进行检测。④相同组串间电流应无异常波动或较大差异。⑤同时检查直流各连接电缆，确保无温度过高等异常情况。

2. 汇流箱的调试

应符合下列规定：投入时先投入光伏组串熔断器，后投入汇流箱总输出断路器。退出时先退出汇流箱输出断路器，后退出光伏组串熔断器。汇流箱输出断路器和分支回路光伏组串熔断器投、退前，均应将逆变器解列。汇流箱的监控功能（若有）应符合下列要求：①监控系统的通信地址应正确，通信良好并具有抗干扰能力。②监控系统应实时准确地反映汇流箱内各光伏组串电流的变化情况以及总光伏电压变化情况。③对于故障组串，能提示故障告警。④监控系统应采取就地直流取电，无须另接电源。

3. 逆变器调试

（1）逆变器的调试工作宜由生产厂家配合进行。逆变器调试时的注意事项：①逆变器运行后，需打开柜门进行检测时，必须确认无电压残留且按下应急按钮后才允许作业。②逆变器在运行状态下，严禁断开汇流箱总开关或熔断器。③如需接触逆变器带电部位，必须切断直流侧和交流侧电源、控制电源。④严禁施工人员单独对逆变器进行测试工作。

（2）逆变器调试前，应具备下列条件：①逆变器控制电源应具备投入条件。②逆变器直流侧电缆应接线牢固且极性正确、绝缘良好。③逆变器交流侧电缆应接线牢固且相序正确、绝缘良好。④方阵接线正确，具备给逆变器提供直流电源的条件。

（3）逆变器调试前，应对其做下列检查：①逆变器接地完好，接地线线径应符合要求。②逆变器内部元器件应完好，无受潮、脱落、锈蚀、放电等痕迹。③逆变器内部所有电缆连接螺栓、插件、端子应连接牢固，无松动。④如逆变器本体配有手动分合闸装置，其操作应灵活可靠、接触良好，开关位置指示正确，配有应急按钮的，按钮功能完好，操作灵活。⑤逆变器临时标识应清晰准确。逆变器内部应无杂物，并经过清灰吸尘处理。

（4）逆变器调试应符合下列规定：①对于直流取电的逆变器，断开交流断路器，检查工作状态指示灯、人机界面屏幕显示正常，界面操作正常；人机界面上各参数设置正确，故障报警信息正常；散热装置工作是否正常；测量直流侧电压值和人机界面显示值之间偏差应在允许范围内；检查人机界面显示直流侧对地阻抗值符合要求。②对于交流取电的逆变器，按下应急按钮，检查以下内容：工作状态指示灯、人机界面屏幕显示正常，界面操作正常；人机界面上各参数设置正确，故障报警信息正常；散热装置工作是否正常；测量直流侧电压值和人机界面显示值之间偏差在允许范围内，测量交流侧电压值和人机界面显示值之间偏差在允许范围内；检查人机界面显示直流侧对地阻抗值符合要求。③逆变器直流侧带电、交流侧带电，具备并网条件时，检查以下内容：测量交流侧电压值和人机界面显示值之间偏差应在允许范围内，交流侧电压及频率应在逆变器额定范围内，且相序正确；具有门限位闭锁功能的逆变器，逆变器柜门在开启状态下，不应作出并网动作；具有接地检测功能的逆变器，在地线不连接的状态下，不应作出并网动作。④逆变器并网后，在现场下列测试情况下，逆变器应解列：具有门限位闭锁功能的逆变器，开启逆变器柜门；逆变器电网侧失电；逆变器直流和交流输入电压高于或低于逆变器设定的保护值；逆变器直流极性反接。

（5）逆变器的监控功能调试应符合下列要求：①监控系统的通信地址应正确，通信良好并具有抗干扰能力。②监控系统应实时准确地反映逆变器的运行状态、数据和各种故障信息。

4. 其他电气设备调试

环境监测仪等设备的调试应符合产品技术文件的要求，功能应正常。

5. 二次系统调试

二次系统的调试工作应由调试单位、生产厂家进行，施工单位配合。二次系统的调试内容主要应包括继电保护系统、电能量计量系统等。

6. 继电保护系统调试

继电保护系统调试应符合下列规定：①调试时可按照《继电保护和电网安全自动装置检验规程》（DL/T 995）相关规定执行。②继电保护调试时，应检查实际继电保护动作逻辑与预设继电保护逻辑策略一致。保护装置必须满足电气安全及电力部门的要求。③光伏电站关口表的 CT、PT 应通过当地电力计量检测部门的校验，并出具报告。④光伏电站投入运行前，电能表应由当地电力计量部门施加封条、封印。⑤光伏电站的电量信息应能实时、准确地反映到当地电力计量中心。

6.5 常见故障及维护

6.5.1 常见故障

1. 太阳能电池常见故障

外电极断路、内部断路、旁路二极管短路、旁路二极管反接、热斑效应、接线盒脱落、导线老化、导线短路、断路、背膜开裂、EVA 与玻璃分层进水、铝边框开裂、电池玻璃破碎、电池片或电极发黄、电池栅线断裂、太阳电池板被遮挡。

2. 蓄电池常见故障

（1）阀控密封电池外壳开裂、极柱裂、螺丝断裂、失水、漏液、胀气不可逆硫酸盐化、电池内部短路。

（2）固定式铅酸电池外壳开裂、失水率高、结冰动裂、不可逆硫酸盐化电池内部短路。

3. 控制器常见故障

高压损坏、运输损坏、蓄电池极性反接损坏、电源失效、雷击损坏、工作点设置不对或漂移、空气开关或继电器触点拉弧、无接触点开关的晶体管损坏。

4. 逆变器故障

运输损坏、极性反接损坏、内部电源失效、雷击损坏、功率晶体管损坏、输入电压不正常、输出保险损坏。

5. 系统常见故障

停止供电、线路故障、用户端负载故障、蓄电池欠压、逆变器故障。

6.5.2　日常维护

1. 光伏发电系统的维护

在光伏发电系统安装调试完毕并且试运行正常后，系统转为日常运行状态。在系统运行期间，日常检查是不可少的，对于大于 20kW 容量的系统应当由专人巡检，不大于 20kW 容量的系统可由用户自行检查。

巡检应包括外观检查和设备内部的检查，主要涉及活动和连接部分、导线特别是大电流密度导线、功率器件、容易锈蚀的地方等。推荐采用红外照相的方法对光伏方阵、线路和电器设备进行检查，找出异常发热和故障点，系统每年应当对照系统图纸完成一次接地电阻的检查。光伏系统每年完成一次系统绝缘电阻的检查。

2. 电池的日常维护

保持蓄电池室内清洁，防止尘土入内；保持室内干燥和通风良好，光线充足，但不应使阳光直射到蓄电池上。室内严禁烟火，尤其蓄电池处于充电状态。维护蓄电池时，维护人员应佩戴防护眼镜和身体防护用品，使用绝缘器械，防止触电，防止蓄电池短路和断路。正常使用蓄电池时，应注意不要使用任何有机溶剂清洗电池，切不可拆卸电池的安全阀或在电池中加入任何物质，电池放电后应尽快充电，以免影响电池容量。

3. 控制器、逆变器等电子设备的日常维护

（1）定期检查接线端子，保险是否松动。

(2) 观察各个控制点是否准确。

(3) 显示是否正常。

(4) 机内温度、声音和气味是否异常。

(5) 定期检查备品、备件和技术文件是否完好。

(6) 定期检查防雷接地，雷雨季节的前后更为重要。

4. 输电线路的日常维护

(1) 定期检查输电线路的干线和支线，不得有掉线、搭线、垂线、搭墙等现象。

(2) 不得有私拉偷电现象。

(3) 定期检查进户线和用户电表。

(4) 定期抽查用户负载。

5. 系统的定期确认检验

应根据光伏系统安装情况，自行决定光伏系统定期确认检验周期。定期确认检验应给出定期检验报告，主要包括系统信息、电路检查和测试清单、检查报告、电路的测试结果、检查人员姓名及日期、出现的问题及整改建议等。定期确认检验应复查之前定期检验发生的问题及建议。

(1) 光伏系统检查。根据光伏组件、汇流箱、逆变器、配电箱等电器设备的检查方法对光伏电站进行逐一检查。

(2) 保护装置和等电位体测试。在直流侧装有保护性接地或等电位导体的地方，比如方阵的支架，需要进行接地连续性，主要接地端子也需进行确认。

(3) 光伏方阵绝缘阻值测试。光伏方阵应按照如下要求进行测试：①测试时限制非授权人员进入工作区，不得用手直接触摸电气设备以防止触电，绝缘测试装置应具有自动放电的能力，在测试期间应当穿好适当的个人防护服/装备。②先测试方阵负极对地的绝缘电阻，然后测试方阵正极对地的绝缘电阻。

(4) 光伏方阵标称功率测试。现场功率的测定可以采用由第三方检测单位校准过的IV测试仪抽检方阵的IV特征曲线，测试结束后进行光强校正、温度矫正、组合损失校正。

(5) 电能质量的测试。首先将光伏电站与电网断开，测试电网的电能质量；将逆变器并网，待稳定后测试并网点的电能质量。

(6) 系统电气效率测试。光伏系统电气效率应按照如下要求进行测试：①测试时限制非授权人员进入工作区；不得用手直接触摸电气设备以防止触电；系统电气效率测试应在日照强度大于 $800W/m^2$ 的条件下进行；在测试期间应当穿好适当的个人防护服/设备。②按照如下步骤进行测试：首先用标准的日射计测量当前的日照强度；在测试日照强度的同时，测量并网逆变器交流并网点侧的交流功率；根据光伏方阵功率、日照强度及温度功率系数，根据计算公式，可以计算当时的光伏方阵的产生功率；根据公式计算出系统的电气效率。

（7）光伏方阵红外成像检查。该测试的目的是为了实地验证正常工作情况下光伏组件的非正常温度情况，这种非正常的温度情况可能是由于光伏组件本身的缺陷造成的，比如旁路二极管缺陷、焊接缺陷等会产生高温点。在进行红外成像检查时，光伏方阵应处于正常工作状态，即逆变器处于最大功率点跟踪。检测时太阳辐照度应该大于 $800W/m^2$，并且天气比较稳定。使用红外成像仪扫描光伏方阵，着重注意接线盒、电气连接点处或者任何发生和周边相比温度较高的部位。分析检测结果并给出建议。

6.6　分布式光伏发电系统的投资与收益分析

6.6.1　投资与收益

投资安装家用分布式光伏发电系统取决于安装容量和系统投资两个主要条件，其中光伏发电系统的硬件（包括光伏组件、并网逆变器、线材、安装支架、计量表、监控设备等）成本会随着市场供求关系的波动、光伏行业的技术进步和效率提升而有所变化，并且是与安装容量大小有关，一般是按系统的单瓦价格来计算，除了硬件购买之外还要加上系统的基础施工、系统安装、调式与并网过程中产生的少量费用，系统安装容量越大，成本构成中的一些基础费用会被摊薄，使得单位投资成本有所下降。根据光照条件、用户侧电价、补贴及系统成本的不同，6～10 年即可以收回成本，余下的 15 年所产生的电量收入会成为利润。

分布式光伏发电系统的运行维护主要是对系统的机械安装、电气连接的日常检测，对光伏组件的清洗，对部分失效部件的更换等简单操作，成本相对较低，对于 10kW 以下的系统维护成本几乎可以忽略不计，但是兆瓦级的电站应当预算 1%～3% 维护成本进入系统的总投资，每次每平方米的清洗成本在 0.5～0.8 元不等，主要取决于当地人工成本和运维服务提供人员的多少。发电成本与安装地点的人工成本、日照资源、安装方式、系统投资、当地电价、系统有效寿命、财务成本等有着密切的关系，所以度电成本肯定不是一个精确的数据，综合考虑这些因素，假定分布式光伏发电的寿命为 20 年，根据不同地区资源和技术条件，分布式光伏发电的度电成本大致的范围为 0.7～1.4 元 /kW·h。影响系统投资收益的主要原因有发电量设计（光照资源、系统转换效率、系统的维护水平），系统的初投资、财务成本、补贴政策、电站的质量可靠性与售后服务。具体来讲如何选择电站的建设地址、如何选择发电技术与供应商、如何提前做好投资收益分析、如何选择有规模有品牌的光伏系统提供商和质保服务、如何做好发电量优化等。根据国家相关政策，对分布式光伏发电进行补贴，补贴收益分为 3 个部分，一部分是国家补贴，一部分是自发自用抵消的用电费用，一部分是剩余电量上网的脱硫煤收购电价，其中所有电量全部自用的补贴收益为（本地电价 + 分布式发电国家补贴）× 全部发电量，部分电量自发自用，部分余电上网的补贴收益（自发自用的比例 × 本地电价 + 分布式发电国家补贴 + 上网比例 × 脱硫煤收购电价）× 全部发电量。

6.6.2 农业光伏大棚经济效益分析实例

《太阳能光伏产业"十二五"规划》已将太阳能光伏生态大棚电站的模式划为光伏建筑一体化示范项目，享受国家财政补贴，根据电费收入、作物利润等，光伏大棚的经济效益主要由光伏发电并网补贴和农作物经济效益构成。一般农业蔬菜大棚造价不超过 100 元 /m²，而光伏农业大棚造价目前大概为每亩 15 万元。

建一个 100m×10m 的标准太阳能光伏蔬菜大棚需投资 85 万元，但 5 年半即可收回全部投资，大棚寿命可长达 25 年。以一个黄瓜大棚为例，一个大棚可产黄瓜 2.5 万 kg，按平均价格 6 元 /kg 计算，可销售 15 万元。光伏发电一年 10 万 kW·h，按国家政策收入 10 万元。扣除相关成本后，一个棚年纯收入可达 18 万多元，5 年半时间足可收回全部投资。

在光伏大棚运营过程存在投资风险。一是政府扶持政策变动。目前财政补贴政策的变化不会给公司生产经营业绩带来很大的风险，但是对于光伏农业大棚，若补贴政策发生变动，将对企业的经营成果产生不利影响。二是自然灾害的影响。台风、洪水等突发性灾害；地面沉降、土地沙漠化、干旱等在较长时间中才能逐渐显现的渐变性灾害都将是影响光伏大棚正常作物生长的风险因。当前光伏大棚发展存在主要问题：由于薄膜光伏太阳能农业大棚模式在我国才刚刚启动，而且多为示范区，太阳能装机容量普遍较小，目前并没有大规模推广，还存在诸如前期投入成本较高、太阳能发电与农作物生产相结合关键技术不成熟、运营保障技术不到位以及国家扶持资金比例不高等问题。

（1）前期投入成本很高，农业企业或农民独自承担不起。目前，我国的非晶体硅薄膜光伏太阳能电池生产线大部分引自国外，国内企业并不掌握太阳能电池制造的核心技术，加之近年来原材料价格步步攀升，导致我国的太阳能电池生产成较高。据调查，一块非晶体硅薄膜太阳能电池板（长 1.4m，宽 1.1m）的内销价格为 1000 元或 6 元 /W，如果一亩设施农业大棚顶的 2/3 面积安装太阳能电池板（太阳能装机容量 50kW），仅太阳能电池板至少需 30 万元，如果再加上安装费、控制器、变电器、配电箱以及蓄电池等，可能要高达 50 万元，整个薄膜光伏太阳能农业大棚（玻璃温室类型，内有加温、降温和通风设施）

的总投入需要近100万元。目前我国在建的或已建成的薄膜光伏太阳能示范大棚均全部由当地政府直接投资,规模较大的才有企业资金参与。因此,如果没有政府资金的投入,完全由企业或个人承担,负担压力较大,不利于在大面积设施农业大棚上的应用。

(2) 薄膜光伏太阳能电池与农作物生产相结合关键技术不成熟。传统的太阳能电池是晶硅电池且不透光,近年来快速发展的是薄膜非晶硅太阳能电池,这种太阳能电池的最大优点是可以透光,而且温度系数低,在阴天雨天和雾天也能发电,常年累计发电量比晶硅电池发电效率可提高20%左右。据调查,这种薄膜太阳能电池的最大吸收波峰在400~600nm,而植物进行光合作用的有效光谱为440nm的蓝光和660nm的红光区,在理论上薄膜太阳能电池的最大吸收波峰与植物光合作用的吸收波峰并不冲突,可以通过薄膜分光技术将植物吸收的光透过太阳能电池板供植物进行光合作用,其他的光用来发电。但目前将这种技术应用在设施农业大棚上,是否能完全不影响植物的正常生长还缺乏相应的前期实验研究,而且如何将分光技术与太阳能电池更科学地结合起来,也是一个新的课题,现在研究的很少,都在探索之中。

(3) 已建成的薄膜光伏太阳能农业大棚多为示范工程,与农业生产结合不紧密。大大小小薄膜光伏太阳能农业大棚虽然在我国多个省份的已建成了20多个,但多数均是概念性的示范性工程。通过到山东、江西等地的示范点调研,发现建成的薄膜光伏太阳能农业大棚大多数均没有被充分利用,棚内种植农作物很少,甚至只是一个能利用太阳能发电的大棚,棚内并没有任何农作物。当前,薄膜光伏太阳能农业大棚作为一种新生事物,仅是概念性的展示,并没有和实际农业生产紧密结合,没有起到既能利用太阳能发电,又能进行农作物生产一举两得的效果。

(4) 配套设施不完善及运营保障技术不到位,导致实际应用效果不理想。由于目前大部分的薄膜光伏太阳能农业大棚仅是示范,所以棚内并没有相应的农业生产设施如降温和加温设施。我国大部分地区四季分明,夏天温度普遍很高,冬季温度又很低,如果建成的薄膜光伏太阳能农业大棚内没有相应的降温和加温设施,在炎热和寒冷的季节也很难保证能进行农作物的正常生产。而且大部分农业企业和农民种植者并不掌握太阳能电池的日常维护和保养技术,很多太阳能电池加工企业在建成大棚后并没有后续的运营保障技术服务,一旦太阳能电池出现问题就很难保证能正常运行,因此已建成的大部分薄膜光伏太阳能大棚存在应用效果不理想的状况。

(5) 太阳能发电量与农业生产用电量不相匹配,与当地电网并网存在较大困难。薄膜光伏太阳能大棚能利用太阳能发电,发的电也能应用到棚内农作物相应生产设施上如降温和升温设施,但发电量与用电量并不匹配。比如在炎热的夏季和寒冷的冬天,太阳能发的电量远达不到农业生产用的电量,相反如果是在一般的天气,太阳能发的电量就会超过农业生产用电,就会存在多余的发电量。解决的办法就是与当地电网并网,但目前存在与当地电网并网成本高、并网要求条件苛刻等问题。

（6）国家补贴比例不高，影响大规模的推广应用。建设一个较小规模的薄膜光伏太阳能大棚也要几十万元，规模较大者可能需要几百万元，甚至上亿元。目前我国为了促进太阳能光伏产业的发展而开展的"金太阳示范工程"补贴比例最高为50%，这一比例应用在设施农业大棚上，依然存在投入成本太高，企业和个人承担的风险大的问题，因此影响了薄膜光伏太阳能大棚大规模的推广应用。

6.6.3　分布式光伏发电系统运营模式

分布式光伏发电项目所依托的建筑物以及设施应具有合法性，如果业主具有项目单位与项目所依托的建筑物所有权可以采用自建方式，业主出资建设，业主获得收益，如果项目单位与项目所依托的建筑及设施所有人非统一主体时，项目单位与建筑物及设施的所有人签订建筑物及设施的使用或租用协议，视经费方式与电力用户签订合同能源管理服务协议。用户资金不足可以申请银行贷款建设分布式光伏发电系统，除项目资本金外和资金，可以申请银行贷款解决，近期部分银行和其他金融机构已经开始向分布式用户提供贷款等金融服务，如国家开发银行已联合国家能源局制定《关于支持分布式发电金融服务的意见》，明确了国家开发银行给予分布式光伏发电信贷支持的对象形式和条件等政策，一般而言信用状况良好、无重大不良记录的企事业法人以及具备完全民事责任的自然人都可以申请银行贷款。参照我国有关投资项目资本金制度的规定，用户至少应筹集项目总投资20%的本金，相应申请银行贷款的比例最高可达80%，参照电力项目中长期贷款，根据贷款人及项目实际，分布式光伏发电项目贷款期限一般最长可达15年，目前我国逐步实现利率市场化，在人民银行基准利率的基础上，各银行可根据自身情况实行灵活定价，还款方式一般可实行等额本息或等额本金的还款方式。

分布式光伏发电项目的贷款模式主要贷款模式可分为直接贷款模式和统借统还模式，符合银行规定的直接申请贷款资格的分布式发电投资主体可直接申请银行贷款支持，另对不符合直接申请贷款的企业和自然人，一般采用统借统还的模式予以支持，如国家开发银行计划建立具备借款资格和承贷能力的统借平台，由国家开发银行向统借平台提供授信，平台再以委托贷款（可通过商业银行）等方式向用户提供贷款支持，用户可以根据自身情况向当地银行或统借平台提出贷款申请。

6.7 典型案例分析

6.7.1 特色光伏小镇

2018 年 9 月 18 日，辽宁省内首个"特色光伏小镇"落户辽宁省本溪县碱厂村九龙组，本次光伏小镇由沈阳爱易智慧能源科技有限公司（以下简称爱易公司）和辽宁省能源办、本溪市能源办、本溪县能源办共同出资投产，由爱易公司全程施工建设（图 6-6、图 6-7）。

图 6-6 光伏小镇全景

图 6-7 光伏小镇施工实景

碱厂村九龙组光伏小镇项目采用自发自用、余额上网的发电模式。本次项目充分利用村内共 52 户家庭屋顶进行光伏电站建设。光伏电站可实现持续运营 25 年，提供清洁电能超过 910 万 kW·h，相应节约了 364 万 kg 标准煤，减少了 907.2 万 kg 二氧化碳排放量。

6.7.2　光伏农业大棚

农业问题越来越受到国家重视及相应的政策倾斜。太阳能光伏生态大棚电站的模式划定为 BIPV（光伏建筑一体化）示范项目，享受国家财政补贴。光伏农业大棚薄膜太阳能电池普遍采用双玻封装的方式，组件厚度为 6~7mm，而常规光伏大棚所用保温玻璃厚度为 4mm 左右，两者厚度相差 2~3mm，原有的农业大棚结构承重不能满足光伏组件的承重要求，需要对原有农业大棚结构进行改造和升级。

光伏农业大棚具有良好的社会经济效益：

一是提高土地利用率：可以在向阳面和背阴面根据不同的光照条件配置以对光照要求不同的植物；较高的大棚可以构建立体农业，借用 LED 进行补光，例如在育苗时，可以把育苗床上架等。在一定的土地空间上，光伏农业大棚实现了农业作物经济和能源发电效益的"双赢"。

二是促进农民再就业：可以解决一部分农民以及 40~60 岁农村留守人员的就业问题。

三是农业高效规模化的示范作用：温室大棚与屋顶技术相结合的光伏大棚，不仅可以保证棚内设施的正常运转，还可以储存雨水、雪水等循环利用，是集低碳、节能、环保、旅游于一身的新型高科技农业生态建设项目。这极大地促进了传统农业向工业化农业的发展，也对地区的农业发展起到了良好的示范作用。实现了农民、企业、政府的"多赢"局面。

四是观光旅游和生态农业一体化："光伏生态大棚"还可与旅游结合构建观光农业，与社区农产品需求结合，构建社区农场，与市民体验结合构建开心农场等集高效种植、农业科普、休闲观光于一体的新型农业项目（图6-8、图6-9）。

图6-8 光伏大棚内景

图6-9 光伏大棚外景

7　太阳能集热技术

从 1615 年法国工程师所罗门·德·考克斯发明了第一台利用太阳能加热空气膨胀做功而抽水的机器开始，人类将太阳能作为一种能源和动力直接加以利用已有 300 多年的历史。在我国，太阳能作为一种新兴的清洁能源，对它的研究利用起步较晚。但由于太阳能具有的多种优势，加上国家的扶持政策，在我国已经形成了初步的太阳能产业链，并呈现出良好的发展前景。

7.1　太阳能概述及相关知识

7.1.1　太阳能的基本知识

太阳能是最重要的基本能源，生物质能、风能、潮汐能、水能等都来自太阳能，太阳内部进行着由氢聚变成氦的原子核反应，不停地释放出巨大的能量，不断地向宇宙空间辐射能量，这就是太阳能。太阳内部的这种核聚变反应可以维持很长时间，据估计有几十亿至几百亿年，相对于人类的有限生存时间而言，太阳能可以说是取之不尽，用之不竭的。

太阳能的总量很大，我国陆地表面每年接受的太阳能就相当于 1700 亿 t 标准煤，但十分分散，能流密度较低，到达地面的太阳能每平方米只有 1000W 左右。同时，地面上太阳能还受季节、昼夜、气候等影响，时阴时晴，时强时弱，具有不稳定性。根据太阳能的特点，必须解决太阳能采集、转换、贮存和运输的问题，才能有效地加以利用。

太阳能开发利用是当今国际上一大热点，经过最近 20 多年的努力，太阳能技术有了长足进步，太阳能利用领域已由生活热水、建筑采暖等扩展到工农业生产许多部门，人们已经强烈意识到，一个广泛利用太阳能和可再生能源的新时代——太阳能时代即将来到。

太阳能的优点：

（1）它是人类可以利用的最丰富的能源，据估计，在过去漫长的 11 亿年中，太阳消耗了它本身能量的 2%，可以说是取之不尽，用之不竭。

（2）地球上，无论何处都有太阳能，可以就地开发利用，不存在运输问题，尤其对交通不发达的农村、海岛和边远地区更具有利用的价值。

（3）太阳能是一种洁净的能源，在开发和利用时，不会产生废渣、废水、废气，也没有噪声，更不会影响生态平衡。

太阳能的缺点：

（1）能流密度较低，日照较好的地区，地面上 $1m^2$ 的面积所接受的能量只有 1000W 左右。往往需要相当大的采光集热面才能满足使用要求，从而使装置的面积大、用料多、成本增加。

（2）大气影响较大，给使用带来不少困难。

人类直接利用太阳能有三大技术领域，即光热转换、光电转换和光化学转换，此外，还有储能技术。太阳光热转换技术的产品很多，如热水器、开水器、干燥器、采暖和制冷装置、温室与太阳房、太阳灶和高温炉、海水淡化装置、水泵、热力发电装置及太阳能医疗器具。

自 1973 年世界性的石油危机爆发以来，能源危机给人们敲响了警钟，大家开始关注占国家全部能源消耗的 30%～40% 的建筑能耗问题。1996 年，联合国在津巴布韦召开了"世界太阳能高峰会议"，会后发表了《哈拉雷太阳能与持续发展宣言》《国际太阳能公约》《世界太阳能战略规划》等重要文件，进一步表明了联合国和世界各国对开发太阳能的坚定决心，要求全球共同行动，广泛利用太阳能。

7.1.2　我国太阳能资源的区域划分

7.1.2.1　我国太阳能资源

我国的疆界，南从北纬 4° 附近南沙群岛的曾母暗沙起，北到北纬 52° 32′ 黑龙江省漠河以北的黑龙江心，西自东经 73° 附近的帕米尔高原起，东到东经 135° 10′ 的黑龙江乌苏里江的汇流处。在我国 960 万 km^2 的广阔土地上，有着丰富的太阳能资源。据估算，我国陆地表面每年接受的太阳能约为 $50 \times 10^{18}kJ$。（$12 \times 10^{18}kcal$）。全国各地太阳能总量在 335～837kJ/（$cm^2 \cdot a$）［80～200kcal/（$cm^2 \cdot a$）］，中值为 586kJ/（$cm^2 \cdot a$）［140kcal/（$cm^2 \cdot a$）］。

7.1.2.2　我国太阳能资源区域划分

我国太阳能资源十分丰富，全国各地平均年辐射总量为 335～837kJ/（$cm^2 \cdot a$），总的趋势是西部高于东部，北部高于南部，根据我国太阳能分布情况，各地区年日照时数可将全国分为：丰富区（一类）、较丰富区（二类）、中等区（三类）、较差区（四类）和较少区（五类）等 5 个区域区。

一类地区：年日照时数在 3200～3300h 的区域。主要范围在宁夏北部、甘肃西部、新疆东南部、西藏西部、青海西部。

二类地区：年日照时数在 3000～3200h 的区域。主要范围在河北西北部、山西北部、内蒙古、宁夏南部、甘肃中部、青海东部、西藏东南部、新疆南部。

三类地区：年日照时数在 2200～3000h 的区域。主要范围地山东、河南、河北东南部、山西南部、新疆北部、吉林、辽宁、云南、陕西北部、甘肃东南部、福建南部、江苏北部、安徽北部、广东南部。

四类地区：年日照时数在 1400～2200h 的区域。主要范围在湖南、湖北、广西、江西、浙江、黑龙江、广东北部、江苏南部、陕西南部、福建北部、安徽南部。

五类地区：年日照时数在 1000～1400h 的区域。主要范围在四川、贵州。

总体分析：一～三类地区，年日照时数大于 2200h，年辐射总量高于 586.04kJ/$(cm^2 \cdot a)$，是我国太阳能资源丰富的地区，面积约占全国总面积的 2/3 以上，具有利用太阳能的良好条件，四、五类地区，年日照时数小于 2200h，年辐射总量在 450kJ/$(cm^2 \cdot a)$，是我国太阳能资源较差的地区，虽然具有一定的利用价值，但成本较高，经济效益较差。

7.1.3 国内外的节能政策与法规

7.1.3.1 我国的节能政策与法规

从我国的国情来看，建筑节能是社会经济发展的需要，是减轻大气污染的需要，是改善建筑热环境的需要，还是发展建筑业的需要。我国从 20 世纪 80 年代中期开始推行建筑节能，当时确定的第一个建筑节能设计标准，即《民用建筑节能设计标准（采暖居住建筑部分）》（JGJ 26—86），用于采暖居住建筑，节能率为在 1980—1981 年当地通用设计能耗标准水平的基础上节能 30%。1995 年 12 月建设部发布了第二个标准 JGJ 26—95，以取代第一个标准。1996 年 9 月，建设部在北京发布了《建设部建筑节能"九五"计划和 2010 年规划》以及《建筑节能技术政策》文件。1997 年 2 月 18 日建设部、国家计委、国家经贸委、国家税务局发文推行节能 50% 的 JGJ 26—95，由建设部批准的《采暖居住建筑节能检验标准》（JGJ 132—2001）于 2001 年 6 月 1 日起实施。1998 年 1 月 1 日施行的《中华人民共和国节约能源法》是指导全国节能的大法，也是中国建筑节能工作的立法依据。

7.1.3.2 国外的节能政策与法规

各发达国家都把对建筑节能的要求体现在建筑规范和标准中，他们每过几年就修订一次建筑标准。近 20 多年来，每次修订标准都将节能要求提高一步，从而推动节能工作逐步发展。例如美国，据有关资料显示，美国在 20 世纪 70 年代就制定了一系列的建筑节能法规，如《新建建筑节能暂行标准》《新建筑节能设计及评价标准》。1978 年制定了五项法律：《公益事业管理政策法》(PURPA)、《电力工业燃料使用法》(PIFUA)、《能源税法》(ETA)、《天然气政策法》(NGPA)、《国家节能政策法》(NECPA)，统称《国家能源法》。1986 年美国制定的节能新标准中的主要措施是普遍降低室内温湿度的标准，改善维护结构的隔热、保温性能。1989 年 ASHRAE 制定的《除低层住宅以外的新建建筑物的节能设计标准》(ASHRAE/IESNA 90.1—1989) 以及《新建低层住宅建筑节能设计标准》(ASHRAE 90.2—1993)，全国性的节能标准还有由美国建筑官员理事会制订的《简明能源规范》(Model Energy Code —1993)。

7.1.4　太阳能在建筑内的利用

一般说来，太阳能在建筑中的利用主要是在建筑中采取一定措施利用太阳能进行冬季采暖或夏季制冷。

7.1.4.1　主动式太阳能建筑

主动式太阳能建筑是通过高效集热装置来收集获取太阳能，然后由热媒将热量送入建筑物内的建筑形式。它对太阳能的利用效率高，不仅可以供暖、供热水，还可以供冷，而且室内温度稳定舒适，日波动小，在发达国家应用非常广泛。但因为它存在着设备复杂、先期投资偏高，阴天有云期间集热效率严重下降等缺点，在我国长期未能得到推广。

本系统与千家万户联系紧密，也是利用最多、分布最广的一种利用方式，本章将其作为重点专门介绍，这里不再叙述。

太阳能热泵采暖系统是利用集热器进行太阳能低温集热，然后通过热泵，将热量传递到温度为 35 ~ 50℃的采暖热媒中去。冬季太阳辐射量较小，环境温度很低，使用热泵则可以直接收集太阳能进行采暖。将太阳能集热器作为热泵系统中的蒸发器，换热器作为冷凝器，这样就可以得到较高温度的采暖热媒。

太阳能热泵采暖系统主要特点是花费少量电能就可以得到几倍于电能的热量，同时可以有效地利用低温热源，减少集热面积，这是太阳能采暖的一种有效手段。若与夏季制冷相结合，应用于空调，它的优点就更为突出。

7.1.4.2　被动式太阳能建筑

被动式太阳能建筑是指太阳能向室内的传递不借助于机械动力，完全由自然的方式，即蓄热体进行的建筑形式。所谓蓄热体一般指可以储存热量的集热体，蓄热体相对于建筑物构造体有附属于或不附属于两种存在方式。若属于构造一部分，则一方面支撑建筑物，另一方面具有储热体的功能。不为构造体的蓄热体能很简单地设置于建筑物中，可灵活增减，配合季节调节室内温度。

用于蓄热体的材料很简单，可以是液态的水、盐水、油等液体，也可以是固体的砖瓦、预制混凝土、沙、黏土、石块等。蓄热体设置在太阳能接收式冷暖系统的建筑物的任何位置都会发挥功用，但为能发挥最大限度的功能，必须选择理想的位置。此种利用方式在我省应用较多，所以本书单独将被动式太阳能建筑独立章节编写，在此不再叙述。

7.1.5 太阳能在制冷方面的开发和设计

目前，太阳能制冷技术在研究和开发方面已做了大量的工作，日趋完善。一般来说，太阳能制冷有两种方式：一是通过太阳能集热器将太阳能转换成热能，驱动吸附式或吸收式制冷机；二是将太阳能由光电池转换成电能，驱动常规电冰箱制冷。比较以上两种方式，利用热能制冷具有造价低、系统运行费用低和结构简单的特点，特别适合发展中国家和偏远农村采用。该类系统的研究和利用得到了国际上极大的关注。

太阳能吸附式系统通常包括太阳能集热器、吸附床、冷凝器和蒸发器，整个系统一般工作在负压状态下。通常将太阳能集热器和吸附床合二为一。从前期的研究和使用情况来看，这样的系统在使用一段时间后，制冷性能会变坏，最终会停止工作。据推测，这可能是由于活性炭、甲醇与铜在一定条件下发生了化学反应，或者是系统中有二甲基、甲醇的存在，使系统在工作中产生了一些杂质气体，导致系统真空度下降，致使系统性能下降。

为了避免这种现象的发生和验证该种系统的可行性，有人建立了一个试验系统。试验的结果及讨论是：整个系统在模拟自然环境中工作正常，证明该系统的构想是可行的。同时发现，随着试验次数的增加，解附出来的甲醇溶液的数量有所减少，系统的工作压力（无光照时）变化不大，但系统的性能下降。系统重新抽真空后，整个性能得到恢复和改善，但没有完全恢复到以前的水平。估计是重新抽真空时，在抽出杂质气体的同时也将一些甲醇气体抽走，使系统的性能下降。因此，对系统补充了300mL甲醇，试验看出，整个系统的性能几乎得到了恢复。当系统处于制冷状态时，吸附床的散热状态直接影响其制冷速率的大小，散热状态越好，制冷速率越快。

还有人研究了太阳能吸附制冷系统的COP和制冷量的问题，他们提出应该构建更合理的吸附循环和吸附床结构。基于对固体吸附制冷系统的大量实验和理论研究，提出了一种新型的太阳能驱动连续型固体吸附制冷及供热复合机的设计方案。该复合机与间歇式的太阳能固体吸附制冷系统相比，有以下一些优点：日照时能实现连续制冷；既制冷又供热；系统中能量利用率较高。

有人也研究了如何提高系统的COP问题，他们提出了一个新的循环。与传统吸收循环比较，新循环较传统循环多了一个压缩机。通过用热力学第一、二定律对循环进行分析，COP 比传统循环明显提高。

7.1.6　太阳能发电系统

太阳能发电系统与传统的太阳能系统的不同之处是引进了一个与传统太阳能系统相连接的测量系统，我们称之为计量箱。计量箱包括一个将太阳能模块发出的直流电转换为交流电再与电网连接的逆变器。太阳能灯具主要是应用在城市次干道和乡村道路、广场、草坪等场合，还不能完全代替市电照明，但是从长远看，随着太阳能电池板价格的下降和节能光源的研究，太阳能灯具一定会发挥越来越重要的作用。同时太阳能电力系统还被广泛应用于不具备引电条件的家庭农场、偏远山区、交通管控、临时信号灯管制、警用移动工作室和城乡公交运输等方面。

7.1.7　太阳能在通信中的利用

1993 年，郑州—济南数字微波通信工程中，个别中继站供电采用农用电供电，供电极不正常，经常停电，造成微波干线中断。为了解决个别站点的供电问题，他们在河南境内的渠村站实验安装了太阳能供电系统。根据该站的环境条件和微波设备耗电情况，考虑到渠村也不是完全没有市电供电，因此在设计时供电以太阳能电池为主，市电为辅。该系统具有防反充、防过充、防过放告警，输出电压自动调节，以及自动切换功能等特点。

7.1.8　太阳能在其他方面的应用

俄罗斯科学家使北极的黑夜变得阳光灿烂的试验过程是：利用一艘叫"进步号"的无人驾驶小飞船从已处于太空的"和平号"空间站上脱离，并以每秒 570° 的速度旋转，产生离心力，使上面的一把折叠伞式的太阳反射镜展开成形。折叠的反射镜完全张开后，小飞船的旋转速度降低到每秒 84°，这个速度足够使反射阳光的伞处于绷紧状态。这时，反射镜把阳光反射到北极，照亮了处于黑暗之中的地面。

这次试验成功后，俄罗斯的空间科学家开始制定规模更大的计划，准备在围绕地球的 1550 ~ 5530km 的高空中，布置 100 个这样的太阳反射镜。它们既可以使地球的黑夜变白昼，还能把阳光聚焦成光束，射到飞船的太阳能电池帆板上作为能源来投进飞船，或者用光束的热能烧毁留在空间的各种太空垃圾，以保证正在运行中的宇宙飞船的安全。

法国一家船舶公司的科学家研制出了太阳能冰箱，这种太阳能自动制冰机，外形就像一个恒温箱，仅靠一个太阳能接收器。在接收器里装活性炭颗粒，向这些活性炭的孔中"灌进"甲醇。夜晚因气温下降，活性炭粒吸进液态的甲醇，白天太阳一晒，活性炭粒中的甲醇汽化。汽化后的甲醇流到制冰箱的冷凝器变成液体，夜晚时又被活性炭吸进小孔内，每天就这样日夜循环制冰。这种制冰机有一个缺点，就是在阴天时因活性炭中的甲醇不能汽化吸热，不能制造冰块。

俄罗斯国立敖德萨理工大学的研究人员提了一项新设想，用水池吸收并储备太阳能，然后再加以利用。在一个深水池中，如果没有对流和层流，那么在阳光照射下，水面和底层之间会存在相当大的温差，有时候会高达数十度。

7.1.9   今后太阳能利用的发展前景

现在太阳能的利用已得到世界各国的普遍重视，太阳能的利用也到了一个新的发展阶段，称为建筑一体化设计，即不再采用屋顶上安装一个笨重的装置来收集太阳能，而是用那些能把阳光转换成电能的半导体太阳能电池板直接嵌入到墙壁和屋顶内。这种一体化的设计思想是由美国太阳能协会创始人施蒂文·斯特朗20年前所倡导的，由于当时太阳能电池过于昂贵，无法实施。如今太阳能电池的价格只有20世纪80年代的1/3，所以现在推广的可能性大大增加。

我们在大力提倡使用太阳能的同时，也要强调要在工程设计中建筑的整体美、造型新以及技术的先进性，注意设计中屋顶墙面所用的太阳能电池板的设置位置，面积大小与建筑立面的造型与环境是否协调等多方面的因素。

7.2   分布式太阳能利用——太阳房

7.2.1   太阳房的原理及分类

太阳房，就是能够利用太阳能进行采暖和降温的房子，是节能建筑的一种特例。我国传统的民房几乎都是太阳房，是最原始、最感性的太阳房，是现代太阳房的雏形。"太阳房"一词起源于美国。当时，人们看到用玻璃建造的房子内阳光充足，温暖如春，便形象地称为太阳房。

7.2.1.1   太阳房的基本原理

太阳房的基本原理就是利用"温室效应"。因为，太阳辐射是在很高的温度下进行的辐射，很容易透过洁净的空气、普通玻璃、透明塑料等介质，而被某一空间里的材料所吸收，使之温度升高，它们又向外界辐射热量，而这种辐射是在比太阳低得多的温度下散发的长波红外辐射，较难透过上述介质，于是这些介质包围的空间形成了温室，出现所谓的"温室效应"。

7.2.1.2　太阳房的分类

按照目前国际惯用名称，太阳房分为两大类：主动式太阳房和被动式太阳房。

（1）主动式太阳房。以太阳能集热器、管道、散热器、风机或泵以及储热装置等组成的强制循环太阳能采暖系统，或者是上述设备与吸收式制冷机组成的太阳能空调系统。这种系统控制、调节比较方便、灵活，人处于主动地位，因此称为主动式太阳房。主动式太阳房的优点是室内温度波动小，舒适度好。缺点是一次性投资大，设备利用率低，技术复杂，需要专业技术人员进行维护管理，而且仍然要耗费一定量的常规能源。因此，对于居住建筑和中小型共用建筑来说，主要采用被动式太阳房，今后提到的太阳房指的就是被动式太阳房。

（2）被动式太阳房。是通过建筑朝向和周围环境的合理布置，内部空间和外部形体的巧妙处理，以及建筑材料和结构、构造的恰当选择，使其在冬季能采集、保持、贮存和分配太阳能，从而解决建筑物的采暖问题。同时，在夏季又能遮蔽太阳能辐射，散逸室内热量，从而使建筑物降温，达到冬暖夏凉的目的。

被动式太阳房最大的优点是构造简单，造价低廉，维护管理方便。但是，被动式太阳房也有其缺点，主要是室内温度波动较大，舒适度差，在夜晚、室外温度较低或连续阴天时需要辅助热源来维持室温。集热、蓄热、保温是被动式太阳房建设的三要素，缺一不可。

被动式太阳房按集热形式可分为5类：（1）直接受益式；（2）集热蓄热墙式；（3）附加阳光间式；（4）屋顶蓄热式；（5）自然对流循环式，如图7-1所示。

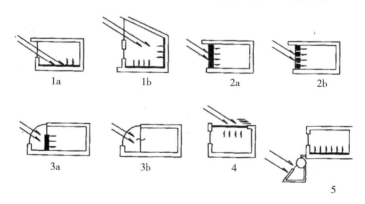

1.直接受益式　2.集热蓄热墙式　3.附加阳光间式　4.屋顶蓄热式　5.自然对流循环式

图7-1　太阳房的5种集热形式

（1）直接受益式。直接受益式是被动式太阳房中最简单也是最常用的一种。它是利用南窗直接接受太阳能辐射。太阳辐射通过窗户直接射到室内地面、墙壁及其他物体上，使它们表面温度升高，通过自然对流换热，用部分能量加热室内空气，另一部分能量则贮存在地面、墙壁等物体内部，使室内温度维持到一定水平。

直接受益式系统中的南窗在有太阳辐射时起着集取太阳辐射能的作用，而在无太阳辐射的时候则成为散热表面，因此在直接受益系统中，南窗尽量加大的同时，应配置有效的保温隔热措施，如保温窗帘等。

由于直接受益式被动式太阳房热效率较高，但室温波动较大，因此，使用于白天要求升温快的房间或只是白天使用的房间，如教室、办公室、住宅的起居室等。如果窗户有较好的保温措施，也可以用于住宅的卧室等房间。

（2）集热蓄热墙式。集热蓄热墙式被动式太阳房是间接式太阳能采暖系统。阳光首先照射到置于太阳与房屋之间的一道玻璃外罩内的深色储热墙体上，然后向室内供热。

采用集热蓄热墙式被动式太阳房室内温度波动小，居住舒适，但热效率较低，常常和其他形式配合使用。如和直接受益式及附加阳光间式组成各种不同用途的房间供暖形式，可以调整集热蓄热墙的面积，满足各种房间对蓄热要求的不同，这种组合可以使用于各种房间的要求。但玻璃夹层中间容易积灰，不好清理，影响集热效果，且立面涂黑不太美观，推广有一定的局限性。

（3）附加阳光间式。附加阳光间式被动式太阳房是集热蓄热墙系统的一种发展，将玻璃与墙之间的空气夹层加宽，形成一个可以使用的空间——附加阳光间。这种系统其前部阳光间的工作原理和直接受益式系统相同，后部房间的采暖方式则雷同于集热蓄热墙式。

（4）屋顶蓄热式和自然对流循环式这两种形式目前国内采用极少。在农村和小城镇，最普遍、最经济实用的是直接受益式、集热蓄热墙式和这两种的混合式。

7.2.1.3 被动式太阳房的特点

根据多年来的测试及统计分析，被动式太阳房具有以下的特点：

（1）工程造价低。据统计，太阳房的工程造价比普通房增加 10%~15%。

（2）冬暖夏凉。冬季，在无辅助热源的情况下，太阳房比普通房室内温度高 5~8℃，室内外温差达到 15℃；夏季，太阳房比普通房室内温度低 3~5℃。

（3）节能效果好。据测算，一栋 100m² 的太阳房和普通房，在保证室内温度相同的情况下，每年可节约薪柴或秸秆 1.5t 左右；在保证烧柴量相同的情况下，太阳房比普通房室内温度高 5~8℃。

（4）需要辅助热源，当室外温度很低或连续阴天时，应当有辅助热源提供热量来维持室内温度。辅助热源可采用吊炕等。

7.2.1.4 太阳房的应用范围

太阳房主要应用于农村建筑，包括学校、村镇办公用房、农民住宅等（图 7-2、图 7-3）。其中学校是应用太阳房最好的场所，原因有以下几点：

图 7-2 被动式太阳房住宅

图 7-3 被动式太阳房学校

（1）太阳能校舍几乎不用烧柴、煤等常规能源，学生不再受烟熏之苦，有益于学生的身心健康。

（2）学校主要是白天使用，并且在最寒冷的一、二月和最热的七、八月学生放假，因此，被动式太阳房的优越性能够充分发挥出来。

（3）教育部及省教委非常重视太阳能校舍的建设，曾多次召开专题会议，讨论改建危旧校舍成太阳能校舍的问题。

辽宁省太阳房建设从 20 世纪 80 年代初期开始至今已发展 500 多万 m^2，居全国首位。其中有住宅、农村中小学校舍、村镇办公室、敬老院等。

辽宁省技术监督局和辽宁省建设厅于 1997 年联合颁布了《村镇被动式太阳能建筑设计施工规程》，辽宁省人民政府于 1998 年授予该项技术为省科技进步三等奖。

7.2.2 被动式太阳房的设计要点

太阳房建设地点、朝向和房间距是决定太阳房能否充分利用太阳能的关键问题，它直接影响到太阳房的性能和维护管理。

7.2.2.1 太阳房的建设地点、朝向和房间距的确定

正确确定太阳房的建设地点、朝向和房间距，是能否充分利用太阳能、达到冬暖夏凉的关键，建房前一定要在村镇建设规划允许的情况下，合理选择建设地点、朝向和房间距。

1. 太阳房的建设地点

太阳房的建设地点应是太阳能辐射丰富或可利用地区，最好选在背风向阳的地方，不要在低温区或北风口上，不要被南向建筑物或树木遮挡阳光，周边没有排放化学物质微粒及灰尘较大的工厂（如水泥厂等）附近，建筑物在冬至日从上午9时至下午3时的6h内，阳光不被遮挡，直接照射进室内或集热器上，可获得全天太阳总辐射热的90%左右。

2. 太阳房的朝向

辽宁省地方标准《村镇被动式太阳能建筑设计施工规程》（DB 216-951—1997）规定，太阳房选址应是南向偏东或偏西20°以内。根据我省多年来的经验，太阳房的朝向一般在南偏东或偏西15°范围内，超出这个角度我们称作节能建筑，因为太阳房本身就是节能建筑的一种特例。一般情况下，用于白天要求的房间，如村镇的办公室、学校的教室等应选择朝向偏东设计，朝向偏东5°左右，用于夜间使用为主的房间，如住宅等一般是朝向偏西设计，朝向偏西5°左右。如果是原有建筑改造成节能建筑可不受此角度限制。

太阳房朝向的确定有多种方法，一般由乡镇规划部门利用罗盘法和经纬仪测定，在精度要求不高的地方可采用棒影法测定，然后用"三、四、五"法定位放线。

（1）用棒影法确定正南正北朝向。在平整后的场地上适当位置处立一根垂直立杆，记下立杆的时间，比如上午10时，然后用白灰在地上撒出棒影的灰线，取一根与棒影长度相同的绳子，以立杆点为圆心，从棒影开始，以该绳子的长度为半径顺时针画弧并用白灰撒出灰线。由于棒影长度随着太阳高度的变化而发生变化，午前至正午，棒影越来越短，到正午时棒影最短，午后棒影越来越长，下午2时前后，棒影与圆弧再次重合，用白灰撒出棒影灰线，两个棒影灰线之间夹角的平分线的方向就是正南正北的方向。角平分线的做法有两种：一种是用数学的方法，即以两棒影与圆弧的交点为圆心，以适当长度为半径画弧，两弧交点与立杆点的连线就是正南正北的方向；另一种方法是用尺量法，用钢尺量取两棒影与圆弧交点之间的距离，该长度的中点与立杆点的连线方向就是正南正北的方向。做法如图7-4所示。

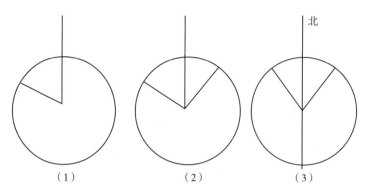

图 7-4　场地的定位放线

（2）用棒影法确定南偏东、偏西 5° 朝向。在平整后的场地上适当的位置，11:40 分立一根垂直立杆，该立杆在地上的投影方向就粗略地认为是南偏东 5° 的方向；12:20 分立一根垂直立杆，该立杆在地上的投影方向就粗略地认为是南偏西 5° 的方向。

（3）用"三、四、五"法定位放线。在精度要求不高时，直角的测设可用钢尺按"三、四、五"法（勾股定理）作垂线进行，如图 7-5 所示。在农村太阳能温室和太阳房建设中，这种方法是十分方便和有效的。

放线方法是首先确定出房屋的一个角点，然后根据测定出的房屋方位用钢尺采用平行法确定出温室的山墙位置和尺寸，用钢尺采用"三、四、五"法确定出房屋的南北墙位置和尺寸。

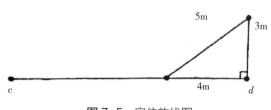

图 7-5　定位放线图

3. 太阳房的房间距

太阳房的日照间距按保证冬至日前后不低于 5h 的日照取值，同时也要尽量节省土地的原则，日照间距既要满足日照取值的要求，也不能过度浪费土地。在地形基本平坦的情况下，部分代表地区理想日照间距取值见表 7-1。

表 7-1 代表地区日照间距取值

代表地区	地理纬度	保证冬至日 5h 日照间距	保证冬至日 6h 日照间距	备注
大连	38° 54′	$2.0H_0$	$2.3H_0$	
营口	40° 40′	$2.2H_0$	$2.5H_0$	
鞍山	41° 07′	$2.2H_0$	$2.6H_0$	
沈阳	41° 46′	$2.3H_0$	$2.6H_0$	
朝阳	41° 33′	$2.2H_0$	$2.6H_0$	
阜新	42° 02′	$2.3H_0$	$2.7H_0$	

注：H_0 为南向遮挡建筑物的遮挡高度。

7.2.2.2 太阳房外部形状和内部各房间的安排

（1）太阳房的外形决定太阳房设计是否合理，因为太阳房的南墙和南向窗户是主要集热部件，南墙面积越大，所获得的太阳能越多。因此，太阳房的形状最好采用东西延长的长方形，墙面上不要出现过多的凸凹变化，否则会影响房屋的抗震功能和采暖效果。

（2）太阳房内部房间的安排应根据房间的用途确定，应将主要采暖房间如住宅的卧室、起居室、学校的教室、办公室等安排在南向，而将辅助房间如住宅的厨房、卫生间和教室的走廊、楼梯等放在北向。

（3）太阳房开间与进深的比值。住宅、办公用房 1：1.5；学校教室开间 ≥ 6m，进深 ≤ 6m。

（4）非南向出入口需要设置门斗。

（5）太阳房立面与层高设计应满足以下条件：

①集热部件立面设计应与太阳房建筑立面相协调。

②南墙面构件的挑出或退进应不影响太阳能的利用。

③直接受益式、集热蓄热墙式太阳房南立面窗墙面积比分别取 0.35～0.5 和 0.3～0.5。

（4）太阳房层高不宜过高，一般住宅、办公用房层高取 2.7～2.8m，学校教室取 3.2～3.3m。

（6）太阳房的集热形式选择：

①太阳房的集热形式应根据当地的气象因素、抗震因素、房间的使用功能因素及经济因素等综合考虑，合理选择。

②用于白天要求升温快的房间，如起居室、办公室、教室等优先选用直接受益式；用于夜间使用为主的房间，如住宅的卧室等应优先选择集热蓄热墙式。

③建筑物的门厅、公共建筑大厅等应优先选择附加阳光间式集热形式。

7.2.2.3 太阳房各部件构造要求

1. 太阳房的墙体

太阳房的墙体除具有一般普通房屋墙体的功能外，还具有集热、贮热和保温功能，是太阳房的重要组成部分。

（1）太阳房的复合墙体。太阳房的墙体既是房屋的维护结构，也是房屋散热的主要部件，墙体的散热量占整个房屋散热量的30%以上。因此，太阳房采用复合保温墙体，其外墙内侧应选用重质材料，作为蓄热体，中间是保温材料，外侧是保护墙体。通常做法是屋内一侧砌240mm厚的承重墙，中间放置60~120mm厚的保温材料（具体的厚度根据地理纬度和室外温度确定），屋外一侧砌60mm或120mm厚的保护墙，里外两肢墙体用拉结筋拉在一起，形成一个整体。

承重墙与保护墙之间必须用钢筋拉结使它们形成一个整体。拉结方法为用直径为6mm的钢筋拉结，钢筋两端设有弯钩，长度比复合墙厚少40mm。水平间距两砖到两砖半（500~750mm），垂直距离为8~10皮砖（500~600mm）。拉结钢筋要上下交错布置。太阳房外维护结构的做法还有很多种，有在墙体外侧贴保温板，然后挂钢丝网抹灰或网格布外抹面胶浆的，然后刷涂料或贴饰面砖（图7-6）。

（2）太阳房的热桥部位。太阳房外墙热桥部位（圈梁、过梁、构造柱、外墙转角处）必须采取有效的保温隔热措施。

（3）太阳房复合保温墙的保温层厚度根据当地室外设计温度选取。保温材料厚度按聚苯乙烯泡沫板计算（表7-2）。

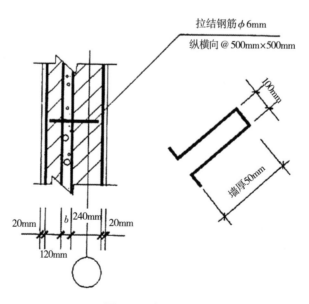

图7-6 复合墙体构造

表 7-2　各纬度地区墙体保温层厚度参考值

纬度	45°以北	43°~44°	40°~42°	37°~39°	36°以南
室外设计温度	25℃以上	20~25℃	15~20℃	10~15℃	10℃以下
保温层厚度	120mm 以上	100~120mm	80~100mm	60~80mm	60mm 以下

2. 门窗

太阳房的门窗是太阳房获取太阳能的主要集热部件，也是重要的失热部件。由于门经常开启，保温困难，最好设门斗或双层门。窗的功能在太阳房设计中，除了具有采光、通风和观察作用外，还具有集取太阳能的功能，对于直接受益式太阳房来说，窗户起着决定性作用。因此，在设计太阳房集热窗时，在满足抗震要求的情况下，应尽量加大南窗面积，减小北窗面积，取消东西窗，采用双层或三层窗，有条件的用户最好采用三玻塑钢窗。

窗户宜采用分格少、玻璃面积大的正方形窗的设计形式，在满足换气要求的情况下减少开启扇。窗户的开启方式最好采用平开窗，密封效果好，减少空气透过量。

太阳房的集热窗应设置保温窗帘（板），并采取密封处理的构造措施。

3. 空气集热器

空气集热器是设在太阳房南窗下或南窗间墙上获取太阳能的装置，有对流式和辐射式两种。对流式由透明盖板（玻璃或其他透光材料）、空气通道、上下通风口、夏季排气口、吸热板、保温板等几部分构成；辐射式与对流式的区别是没有上下通风口。

对流式空气集热器的上下通风口的面积之和为空气集热器面积的 1%~3%。风口内部必须光滑，并设有开关灵活的风门，在夜间关闭风门，防止热空气倒流。

4. 屋面

屋面是房子热损失最大的地方，占整个房屋热损失的 30%~40%，因此，屋面保温尤为重要。农房屋面基本上有两种类型，一种是坡屋面，另一种是平屋面，虽然大多都有不同程度的保温层，但保温效果远远不够。被动式太阳房屋面保温层厚度是在墙体厚度的基础上增加 30%，即墙体保温层厚度为 100mm 时，屋面的保温层厚度为 130mm。

5. 地面

被动式太阳房地面除了具有普通房屋地面的功能以外，还具有贮热和保温功能，由于地面散失热量较少，仅占房屋总散热量的 5% 左右，因此，太阳房的地面与普通房屋的地面稍有不同。其做法有两种：

（1）保温地面法：

①素土夯实，铺一层油毡或塑料薄膜用来防潮。

②铺 150~200mm 厚干炉渣用来保温。

③铺 300~400mm 厚毛石、碎砖或沙石用来贮热。

④按正常方法做地面。

（2）防寒沟法

在房屋基础四周砌筑 600mm 深，400～500mm 宽的沟，并做好防水措施，内填干炉渣保温。

7.2.2.4 被动式太阳房建筑识图基础

被动式太阳房的建造是根据专业技术人员绘制的施工图纸完成的。太阳房的使用性质、建筑规模、层数、层高、采用材料、结构形式及集热措施等，都反映在施工图纸上，是指导太阳房施工的主要依据。因此，从事太阳房建设的人员必须熟悉建筑识图方面的知识。

1. 图纸的基本知识

（1）工程字体。在图纸上书写的文字、数字或符号，应笔画清晰、字体端正、排列整齐、大小适宜。汉字应采用国家公布的简化字并写成仿宋体。文字的字高用字号表示。常用的字高有 7 种，其高宽应符合表 7-3 的规定。

表 7-3　常用字高与字宽　　　　　　　　　单位：mm

字高	2.5	3.5	5	7	10	14	20
字宽	1.8	2.5	3.5	5	7	10	14

拉丁字母、阿拉伯数字与罗马数字的书写与排列，应符合表 7-4 的规定。

表 7-4　字母、数字的书写与排列

		一般字体	窄字体
字母高	大写字母	h	h
	小写字母（上下均无延伸）	$7/10h$	$10/14h$
	小写字母向上或向下延伸	$3/10h$	$4/14h$
	笔画宽度	$1/10h$	$1/14h$
间隔	字母间	$2/10h$	$2/14h$
	上下行底线最小间隔	$14/10h$	$20/14h$
	文字间最小间隔	$6/10h$	$9/14h$

长仿宋体为直体字。拉丁字母、阿拉伯数字与罗马数字有直体与斜体之分。斜体字的字头向右倾斜，且与水平成 75° 角。当字母或数字与长仿宋体字并列时，宜同时采用直体字并应小一字号。

（2）图幅、比例、线形。

①图幅：图幅就是图纸的规格大小，根据《房屋建筑制图统一标准》（GB/T 50001—

2001）的规定，图幅有 5 种，代号分别为 A0、A1、A2、A3、A4。尺寸见表 7-5 和图 7-7。

表 7-5　常用图纸的规格

尺寸代号	幅面代号				
	A0	A1	A2	A3	A4
$b \times l$（mm×mm）	841×1189	594×841	420×594	297×420	210×297
c		10			5
a			25		

注：A0 图幅的面积为 $1m^2$，A0 图幅对折即为 A1，其余类推。

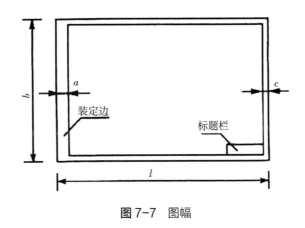

图 7-7　图幅

每张图纸的右下角都设有图纸的标题栏（简称图标）。标题栏的尺寸：长边不小于 180mm，短边尺寸宜用 40mm、30mm 或 50mm。栏内应分别注明工程名称、图号、设计单位以及设计人、制图人、审批人、工程负责人的签字，以便图纸的查阅和明确技术责任。图标的格式如图 7-8 所示。

图 7-8　标题栏

需要有各工种负责人会签的图纸，还设有会签栏。会签栏的格式如图 7-9 所示。栏内填写会签人员所代表的专业、姓名和日期。

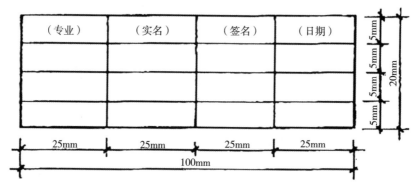

图 7-9　会签栏

②比例：图形的比例是图形与实物相对应的线性尺寸之比。建筑施工图采用缩小的比例。常用比例及使用范围见表 7-6。

表 7-6　常用比例及使用范围

图名	比例
建筑物或构筑物的平面图、立面图、剖面图	1:50、1:100、1:150、1:200、1:300
建筑物或构筑物局部放大图	1:10、1:20、1:25、1:30、1:50
配件及构造详图	1:1、1:2、1:5、1:10、1:15、1:20、1:25、1:30、1:50

太阳房建筑设计常用 1:100 的比例绘制。为了看清图纸的某些重点部位，有时也采用 1:20 或 1:50 的比例。

③线型：施工图上的线条有轮廓线、定位轴线、尺寸线、引出线等，这些线条各有意义，见表 7-7。

表 7-7　建筑施工图常用线型

名称		线型	线宽	一般用途
实线	粗	———	b	主要可见轮廓线、剖面图中被剖到部分的轮廓线、结构施工图的钢筋线
	中	———	$0.5b$	可见轮廓线
	细	———	$0.25b$	可见外轮廓、图例线、可见轮廓线、尺寸线、引出线、图例线、标高符号线等

续表

名称		线型	线宽	一般用途
虚线	粗	— — — — —	b	结构施工图中不可见的钢筋线、螺栓线
	中	— — — — — —	$0.5b$	不可见轮廓线
	细	- - - - - - - - - -	$0.25b$	不可见轮廓线、图例线
单点长画线	粗	— · — · —	b	结构施工图中梁或屋架的位置线
	中	— · — · —	$0.5b$	—
	细	— · — · —	$0.25b$	中心线、轮廓线、定位轴线
双点长画线	粗	— ·· — ·· —	b	预应力钢筋线
	中	— ·· — ·· —	$0.5b$	—
	细	— ·· — ·· —	$0.25b$	假想轮廓线、成型前原始轮廓线
折断线	细	—————／\————	$0.25b$	断开界线

（3）尺寸标注、标高、符号。

①尺寸的标注方法　建筑施工图除了应按一定的比例绘制外，还必须注有完整的尺寸，才能全面地表达图形的意图和各部分的相对关系。建筑施工图中的尺寸由尺寸线、尺寸界限、尺寸起止符号、尺寸数字四部分组成。尺寸的标注方法如图 7-10 所示。

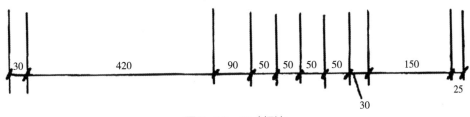

图 7-10　尺寸标注

尺寸线、尺寸界线为细实线，尺寸起止符号一般用中粗短线（2~3mm）绘制，并应与尺寸界线按顺时针方向 45° 倾倒。建筑施工图纸中，不论建筑施工图还是结构施工图，尺寸单位除了总平面图和标高以米为单位外，其余一律以毫米为单位。图中尺寸后面一般不写单位。尺寸数字应写在靠近尺寸线的上方中部，注写位置不够时，最外边的尺寸数字可注写在尺寸界线的外侧，中间相邻的尺寸数字可错开注写或引出注写。

②标高标注法：标高是表示建筑物各个部分或各个位置的高度。在建筑施工图纸上，标高标注尺寸数字都是以米为单位的，一般注到小数点后三位，在总平面图上只要注写到小数点后两位就可以了。标高数字后面不标单位。总平面图上的标高用全部涂黑的三角形

表示，其他图纸上的标高符号如图 7-11 所示。

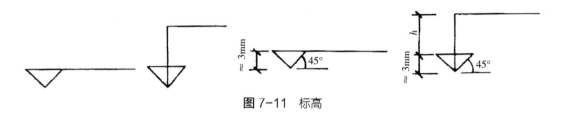

图 7-11 标高

标高有绝对标高和相对标高之分：

绝对标高：我国以青岛黄海海平面为基准，将其高程定为零点。地面地物与基准点的高差称为绝对标高。绝对标高一般只用在总平面图上。绝对标高零点标高（一般为室内地面高度）注成 ±0.000，在零点标高以上位置的标高为正数，注写时，数字前一律不写（+），如 3.000、4.500 等；在零点标高位置以下的标高为负数，注写时，数字前必须加注符号（-），如 -0.500、-1.500 等。

相对标高：建筑物标高，是以所建房屋首层室内的高度作为零点，写作 ±0.000 来计算房屋的相对高差。这种标高称为相对标高。

在一个详图中，如同时代表几个不同的标高时，可把各个标高都注写出来，注写方法如图 7-12 所示。

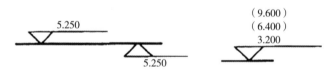

图 7-12 标高注写方法

③符号：建筑施工图纸中经常会遇到各种符号，用来表示本图与其他图样之间的关系，常见的一些符号有：

索引标志及详图符号：用于看图时便于查找相互有关的图纸，如图样中的某一局部或构件，需要另见详图时应以索引符号和详图符号来反映图纸间的关系。索引符号应按规定编写，见表 7-8。

表 7-8 详图索引标志

名称	符号	说明
详图的索引	④ 详图的编号 详图在本张图纸上	细线圆 ϕ10mm 详图在本张图纸上
	④ 局部剖面详图的编号 剖面详图在本张图纸上	粗短画线在下，表示由下向上投影
	④/③ 详图的编号 详图所在图纸编号	详图不在本张图纸上
	④/② 局部剖面详图的编号 剖面详图所在的图纸编号	粗短线在上，表示由上向下投影
	J103 ④/① 标准图册编号 标准详图编号 详图所在的图纸编号	标准详图
详图的标志	④ 详图的编号	粗线圆 ϕ14mm 被索引的详图在本张图纸上
	④/② 详图的编号 被索引的详图所在图纸的编号	被索引的详图不在本张图纸上

引出线：用于对图样上某些部位引出文字说明，符号编号和尺寸标注的线，如图 7-13 所示。

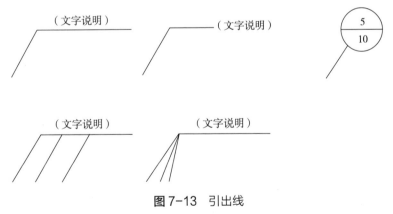

图 7-13 引出线

太阳房建筑中有些部分是由多层材料或多层做法构成的，如复合墙体、屋面构造和地面构造等。为了对多层构造加以说明，也可以通过引出线表示，引出线应通过被说明的构造各层，多层构造引出线如图 7-14 所示。

对称符号：用于完全对称的建筑工程图样，其画法是在对称轴两端画出平行的细实线。平行线长度为 6~10mm，间距为 2~3mm，平行线在对称轴的两侧应相等。如

图 7-15 所示。

连接符号：当图面绘不下整个构件时，需要分开绘制并用连接符号表示相接的部位，连接符号应以折断线表示需连接的部位。两部位相距较远时，折断线两端靠图样一侧应标注大写字母表示连接编号。如图 7-16 所示。

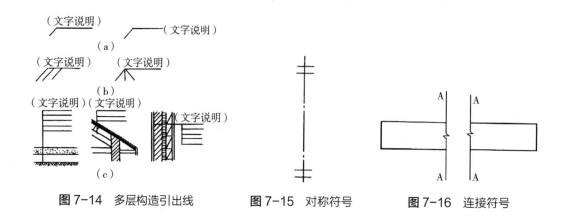

图 7-14　多层构造引出线　　　图 7-15　对称符号　　　图 7-16　连接符号

指北针：是以一个圆内画出涂黑的指针表示，针尖所指的方向即为北向。其圆的直径宜为 24mm，用细实线绘制；指针尾部的宽度宜为 3mm，一般用于总平面图及首层的建筑平面图上，表示该太阳房的朝向。如图 7-17 所示。

风玫瑰：是用来表示该地区每年风向频率的图形，它以坐标及斜线定出 16 个方向，根据该地区多年平均统计的各方向刮风次数的百分比绘制成折线图形，好像花朵，建筑上称它为风频率玫瑰图，简称风玫瑰，如图 7-18 所示。

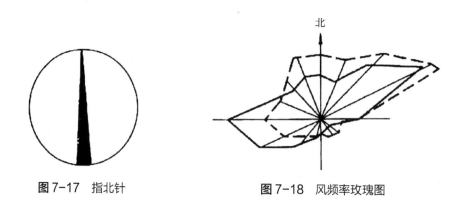

图 7-17　指北针　　　　　　　图 7-18　风频率玫瑰图

（4）图例和代号。

①图例：图例是建筑工程图上用图形来表示一定含义的一种符号。它具有一定的形象

性，使人看了就能体会它代表的东西。因此，要看懂太阳房建筑施工图，其中重要的一点是应该掌握国家标准中的有关建筑工程图的常用图例。常用建筑材料和构造图例见表7-9。

表7-9 常用建筑材料、构造图例

序号	名称	图例	备注
1	自然土壤		包括各种自然土壤
2	夯实土壤		
3	沙、灰土		靠近轮廓线，以较密的点表示
4	沙砾石、碎砖三合土		
5	天然石材		包括岩层、砌体、铺地、贴面等
6	毛石		
7	普通砖		1.包括砌体、砌块 2.断面较窄不易画出时可涂红
8	空心砖		包括各种多孔砖
9	混凝土 钢筋混凝土		1.包括各种等级、骨料、外加剂的混凝土和钢筋混凝土 2.剖面图上画出钢筋时，不画图例线。断面小不画图例线，可涂黑
10	焦渣、矿渣		包括水泥珍珠岩、沥青珍珠岩、泡沫混凝土、非承重加气混凝土、泡沫塑料、软土等
11	多孔材料		
12	纤维材料		包括麻丝、玻璃棉、矿渣棉、木丝板、纤维板、垫木、木砖、木龙骨等
13	木材		
14	金属材料		包括各种金属，图形小时可涂黑
15	玻璃		包括平板玻璃、磨砂玻璃、夹丝玻璃、钢化玻璃、中空玻璃、夹层玻璃、镀膜玻璃等
16	防水材料		构造层次多或比例大时，采用上面的图例

续表

序号	名称	图例	备注
17	胶合板		应注明为 × 层胶合板
18	孔洞		阴影部分可以涂色代替
19	检查口		左图为可见检查口，右图为不可见检查口

②常用构件名称及代号：建筑工程图中常用的构件可用代号表示，代号为该构件的汉语拼音的第一个字母，如表7-10所示。

表7-10　常用构件名称及代号

序号	名称	代号	序号	名称	代号
1	圈梁	QL	7	构造柱	GZ
2	过梁	GL	8	屋架	WJ
3	基础梁	JL	9	门	M
4	空心板	KB	10	窗	C
5	雨篷	YP	11	门连窗	MC
6	阳台	YT	12	现浇板	XB

2. 太阳房施工图

太阳房施工图一般包括图纸目录、总说明、建筑施工图和结构施工图四部分内容。图纸目录包括每张图纸的名称、内容、图号等；总说明包括工程概况、建筑标准、荷载等级等；建筑施工图包括总平面图、平面图（包括底层平面图、标准层平面图和顶层平面图）、立面图（正立面图或南立面图、侧立面图或左立面图、背立面图或北立面图）剖面图和节点详图，通常以"建施—××"编号；结构施工图包括基础平面图、基础剖面图、楼（屋）面板结构平面图、结构详图，通常以"结施—××"编号。

（1）建筑施工图。

①总平面图。总平面图是表明太阳能建筑在建筑场地内的位置和周围环境的平面图，是工程定位放线的依据。一般在总平面图上标有新建建筑物的外形轮廓、层数、周围的地物、原有道路、房屋，以及拟建房屋、道路、给排水、电源、通信线路走向等。还要表示出测绘用的坐标方格网、坐标点位置和拟建建筑物的坐标、水准点和等高线、指北针、风玫瑰等。该类图纸一般以"总施—××"编号。

②平面图。建筑平面图是由一个假想水平面，沿略高于窗台的位置剖切建筑物，切面以下部分的水平投影图就是平面图。平面图的用途是作为在施工过程中放线、砌筑、安装门窗、作室内装修等的依据；也是编制工程预算和备料，作施工准备的依据。如果是多层楼房，各层平面图形成的原理相同。

建筑平面图反映了以下 6 个方面的内容：

a. 建筑物形状、内部的布置及朝向。

包括太阳能建筑的平面形状、各类房间的组合关系、位置，并注明房间的名称，首层平面图还要标注指北针，表明太阳能建筑的朝向。

b. 表明太阳能建筑物的尺寸。

在平面图中，用轴线和尺寸线表示各部分的长度、宽度和精确位置。外墙尺寸一般为三道标注：最外面一道是外包尺寸，表明了太阳能建筑的总长度和总宽度；中间一道是轴线尺寸，表明了开间和进深的尺寸；最里面的一道是细部尺寸线，表明门窗洞口、墙垛、墙厚等详细尺寸。内部标注有墙厚、门窗洞口尺寸、与轴线的关系等。首层平面图上还要标注室外台阶和散水的尺寸。

c. 表明太阳能建筑的结构形式、集热形式及主要材料。

如图 7-19 所示，该太阳能建筑为砖混结构，集热形式采用的是直接受益式和空气集热器的混合式，外墙为复合保温墙体。

d. 表明门窗的编号，门的开启方向。

（a）注明门窗编号。如 M1、M2、C1、C2 等。

（b）表明门的开启方向。作为门及五金安装的依据。

e. 表明剖面图、详图和标准图的位置及编号。

（a）表明剖切线的位置。如图 7-19 平面图中有 1-1 剖切线，则对应有一剖面图，剖切线上数字的方向即为剖切投影方向。

（b）表明局部详图的编号及位置。如图 7-19 平面图中有两个圆圈里面有一个分数，分子是 1、2，分母是一条横线，分子表明详图索引的编号，分母的一条横线表明该索引的详图在本张图纸上，如果圆圈内有 2/5 等分数，则分子 2 表明第 2 个图，分母 5 表明该图在第 5 张图纸上。也就是分数线上的数字表示第几个图，如第 1、2 个图，分数线下的数字表示图纸的页数。如第 1、2、5 页等。

（c）表明所选用的构件、配件的编号。

f. 必要的文字说明。

平面图中不易表明的内容需要用文字说明，一般包括施工要求、材料标号等。

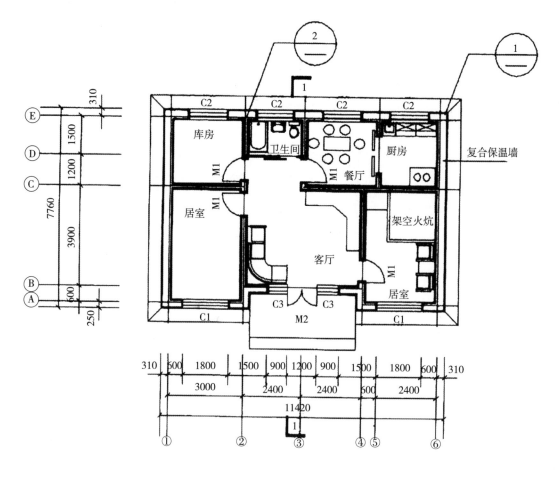

图 7-19　平面图

③立面图。建筑立面图是表示建筑物外貌的图纸。从立面图（图 7-20 是太阳房立面示意图）可以看出建筑物建成后的外形。太阳房立面图由下列内容组成：

a. 表明太阳房的外形 门窗、集热器、阳台、台阶等的位置。

b. 表明太阳房外墙、屋面所用材料和做法。如图 7-20 中南立面图表明该太阳房外墙采用浅灰色外墙漆、红色商曲瓦屋面，设窗下空气集热器。

c. 表明太阳房的室外地坪标高，檐口标高和总高度。

④剖面图。剖面图是表示建筑物的竖向构造、各部位高度、标高索引的图纸。从剖面图（图 7-21 是太阳房剖面示意图）可以看出屋面、地面做法和室内外标高等。

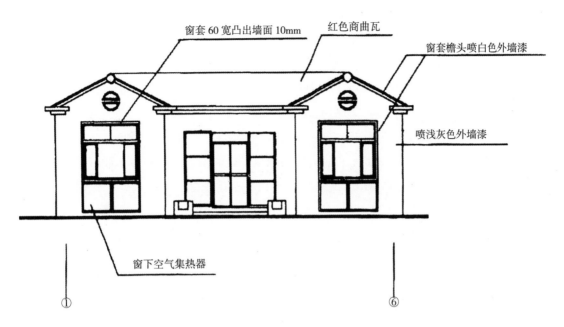

窗套 60 宽凸出墙面 10mm 　　红色商曲瓦

窗套檐头喷白色外墙漆

喷浅灰色外墙漆

窗下空气集热器

① 　　⑥

图 7-20 太阳房立面示意图

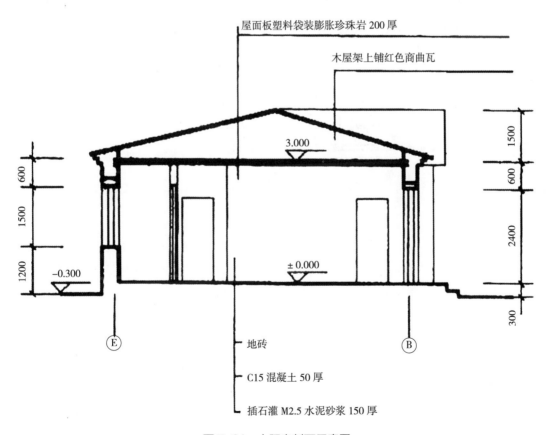

屋面板塑料袋装膨胀珍珠岩 200 厚

木屋架上铺红色商曲瓦

3.000

1500

600

600

1500

2400

1200

−0.300

± 0.000

300

Ⓔ 　　Ⓑ

地砖

C15 混凝土 50 厚

插石灌 M2.5 水泥砂浆 150 厚

图 7-21 太阳房剖面示意图

表明了太阳房各部位的高度 楼板、圈梁、门窗、过梁的标高或竖向尺寸。

表明地面、屋面、墙体的构造及做法。

剖面图中不易表明的部位或做法 可引出详图索引另画详图表示。

⑤节点详图。在太阳房建筑施工图中，除绘制平、立、剖面图外，为了详细表明太阳房重要部位的构造，还应用施工详图加以表明，需绘制详图的部位。一般有外墙、楼梯、集热器、门窗等。下面是太阳能建筑复合保温墙体转角和丁字接头处的做法（图7-22）。

（2）结构施工图。结构施工图表明太阳房承重骨架的构造情况和各工种（建筑、给排水、采暖、电气）对结构的要求。它是施工放线、基础挖槽、支模板、绑扎钢筋和构件浇注、安装的依据。结构施工图包括基础平面图、基础剖面图、楼（屋）面板结构平面图，钢筋混凝土构件详图。通常以"结施—××"编号。

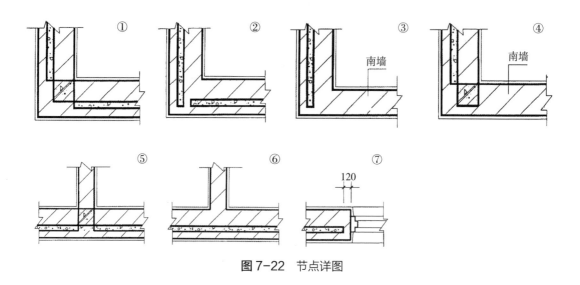

图7-22 节点详图

①基础平面图。基础平面图主要表明基础墙、垫层、预留洞口、构件布置的平面关系（图7-23）。在图中可以看到1-1、2-2剖切符号，相同剖切符号表明这些基础的做法相同，在基础剖面图上可以看到基础的具体构造和做法。

②基础剖面图。基础剖面图主要表明基础做法和材料（图7-24）。图中可以看到基础墙中心线与轴线的尺寸关系，基础墙身厚度、埋深尺寸，垫层材料及尺寸，低于室内地坪的墙身处如无地梁还应设置防潮层。

基础平、剖面图中的文字说明是必需的，包括±0.000相当的绝对标高，地基承载力设计值，材料强度，施工验槽要求等内容。

③楼（屋）面板结构平面图。楼（屋）面板有预制和现浇两种。在农村太阳房建设

中，大部分采用现浇混凝土楼（屋）面板，见图7-25。

楼（屋）面板结构平面图包括：平面、剖面、钢筋表、文字说明四项内容。这些图与相应的建筑平面图及墙身剖面图关系密切及墙身剖面图关系密切，应配合使用。

④结构详图。结构详图是制作模板、绑扎钢筋的依据。一般包括钢筋混凝土梁、板、柱、楼梯等非标准构件详图。图中表明平面和剖面的详细尺寸、标高、轴线、编号、钢筋布置等。现浇楼（屋）面板的钢筋布置不很复杂时，可在平面图上表示。

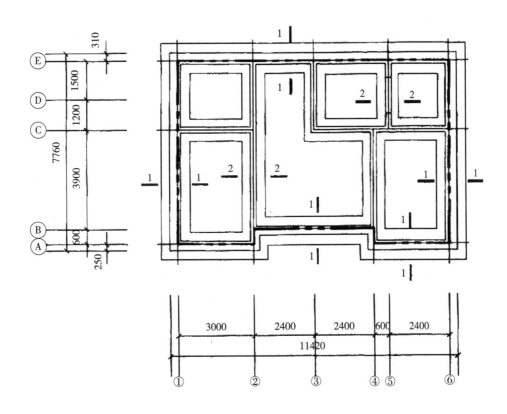

图7-23 基础平面图

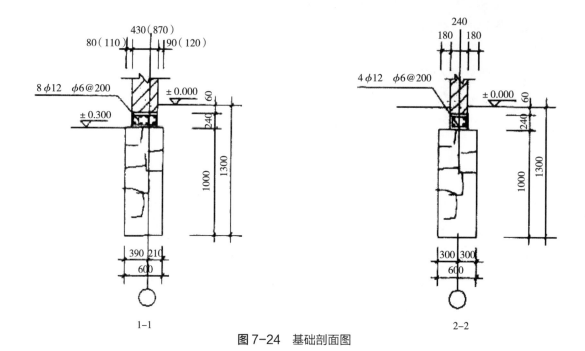

图 7-24　基础剖面图

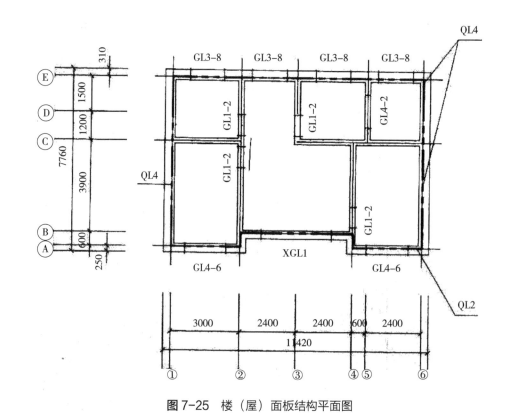

图 7-25　楼（屋）面板结构平面图

7.2.3 被动式太阳房的施工要点

被动式太阳房施工技术与普通建筑施工技术有相同点也有不同点，主要区别是复合保温墙、屋面、基础及地面、门窗、集热器等施工技术。

7.2.3.1 施工准备

1. 图纸及有关资料准备

（1）施工现场的地质勘测报告。

（2）由设计、施工、建设等单位会审过的被动式太阳房施工图纸。

（3）有关施工及验收规范及标准图。

2. 确定施工方案

被动式太阳房建筑施工方案除了应满足普通建筑要求外，还要根据本身的特点制定相应的施工工艺和综合技术措施：

（1）各主要部件、节点的施工方法和施工顺序。

（2）各类集热材料、蓄热材料、保温材料的质量标准和保管方法。

（3）施工场地水文地质情况及处理方法。

（4）保证施工质量、安全操作和冬雨季施工技术措施。

3. 材料准备

（1）建筑及保温材料性能指标应满足设计要求。

（2）购买的保温材料应有质量证明，如导热系数、密度、抗压强度吸水性等。

（3）板状保温材料在运输及搬运过程中应轻拿轻放，防止损伤断裂、缺棱掉角，保证板的外形完整。

（4）施工现场应做好防火、防潮等安全措施。

7.2.3.2 太阳房施工

1. 基础及四周保温施工要点

由于被动式太阳房工程较小，一般情况下均采用毛石基础，毛石基础施工要点如下：

（1）毛石质地坚实，无风化剥落和裂纹，标号在 200 号以上，尺寸为 200～400mm，填心小块为 70～150mm，数量占毛石总量的 20%。

（2）砌筑毛石基础的砂浆一般采用 50 号水泥砂浆，灰缝厚度为 20～30mm。

（3）毛石基础顶面宽度应比墙厚大 200mm（每边宽出 100mm），毛石基础应砌成阶梯状，每阶内至少两皮毛石，上级阶梯的石块至少压砌下级阶梯石块的 1/2。

（4）砌筑基础前，必须用钢尺校核毛石基础的尺寸，误差一般不超过 5mm。

（5）砌筑毛石基础用的第一皮石块，应选用比较方正的大石块，大面朝下，放平、放稳。当无垫层时，在基槽内将毛石大面朝下铺满一层，空隙用砂浆灌满，再用小石块填空挤入砂浆，用手锤打紧。有垫层时，先铺砂浆，再铺石块。

（6）毛石基础应分皮卧砌，上下错缝，内外搭接。一般每皮厚约300mm，上下皮毛石间搭接不小于80mm，不得有通缝。每砌完一皮后，其表面应大致平整，不可有尖角，驼背现象，使上一皮容易放稳，并有足够的搭接面。不得采用外面侧立石块，中间填心的包心砌法。基础最上面一皮，应选用较大的毛石砌筑。

（7）毛石基础每日砌筑高度不应超过1.2m，基础砌筑的临时间断处，应留踏步槎。基础上的孔洞应预先留出，不准事后打洞。

（8）基础墙的防潮层，如设计无具体要求时，用1:2.5水泥砂浆加5%的防水剂，厚度为20mm。

（9）基础四周做防寒处理，其做法是在房屋基础四周砌筑600mm深，400～500mm宽的沟并做好防水措施，内填干炉渣保温，上面做防水坡，宽度大于防寒沟200mm。

太阳房平面图如图7-26所示，立面图如图7-27所示，剖面图如图7-28所示。

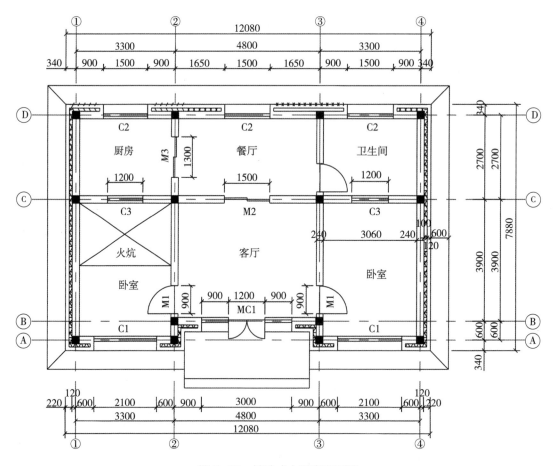

图7-26　被动式太阳房平面图

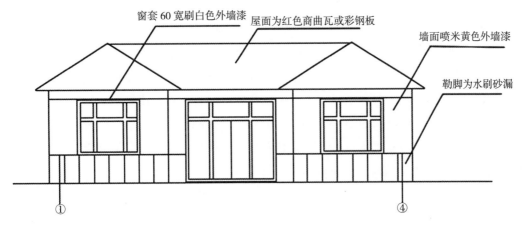

图 7-27 被动式太阳房立面图

层面板上铺 130 厚聚苯乙烯泡沫板

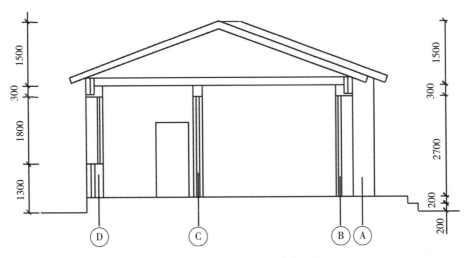

图 7-28 被动式太阳房剖面图

2. 复合墙体施工要点

被动式太阳房主要采用复合墙体。其做法是将普通 370mm 的外墙拆分成两部分,一部分为 240mm(一砖),放在内侧,作为承重墙,中间放保温材料(如苯板、袋装散状珍珠岩等),其厚度根据设计室温而定,一般苯板为 80~100mm,珍珠岩为 130mm 以上。外侧为 120mm 的保护墙(半砖)。

承重墙与保护墙之间必须用钢筋拉结使它们形成一个整体。拉结方法为用直径为 6mm 的钢筋拉结,钢筋两端设有弯钩,长度比复合墙厚少 40mm。水平间距两砖到两砖半(500~750mm),垂直距离为 8~10 皮砖(500~600mm)。拉结钢筋要上下交错布置。

复合墙砌筑有单面砌筑法和双面砌筑法。单面砌筑法是先砌内侧承重墙8~10皮高,然后安装保温材料,再砌保护墙8~10皮高,并按设计要求布置拉结钢筋;双面砌筑法是同时砌筑内外侧墙体,砌至8~10皮高时,再将保温材料和拉结钢筋依次放好。

(1)材料准备:按照设计要求准备红砖及砂浆,红砖要有出厂合格证,砂浆要有实验室配合比。在常温条件下严禁干砖上墙,必须在施工前一天晚上浇水湿润,使其含水率达到10%~15%,即将浇过水的砖打折,水浸入砖内部10mm为宜。

(2)抄平放线:砌筑之前用水泥沙浆将基础顶面找平,根据龙门板上标志的轴线,弹出墙身的轴线、边线及门窗洞口位置线。

(3)撂底:按选定的组砌方式,在墙基础顶面上试摆,以便尽量使门窗垛处符合砖的模数。偏小时可调整砖与砖之间的立缝,使砖的排列及砖缝均匀,提高砌筑效率。

(4)立皮数杆:皮数杆是一种方木标志杆,上面画有每皮砖及灰缝的厚度,门洞口、过梁、楼板、梁底等的标高位置,用以控制砌体的竖向尺寸。一般在墙体的转角处及纵横交接处设置。

(5)盘角及挂线:砌墙时应先盘角,每次盘角不宜超过五皮砖。盘角时要仔细对照皮数杆的砖层和层高,控制好灰缝大小,使水平灰缝均匀一致。砌筑复合保温墙必须双面挂线。如果长墙几个人共用一根通线,中间应设几个支线点,小线要拉紧。每层砖都要穿线看平,使水平缝均匀一致。

(6)墙体砌筑:砌砖要采用"三一砌砖法"即一铲灰、一块砖、一挤揉。水平灰缝厚度和竖向灰缝宽度一般为10mm左右,在8~12mm为宜。必须严格执行砖石工程施工及验收规范,做到横平竖直,灰浆饱满,内外搭接,上下错缝。砌体水平灰缝的砂浆饱满度达到80%以上(用百格网检查)。砌体转角和丁字接头处应同时砌筑,不能同时砌筑时应留斜槎,斜槎长度不应小于其高度的2/3,如留斜槎有困难时,除转角外,也可以留直槎,但必须是阳槎,严禁阴槎,并设拉接筋,拉接筋的间距是沿墙高8~10皮砖(500mm)设一道,240mm墙设2根Φ6mm钢筋,370mm设3根。埋入长度为两侧各1000mm,末端应有90°弯钩。构造柱处为马牙槎,马牙槎应先退后进,上下顺直,残留砂浆应清理干净。砌筑砂浆应随搅拌随使用,水泥砂浆必须在3h内用完,混合砂浆必须在4h内用完,不得使用过夜砂浆,墙体砌筑时,严禁用水冲浆灌缝。

(7)安装保温材料及拉接筋:当保温材料为聚苯乙烯泡沫板时,宜采用总厚度不变(2~3层)错缝安装。当保温材料为岩棉、膨胀珍珠岩等材料时,必须设防潮层。雨季施工时应及时遮盖,以免保温材料因潮湿而降低保温性能。对易产生"冷桥"现象的圈梁、过梁、构造柱处保温施工,可采用憎水性板状保温材料,在设计及建设单位有关人员检查合格后,进行下一道工序,并填写隐蔽工程验收记录。

拉接筋的规格,数量及其在墙体中的位置,间距,均应符合设计要求,不得错用、错放、漏放。

3. 太阳房塑钢门窗

塑钢门窗是以聚氯乙烯树脂、改性聚氯乙烯或其他树脂为主要原料，添加适量助剂和改性剂，经挤压机挤出制成各种截面的空腹门窗异性材，在根据不同的品种规格选用不同截面异性材组装而成的。由于塑料的变形大，刚度差，所以一般在成型的塑料门窗型材的空腔内嵌装轻钢或铝合金型材以增强塑料门窗的刚度，提高塑料门窗的牢固性和抗风能力。

塑钢门窗线条清晰、挺拔、造型美观，颜色丰富，具有良好的装饰性、隔热性、密闭性、耐腐蚀性、保温性和阻燃性。此外由于塑钢门窗不需要涂漆，可节约施工时间和费用。目前塑钢门窗广泛地应用于各式建筑中，是太阳能热利用建筑中集热和保温效果最好的构件。

（1）塑钢门窗的种类。塑钢门窗的种类很多，根据原材料的不同，塑钢门窗可分为以聚氯乙烯树脂为主要原材料的钙塑门窗（又称硬PVC门窗）；以改性聚氯乙烯为主要原料的改性聚氯乙烯门窗（又称改性PVC门窗）；以合成树脂为基料，以玻璃纤维及其制品为增强材料的玻璃钢门窗。根据开闭方式的不同，塑钢门窗可分为平开窗（门）、固定窗、悬挂窗、组合窗（又称折叠窗）、推拉窗等。根据构造的不同，塑钢门窗可分为全塑窗（门）、复合PVC窗。在塑钢门中，又分为全塑钢门、组装塑钢门（又称折叠塑料门）、塑料夹层门。复合PVC窗选用的窗框，又分为两种；一种是塑料窗框内部嵌入金属型材；另一种是里面为PVC，外面为铝的复合窗框。

（2）塑钢门窗的运输和保管。

①塑钢门窗运输时，应采用框架或集装箱运输，也可采用简易包装运输。运输时应竖直码放，并用绳子绑扎牢固，避免运输中颠振损坏。樘与樘之间应用非金属软质材料隔开。运输工具应有防雨设施。

②装卸搬运门窗时，必须轻拿轻放，不得用棍棒穿入窗框内扛抬或起吊，不得撬、甩、摔。吊运门窗，其表面应采用非金属软质材料衬垫，并在门窗外缘选择牢靠、平稳的着力点。

③门窗应放置在清洁、平整的地方，应避免日晒、雨淋，并不得与腐蚀物质接触。门窗不应直接接触地面，下部应放置垫木，且均应立放，立放角度不小于70°，并应采取防倾倒措施。

④塑钢门窗宜放在专门的仓库内，环境温度应低于50℃，与热源的距离不应小于2m，露天存放时应加篷布等物覆盖。

⑤门窗在安装现场放置的时间一般不应超过2个月。当存放的环境温度为0℃时，安装前应在室温下放置24h。

⑥所使用的塑钢门窗部件、配件、材料等，在运输、保管和施工过程中，应采取防止其损坏或变形的措施。

(3) 塑钢门窗的安装

施工准备：

①门窗洞口质量检查。按设计要求检查门窗洞口尺寸。若无设计要求，一般应满足下列规定：门洞口宽度为门框宽加50mm；门洞口高度为门框高加20mm；窗洞口宽度为窗框宽加40mm；窗洞口高度为窗框高加40mm。门窗洞口尺寸的允许偏差值：洞口表面平整允许偏差3mm；洞口正、侧面垂直度允许偏差3mm；洞口对角线长度允许偏差3mm。

②检查洞口的位置、标高与设计是否相符。

③检查洞口内预埋木砖的位置、数量是否正确。

④按设计要求弹好门窗安装位置线。

⑤准备好安装脚手架。

塑钢门窗的安装：

塑钢门窗由于大多是工程制作好，在现场整体安装到洞口内，因此工序比较简单。但是，由于塑钢门窗的热膨胀系数较大，且弯曲弹性模量又较小，加之又是成品安装，如果稍不注意就可能造成塑钢门窗的损伤变形，影响使用功能、装饰效果和耐久性。因此，安装塑钢门窗的技术难度比钢门窗、木门窗要大得多，施工时应特别注意。塑钢门窗的种类很多，但是它们的安装方法基本上相同。

①门窗框与墙体的连接。塑钢门窗框与墙体的固定方法，常见的有连接件法、直接固定法和假框法3种。

a. 连接件法：一种专门制作的铁件将门窗框与墙体连接起来，这是我国目前运用较多的一种方法。其优点是比较经济，且基本上可以保证门窗的稳定性。连接件法的做法是先将塑钢门窗放入门窗洞口内，找平对中后用木楔临时固定。然后，将固定在门窗框异性材靠墙一面的锚固铁件用螺钉或膨胀螺钉固定在墙上。

b. 直接固定法：在砌筑墙体时先将木砖预埋在门窗洞口内，当塑钢门窗安入洞口并定位后，用木螺钉直接穿过门窗框与预埋木砖连接，从而将门窗框直接固定在墙体上。

c. 假框法：先在门窗洞口内安装一个与塑钢门窗框配套的镀锌铁皮金属框，或者当木门窗换成塑钢门窗时，将原来的木门窗框保留，待抹灰装饰完成后，再将塑钢门窗框直接固定在上述框材上，最后再用盖口条对接缝及边缘部分进行装饰。

②确定连接点位置。

a. 确定连接点位置时，首先应考虑能使门窗扇通过合页作用与门窗框的力尽可能直接传递给墙体。

b. 确定连接点的数量时，必须考虑防止塑钢门窗在温度应力、风压及其他静荷载作用下可能产生的变形。

c. 连接点的位置和数量必须适应塑钢门窗变形较大的特点，保证在塑钢门窗与墙体之间微小的位移，不致影响门窗的使用功能及连接本身。

d. 在合页的位置应设连接点，相邻两连接点的距离不应大于 700mm。在横挡或竖框的地方不宜设连接点，相邻的连接点应在距其 150mm 处。

③框与墙间缝隙处理。

a. 由于塑料的膨胀系数较大，故要求塑钢门窗框与墙体间应留出一定的缝隙，一段适应塑料伸缩变形的安全余量。

b. 框与墙间的缝隙宽度是根据总跨度、膨胀系数、年最大温差计算出最大膨胀量，再乘以规定的膨胀系数，一般取 10~20mm。

c. 框与墙间的缝隙，应用泡沫塑料或油毡卷条填塞，填塞不宜过紧，以免框架变形。门窗框四周的内外接缝应用密封材料嵌填严密。也可以采用硅橡胶嵌缝条，不宜采用嵌填水泥砂浆的做法。

d. 嵌填的密封材料在墙体与框之间的相对运动而产生的缝隙时仍能密封缝隙。嵌填封缝材料不应对塑钢门窗有腐蚀、软化作用，沥青类材料可能使塑料老化，故不宜使用。

e. 嵌填、密封完成后，就可以进行墙面抹灰。工程有要求时，最后还需要加装塑料盖口条。

④五金配件安装。塑钢门窗安装五金配件时，必须先在杆件上钻孔，然后用自攻螺钉拧入，严禁在杆件上直接锤击钉入。

⑤清洁。门框扇安装后应暂时贴纸保护。粉刷时如框扇沾上水泥浆，应立即用软布擦洗干净，切勿使用金属工具擦刮。粉刷完毕，应及时清除玻璃槽口内的渣灰。

4. 太阳能集热器施工

对流式空气集热器是在南墙窗下或窗间（也可以都做），根据设计尺寸要求，砌出深为 120mm 的凹槽，上下各留 1 个风口，尺寸为 200mm×200mm。然后将凹槽及风口内用砂浆抹平，安装 40mm 厚的保温苯板，苯板外覆盖一层涂成深色的金属吸热板，保温板和吸热板上留出与上下风口相应的孔洞，使它们彼此相通。在最外层安装透明玻璃盖板，玻璃盖板可用木框、铝合金框或塑钢框，分格要少，尽可能减少框扇所产生的遮光现象。框四周要用砂浆抹严，防止灰尘进入。玻璃盖板上边要有活动排风口，以便夏季排风降温。室内风口要有开启活门。辐射式空气集热器做法与对流式基本一致，只不过没有上下通风口。

5. 保温屋面及地面施工

被动式太阳房屋面保温做法有两种形式：一种是平屋顶屋面，另一种是坡屋顶屋面。

平屋顶施工顺序：屋面板、找平层、隔气层、保温层、找坡层、找平层、防水层、保护层。

保温层一般采用板状保温材料（聚苯乙烯泡沫板）和散状保温材料（珍珠岩），厚度根据当地的纬度和气候条件决定，一般采用聚苯乙烯泡沫板厚度为 120mm 以上，在聚苯乙烯泡沫板上按 600mm×600mm 配置 ϕ6mm 钢筋网后做找平层；散状保温材料施工时，应设加气混凝土支撑垫块，在支撑垫块之间均匀地码放用塑料袋包装封口的散状保温材料，厚度为 180mm 左右，支撑垫块上铺薄混凝土板。其他做法与一般建筑相同。

坡屋顶屋面是农村被动式太阳房的常见形式。坡屋顶一般为 26°～30°。屋面基层的构造通常有：①檩条、望板、顺水条、挂瓦条；②檩条、椽条、挂瓦条；③檩条、椽条、苇箔、草泥。

坡屋顶屋面保温一般采用室内吊棚，吊棚方法很多，有轻钢龙骨吊纸面石膏板或吸音板、吊木方 PVC 板或胶合板、高粱秆抹麻刀灰等。保温材料有聚苯乙烯泡沫板、袋装珍珠岩、岩棉毡等。

6. 辅助热源施工

被动式太阳房不可能百分之百依靠太阳能达到采暖的目的，配置合适的辅助热源是必要的，而且会使太阳房的使用效果大大提高。这一点在设计中应当充分加以考虑。常用的辅助热源有火炕（北方的架空炕或称"吊炕"）、火墙、家用土暖气，条件好的用户可采用电加热器等。

架空炕、火墙等辅助热源具有造价低、砌筑简单、管理方便、使用灵活的特点。在寒冷地区使用是比较普遍的。根据实践，每平方米的架空炕或火墙采暖服务面积约为 6m²。

7.2.4 太阳房的验收

太阳房的竣工验收与一般建筑的验收大同小异，分为档案验收和分部分项工程验收。

7.2.4.1 档案验收

（1）工程使用的各种保温材料、蓄热材料及构配件必须有产品质量合格证及质量检验报告、进场抽样复试报告单。

（2）对复合墙体、地面与屋面保温材料铺设方式，拉结筋等隐蔽工程应严格按照图纸要求施工，需认真做好隐蔽记录。

（3）检查是否有设计变更，如果有，检查设计变更手续是否齐全，材料代用通知单是否齐全。

（4）检查施工日志及工程质量问题处理记录是否齐全。

7.2.4.2 分部分项工程验收

（1）分部分项工程应在上一道工序结束后，进行工程质量验收，参加验收人员有工程监理、设计、施工及建设单位代表。上一道工序验收合格后进行下一道工序，否则不准进行下一道工序。

（2）基础工程验收时应检查保温隔热工程，保温材料含水率等是否符合设计要求，以及隐蔽工程记录。

（3）地面工程应按照地面构造分层验收，应有施工检查记录。

（4）复合墙体施工过程中应按以下内容进行中间验收：

①使用保温材料应有出厂证明及复试证明，确认其各项指标符合设计要求。

②保温材料放置应严密无缝，如出现空隙应以保温材料填充，做好施工记录。

③砌筑砂浆底灰饱满度要大于80%，碰头灰达到60%以上，所有灰缝均应达到密实状态。

④建设单位及施工单位应严格按设计要求认真做好施工记录及质量检查记录，认真归档。

⑤热桥部位处理必须经设计与施工单位双方共同检查、认定符合设计要求。

7.2.4.3 太阳房塑钢门窗安装质量标准及检验

1. 主控项目

（1）塑钢门窗的品种、类型、规格、尺寸、开启方向、安装位置、联结方式及嵌填密封处理应符合设计要求，内衬型钢的壁厚及设置应符合国家现行产品标准的质量要求。

检验方法：观察；尺量检查；检查产品合格证书、性能检测报告、进场验收记录和复验报告；检查隐蔽工程验收记录。

（2）塑钢门窗框、副框和扇的安装必须牢固。固定片或膨胀螺栓的数量与位置应正确，联结方式应符合设计要求。固定点应距离窗角、中横框、中竖框150~200mm，固定点间距应不大于600mm。

检验方法：观察；手扳检查；检查隐蔽工程验收记录。

（3）塑钢门窗拼樘料内衬增强型钢规格、壁厚必须符合设计要求，型钢应与型材内腔吻合，其两端必须与洞口固定牢固。窗框必须与拼樘料联结紧密，固定点间距不大于600mm。

检验方法：观察；手扳检查；尺量检查；检查进场验收记录。

（4）塑钢门窗扇应开关灵活、关闭严密，无倒翘。推拉门窗扇必须有防脱落措施。

检验方法：观察；开启和关闭检查；手扳检查。

（5）塑钢门窗配件的型号、规格、数量应符合设计要求，安装应牢固，位置应正确，功能应满足使用要求。

检验方法：观察；手扳检查；尺量检查。

（6）塑钢门窗框与墙体间缝隙应采用闭孔弹性材料填嵌饱满，表面应采用密封胶密封。密封胶应粘接牢固，表面光滑、顺直、无裂纹。

检验方法：观察；检查隐蔽工程验收记录。

2. 一般项目

（1）塑钢门窗表面应洁净、平整、光滑，大面应无划痕、碰伤。

检验方法：观察。

（2）塑钢门窗扇的密封条不得脱槽。旋转窗间隙应基本均匀。

（3）塑钢门窗扇的开关力应符合下列规定：①平开门窗扇平铰链的开关力应不大于80N；滑撑铰链的开关力应不大于80N，并不小于30N。②推拉门窗扇的开关力应不大于100N。

检验方法：观察；用弹簧秤检查。

（4）玻璃密封条与玻璃槽口的接缝应平整，不得卷边、脱槽。

检验方法：观察。

（5）排水孔应畅通，位置和数量应符合设计要求。

检验方法：观察。

（6）塑钢门窗安装的允许偏差和检验方法，应符合表7-11的规定。

表7-11　塑钢门窗安装的允许偏差和检验方法

序号	项目		允许偏差（mm）	检验方法
1	门窗槽口宽度、高度	≤1500mm	2	用钢尺检查
		>1500mm	3	
2	门窗槽口对角线长度差	≤2000mm	3	用钢尺检查
		>2000mm	5	
3	门窗框的正、侧面垂直度		3	用1m垂直检测尺检查
4	门窗横框的水平度		3	用1m水平尺和塞尺检查
5	门窗横框标高		5	用钢尺检查
6	门窗竖向偏离中心		5	用钢尺检查
7	双层门窗外框间距		4	用钢尺检查
8	同樘平开门窗相邻扇高度差		2	用钢尺检查
9	平开门窗铰链部位配合间隙		+2；-1	用塞尺检查
10	推拉门窗扇与框搭接量		+1.5；-2.5	用钢尺检查
11	推拉门窗扇与竖框平行度		2	用1m水平尺和塞尺拉直

7.3　分布式太阳能利用——太阳能热水、集热技术

7.3.1　太阳能热水器概述

太阳能热水器是一种利用太阳能加热水的装置。是目前太阳能开发和利用中最常见的、最受广大用户认可的一种供热装置。它和电热水器、燃气热水器一样，可用来供给用户热水和采暖。电热水器是通过电加热元件来加热水，燃气热水器是通过燃烧器将燃气点燃来加热水，而太阳能热水器是利用太阳能集热器来接受太阳能辐射能，并通过传热工质来加热水的。

太阳能热水器主要由太阳能集热器、传热工质（最常见的是水）、贮水箱、循环管路及辅助装置组成。

7.3.2　太阳能集热器

太阳能集热器是吸收太阳能光辐射能，并把它转化为热能的设备，是太阳能热水器的核心设备。市场上常见的太阳能集热器主要分3种类型：平板型太阳能集热器、真空管型太阳能集热器、闷晒型太阳能集热器。当前广大用户普遍采用的是后两种类型的太阳能集热器。

7.3.2.1　平板型太阳能集热器

平板型太阳能集热器主要由透明盖板、吸热体、保温层、壳体四部分等组成。阳光透过透明盖板进入集热器内，被吸热体吸收，把太阳能转变为热能。

透明盖板：当前一般采用含铁的5mm的钢化玻璃，它的作用主要是尽可能多地透过阳光，阻止低温红外辐射，减少热量损失，防止雨雪和灰尘进入集热器内。

吸热体：它用以吸收透过盖板的太阳光辐射能，并转为热能，加热传热工质，提高水温。一般由一块或几块带有传热流体通道的金属或非金属吸热板组成。吸热板表面涂上黑色吸收涂层，用以吸收太阳能，同时转化为热能后传热给通道中的水。

保温层：保温层的作用是减少吸热体底部和壳体四周的热损失。要求保温材料具有导热系数低、耐热效果好、吸水性小和密度低等特点。由于聚氨酯导热系数小、耐高温、不吸水、清洁卫生，因而首选无氟聚氨酯做吸热体的保温材料。

壳体：它是保护吸热体和保温材料，支持透明盖板，形成集热器整体，并保证集热

器有一定的硬度，以便安装在支架上。

平板型太阳能集热器热效率高、坚实耐用、工作可靠、价格较低，适合中国南方使用。

7.3.2.2 真空管型太阳能集热器

真空管型太阳能集热器，是在平板型太阳能集热器基础上发展起来的。利用真空隔热，并采用选择性吸收涂层来提高集热效率和集热温度的新型太阳能集热装置。它由真空集热管、外集管、内集管、平面发射板及保温箱体等辅助装置组成。

构成这种集热器的核心部件就是真空集热管，它主要由内部的吸热体和外层的玻璃管组成。吸热体表面通过技术手段，沉积有光谱选择性吸收涂层。由于吸热体与玻璃管之间的夹层保持高真空度，可以有效地抑制真空管内空气的传导和对流热损失，并且由于选择性吸收涂层具有低的红外发射率，可以明显地降低吸热板的发射热损失。大幅度地提高了集热器利用太阳能的效率。

常见的真空集热管主要有全玻璃真空集热管和热管真空集热管。另外，还有"U"型管式真空集热管和内插热管式真空集热管，但在户太阳能热水器中应用的较少。

1. 全玻璃真空集热管型集热器

全玻璃真空集热管是由我国自行研制和开发的，该项技术先后荣获国际尤里卡金奖、中国国家发明奖和科技进步奖等多项殊荣。它由两根同心圆玻璃管组成。内外管之间抽成真空。内管外表面涂有带有光谱选择性吸收涂层，内管直接装水。外管为透明的玻璃管。全玻璃真空集热管两管尾部之间用不锈钢弹簧卡子支承内管自由端，弹簧卡子上部带有消气剂，消气剂的作用是吸收集热管在使用过程中放出的气体，以维持两管夹层之间的真空度。我国已经商品化生产的全玻璃真空集热管主要有外径 47mm、内经 37mm 和外径 58mm、内径 47mm，长度 1.2m、1.5m、1.8m 等规格。由于内外管之间抽成真空，基本上消除了对流热损失，使得全玻璃真空集热管具有较高的热效能。

2. 热管真空集热管型集热器

热管真空集热管型集热器，是近几年来开发的高集热的新型集热器，其具有热容小、起动快、在 –52℃的情况下可以正常运行的特点，主要适用于我国北方寒冷地区。热管真空集热管除具有全玻璃真空集热管较高的热性能之外，还具有热启动快、抗冻性好、可承压等优点。国内主要产品为外径 100mm、内径 70mm，长度 1.7m、2.0m 等规格。

7.3.3 太阳能热水器

目前商品化生产的太阳能热水器，主要分为整体式（闷晒式）和循环式两大类。整体式太阳能热水器的集热器装置和贮水箱合为一体，结构简单，价格低廉，安装方便。当前用户使用的很少。循环式太阳能热水器的集热装置和贮水箱分离，集热装置一般可分为平板型集热器和真空管型集热器，真空管型集热器又分为全玻璃真空集热管型集热器和热管真空集热管型集热器。

7.3.3.1　闷晒式太阳能热水器

闷晒式太阳能热水器也称整体式太阳能热水器，它是由一个装有吸热水箱和玻璃盖板的保温盒和支架组成，是太阳能热水器的初级形式，实际上是一个表面涂成黑色的储水容器，水在容器内进行热传导，将太阳光的辐射能转换成热能储存在容器内。具有代表性的闷晒式热水器有塑料袋式热水器、浅池式热水器和管式热水器。它结构简单，制作方便，价格低廉，安装方便，但保温效果较差。

7.3.3.2　循环式太阳能热水器

1. 平板型太阳能热水器

平板型太阳能热水器由平板型集热器、蓄水箱、循环管路、支架和辅助装置组成。其特点是集热器和水箱链接，上下循环管路很短，这样既节省了材料又减少了管路热损失，此外水箱前侧板对太阳光还起到反射作用，增加了玻璃盖板对太阳能的吸收，提高了集热器的热效率。在华北地区每年大约可以使用 3 个季度。冬季必须把集热器中的水放净，以防冻裂集热器。具有代表性的平板型集热器有全紫铜管板集热器、防锈铝翼管集热器、铜铝复合翼管集热器和不锈钢扁盒集热器。

2. 真空管型太阳能热水器

真空管型太阳能热水器主要由真空管型集热器、高保温水箱、支架、反射板及循环管路组成。

（1）全玻璃真空集热管型太阳能热水器。

全玻璃真空集热管型太阳能热水器的优点是：

①安全：绝对没有因漏电、漏气造成人体伤害的危险。

②节能：用太阳能作能源，不消耗任何常规能源；每平方米采光面积每年可节电 300kW·h。

③环保：不产生任何固、液、气体，对环境无任何污染。

④经济：每天每平方米集热面积可产出 50℃的热水 80~200kg，夏季水温可达 95℃以上，并能解决平板型和其他太阳能热水器季节性闲置的缺陷。

⑤使用范围广：除用于洗澡外，还可为洗菜、洗碗、洗衣等其他家庭生活提供热水。

全玻璃真空集热管型太阳能热水器的缺点是：

①镀膜管本身承压能力较低，不能带压运行。

②防垢能力较低，结垢后处理比较困难。

③单管损坏会导致整台热水器不能正常工作。

（2）热管真空集热管型太阳能热水器。

热管真空集热管型太阳能热水器的优点是：

①热管传热可以从根本上解决全玻璃真空集热管因结水垢和沉淀脏物、炸管不能使用及上水受时间限制的问题。

②热效率高，能使管内的热量全部迅速地传导给保温水箱，热量不倒流；在天气阴晴多变的情况下，比其他太阳能热水器产生更多的热水。

③安装使用方便，单管损坏也不影响整机使用。

④抗严寒，高热效，最高闷晒温度可达270℃，-40℃低温下正常运行，抗冲击性好。

⑤热管式真空集热管具有不走水、不炸管、不冻管、不结垢、不漏水和产热水水质纯净等特点。

热管真空集热管型太阳能热水器的缺点是：

①结构复杂，管口部位为玻璃与金属直接熔封，因两者膨胀系数不同，制作困难，技术要求较高。

③成本较高。

④因管口材料膨胀系数不同，易造成管口漏气，相对寿命较短。

⑤因经二次传导和集热材料不同，单位吸热面积吸热效率相比真空管型太阳能热水器较低。

7.3.3.3 真空管型太阳能热水器的选择和鉴别

1. 选购优质的全玻璃真空集热管型太阳能热水器应注意以下几点：

（1）水箱的密封性应良好，最好是采用自动氩弧焊或脉冲电阻焊加工的不锈钢食品级水箱内胆。

（2）水箱保温采用聚氨酯整体发泡材料，并且厚度在55mm以上。

（3）全玻璃真空集热管应选择质量和性能卓越的品牌。

（4）真空管支数与水箱容积配比应合理。

（5）外形美观大方。

（6）支架的整体结构合理，应具有较强的抗风能力。

（7）反光板材质要好，形状要合理等。

2. 判断全玻璃真空集热管的优劣

优质的集热管膜层应颜色均匀、无脱落，在太阳光下从管内孔观察光线不透，说明吸收涂层没有问题，否则镀膜质量不好，同时观察吸气剂镜面颜色，如发现不亮、发黑，说明真空管不好。在真空管运行过程中，用手触摸外管温度也可判断集热管热性能优劣。外管温度高，说明集热管质量不好，热损失严重。

3. 选择太阳能热水器的大小

一般情况下可按每人每次淋浴用水 35～40kg 计算。但考虑到冬天产热水量较少和热水器热水用于洗衣服等其他用途，可根据自家的情况和经济条件适当购置大一些的热水器。

7.3.3.4　真空管型太阳能热水器的安装

真空管型太阳能热水器的安装顺序，首先是把储热水箱、支架、循环管路的辅助装置安装完毕，最后再插真空集热管。顺序尽量不要颠倒，否则会造成真空集热管高温空晒，高温空晒可使真空管内温度达到 200℃以上，对密封胶圈不利，易造成渗漏。

在安装太阳能热水器时，应掌握以下要点：

（1）太阳能热水器应安装在无遮阳的地方，考虑到全年使用热水器，热水器应南偏西 15° 左右放置，支架下要垫硬物（如方砖）防止破坏楼顶防雨层。

（2）安装在房顶上的热水器，房顶承载能力必须大于 150kg/m²。

（3）保持管道有效放水坡度，防止管道下垂弯曲，使循环管路不畅。

（4）安装非承压热水器时，必须在储热水箱上安装排气管，排气管要高于储热水箱。因为普通直插式真空集热管型太阳能热水器为非承压结构，只能在常压下运行。如果不留排气口，在上水（排水）时，会使水箱承受正压（负压），从而使水箱涨破或抽瘪而报废。所以，安装全玻璃真空集热管型太阳能热水器必须要留排气管。

（5）在连接储热水箱外伸管头与循环管路时，不要用力过猛，以防水箱外伸管头与水箱内胆焊接脱落，造成漏水。连接管道时应用大力钳或钢丝钳夹住外伸管头，用手拧紧即可。

（6）将储热水箱安装在支架上时，要注意真空管插孔与支架下支撑孔对应，并将保护硅胶圈托装入下支撑孔内。

（7）连接上下水管时，应先在自来水出口处加装单向逆止阀，防止在水压低时热水倒流。管道要选择 PEX 太阳能热水器专用管或开泰管，不要使用镀锌管，以减少热量损失，同时管道要用保温材料保温。

（8）将防尘橡胶圈带水套在真空管上，在真空管环形封口处涂抹洗洁净（不用稀释）后，插入储热水箱插孔内，并使真空管另一端回插到对应的下支撑孔保护硅胶圈托内即可（安装时戴上手套，防止真空管破碎扎伤手）。

（9）真空管经阳光照晒后，内管壁温度可达 250～300℃，因此不能马上注水，必须遮阳 2h 后或晚上注水，也可在插管前，将真空管内注满水，全部插入后立即注水，否则真空管会因冷热悬殊爆裂。

（10）在安装太阳能热水器时，必须采取有效的避雷措施，以确保使用太阳能热水器的安全。但由于楼房的避雷装置是在建筑施工时就已经安装好的，所以在安装太阳能热水器时，只能借助建筑物上原有的避雷设施，将太阳能热水器支架和避雷设施连接在一起。

（11）经试水不漏后，在真空管与水箱插孔的间隙填充保温软管或少量纶棉保温，并带水推上防尘橡胶圈。

（12）安装结束后，要对热水器进行加固处理，防止大风吹倒热水器，加固方法一般为用重物压住支架、用钢丝拉绊、用地脚螺丝、水泥砂浆加固等。

（13）安装电加热装置的，电热管、内外水箱应接地，并安装漏电保护器和适当熔丝具（5~7.5A），单线的截面积不得小于 $1.0mm^2$。

7.3.3.5　真空管型太阳能热水器的管理和维护

1. 防止热水器长时间闲置

因为全玻璃真空集热管型太阳能热水器热效率很高，尤其是在夏季晴天的情况下，水箱水温很快就可达沸点，若长时间不用水，使水箱长时间处于高温、高压的状态下，会促使密封圈老化，加速聚氨酯的老化、萎缩，有时排气不畅通，压力太大还会使水箱胀坏，同时还易结水垢，缩短水箱的寿命。所以全玻璃真空集热管型太阳能热水器不宜长时间闲置。

2. 太阳能热水器在使用过程中应注意事项

（1）要定期清除集热器上的灰尘，确保集热器的清洁，提高光热转换效率。

（2）坚决杜绝无水空晒，如出现无水空晒的情况，应在晚间集热器温度降下来时或早上太阳能没升起来时上水，避免集热器损坏。

（3）定期检查循环管路情况，保持循环管路一切正常，保证热水器的正常运行。

（4）在自来水压力过大的地区，在上水时应将阀门半开，以免排气孔出水。

（5）在冬季溢流管裸露在外面时，应在热水器上满水时，打开热水龙头使其回流15~20L，以免溢流管滴水冻结。

（6）冬季使用电加热等用电的辅助装置时，在使用太阳能热水器时，应先拔下电源插头，以免漏电伤人。

（7）夏季使用全玻璃真空集热管型太阳能热水器时，要随时注意调试水温，以免烫伤。

（8）用户在使用太阳能热水器前一定要详细阅读用户使用说明书，避免因操作不当，使太阳能热水器损坏，或造成人员伤害，带来不必要的麻烦。

（9）真空集热管尾端吸气剂应呈镜面状，如出现白雾现象，则表明真空集热管真空层已进气，应及时更换。

（10）有大风时要保持储热水箱满水，雷雨时应停止使用。

7.3.3.6　真空管型太阳能热水器的故障与解决方法

1. 热水器热水水流不畅

造成水流不畅的主要原因：一是水箱内出水口或外接管件处有异物阻塞；二是水箱排气口有异物或管径过小使排（进）气不畅；三是下水管道在安装时出现折伤，造成管径狭小。

解决方法：清除异物，捋顺下水管道。

2. 热水器水温不高

（1）原因：上水阀门未拧紧或损坏，冷水不断进入水箱，顶出热水。

解决方法：关闭好阀门或更换阀门。

（2）原因：水箱中基础温度太低，连续阴雨天，日照不好。

解决方法：每天尽量多留热水；保持满水过夜；水满后及时关闭进水阀，防止热水流出；加装辅助电加热装置。

3. 热水器水温忽冷忽热

（1）原因：自来水压力比热水压力大。

解决方法：先开冷水微量，再开热水，然后微调冷水流量。

（2）原因：自来水压力波动。

解决方法：洗浴时不要开另外的自来水阀门；用浴缸洗浴；加装增压泵。

4. 热水器水温高不能调节

原因：自来水压力太低。

解决方法：待水压高时洗浴或放热水到浴缸内兑水后洗浴。

5. 热水器补水时自来水管内放出热水

原因：自来水水压太低，热水回流或停水热水回流。

解决方法：更换逆止阀；待水压高时再补水；加装增压泵。

6. 热水器不出水

原因：水箱内水已放空；管路接口脱落或堵塞；严冬时水管冻结。

解决方法：待晚上上满水；重新连接好管路或疏通管路；加装电热带。

7. 太阳能热水器系统漏水的原因

（1）排气三通处漏水。

（2）上、下水管与水箱接口处漏水。即管道连接不紧、管件损坏、水嘴松动。

（3）室内管路部位漏水。即管道连接不紧、管件损坏。

（4）淋浴器漏水。即阀门损坏或金属软管损坏、密封垫损坏或连接不紧造成漏水。

（5）真空管与水箱连接部位漏水。即硅胶圈损坏或密封不好、内胆与外壳不同心。

（6）真空管破损，造成漏水。

（7）水箱焊接口开裂。

解决方法：根据漏水原因，有针对性维修。